复制领导力
从0到1的突破

胡晓琼 黄亮 刘永萍 江芳 ◎ 著

REPLICATING LEADERSHIP
A Zero to One Breakthrough

图书在版编目（CIP）数据

复制领导力：从0到1的突破 / 胡晓琼等著.
北京：企业管理出版社，2024.8. -- ISBN 978-7-5164-3099-6

Ⅰ.C933

中国国家版本馆CIP数据核字第2024E116H5号

书　　名：	复制领导力：从0到1的突破
书　　号：	ISBN 978-7-5164-3099-6
作　　者：	胡晓琼　黄　亮　刘永萍　江　芳
责任编辑：	张　羿
出版发行：	企业管理出版社
经　　销：	新华书店
地　　址：	北京市海淀区紫竹院南路17号　　邮　　编：100048
网　　址：	http://www.emph.cn　　电子信箱：504881396@qq.com
电　　话：	编辑部（010）68456991　　发行部（010）68701816
印　　刷：	三河市荣展印务有限公司
版　　次：	2024年8月第1版
印　　次：	2024年8月第1次印刷
开　　本：	710mm×1000mm　　1/16
印　　张：	16.5
字　　数：	268千字
定　　价：	68.00元

版权所有　翻印必究・印装错误　负责调换

序   PREFACE

在 21 世纪的今天，我们所处的时代正以前所未有的速度发生着变化。全球政治经济格局的深刻变革，科技领域的突飞猛进，以及社会结构和价值观念的持续演变，共同构筑了一个既充满无限可能又充满未知挑战的新环境。在这样的时代背景下，领导力的培养和复制显得尤为关键和紧迫。

随着全球化的不断深入，各国之间的相互依赖和合作日益增强，也伴随着更加复杂的国际关系和地缘政治的博弈，同时科技手段日新月异，信息技术、生物科技、新能源技术等领域的快速发展，不仅极大地推动了社会生产力的提升，也为领导者提供了新的管理手段和决策支持。

随着社会的多元化和个性化趋势日益明显，社会经济基础不断变迁，"95后"和"00后"逐步进入职场并慢慢地成为职场主力军，而"70后""80后"刚刚踏足管理岗位，管理者和年轻员工之间显现出来的矛盾，逐步成为企业公认的管理难点，干部领导力的重要作用日益凸显，这也对领导者及其管理方式提出了全新的挑战和要求。在这样的背景下，提升干部领导力，优化企业管理实践，实现从 0 到 1 的突破，不仅是对个人能力的培养，更是对整个组织和社会进步的推动。

管理既是科学也是艺术

管理既是一门科学，又是一门艺术，看起来是两个完全矛盾的结论，却在一定程度上体现了管理的本质。所谓管理的科学性是指管理的原理、管理的对象是可感知、可衡量的，可以由实验来验证；所谓管理的艺术性是指管理的手段不拘一格，管理的方式灵活多变。在刚刚进入管理咨询领域时，业界前辈就告诉笔者："管理无定式，适合企业的就是最佳的。"管理咨询老师也告诉笔者："管理没有固有的逻辑，能自圆其说就是正确的逻辑。"他们所表达的，就是管理的艺术性。

而在实际中，随着笔者从事管理咨询工作时间的增加，接触的客户数量越来越多，发现同行业、同规模、同产品的不同企业，遇到同样的管理问题时，即使执行同样的解决方案，得到的效果也可能存在天渊之别。

摒弃路径依赖

1993年，道格拉斯·诺斯提出了路径依赖（Path-Dependence）理论，并以该理论阐释经济制度的演进。所谓路径依赖，指的是一旦人们做出某种选择，就如同走上一条不归路，惯性的力量会使这个选择不断地自我强化。

21世纪初期，管理对象还是"75后""80后"时，"老好人"式的管理干部还有一定的市场，而在目前的环境下，"老好人"普遍换来的却是新生代员工的"白眼"。并不是管理方式发生了改变，而是管理对象发生了变化。因此，企业中高层干部要打造自身的领导力，需要提前做的事情就是摒弃路径依赖。

锻造自身核心竞争力

俗话说："打铁还需自身硬。"企业中高层干部想要顺应时代趋势，切实发挥管理作用，为企业创造管理价值，首先需要提升自身的领导力。干部领导力会通过计划与目标管理、团队管理、高效沟通和干部执行力等维度体现，每个维度都有其基本原理和对应的训练方式。

如果企业中高层干部在计划与目标管理、团队管理、高效沟通和干部执行力四个维度具备了一定的训练成果，即便成不了一个卓越的领导者，但是胜任企业的管理岗位不在话下。例如，华为对干部核心能力的期望和要求就是"干部四力"，即决断力、理解力、执行力、与人连接力。

因此，本书重点内容分为五个方面，先对干部领导力进行简要概述，而后分别从计划与目标管理、团队管理、高效沟通和干部执行力四个层面，论述企业中高层管理者领导力提升的必要性和实际路径。

第一，干部领导力是一种推动组织发展的能力。具体来说，在特定的工作岗位和组织环境中，干部往往是通过个人特征（如知识、技能、经验、价值观、自我形象、特质、动机等）来有效履职并推动组织发展，其中不仅包括"看得见"的知识、技能等显性能力，也涵盖了"看不见"的素质特质等隐性要素。优秀的干部领导力能够充分发挥干部的作用，协调各方关系，识别市场和顾客的真实需求，并强化成就动机、组织能力，进而激活整个团队。而后从目的、训练形式、最终结果评价三个方面将干部领导力和管理能力区别开来，致力于实现干部自我素养和影响力的提升，同时也帮助下属取得成功。干部领导力不仅在很大程度上影响组织整体能力，而且还影响组织内部的人力资源管理，对此，还需要通过具体举措实现组织能力和干部领导力的共同提升，实现人力资源的规划能力和实践能力提升。

第二，计划与目标管理是企业中高层干部的一项最基础的技能。目标管理也就是组织决策机构就组织在一定时期内需要达成的状态提出的整体要求，企业中高层干部需要根据决策层的总目标，结合自身职责，带领团队进行有计划的行动。具体而言，企业中高层干部要根据企业内有限的资源，设定切实可行的目标，帮助企业上下清楚企业在一定阶段内的努力方向，集中力量完成目标；有组织的行动计划可以帮助目标实现单位保持持续动力，并清楚各个时间点上需要完成的工作，对此企业中高层干部还需要找寻到目标与现实之间的差距，明确完成目标路上的关键里程碑，解决一系列挑战和问题；采用过程控制保障行动计划的执行，如例会机制、进度简报、周总结、集中学习和任务检查清单等，皆是企业中高层干部进行过程控制的利器；结果评价是为计划执行所做的一个验收活动，不仅对于组织完成目标和计划有意义，对于执行结果评价任务的干部、计划执行者和参与者同样存在积极的意义；由于干部的主观能动性对目标与计划管理的影响程度较高，因此完善公平、公正的科学评价体系，实行干部目标管理至关重要。

第三，团队管理是干部带领下属高效完成工作的必要条件。团队管理是指在一个组织中，依据成员的工作性质、工作能力组成各种任务小组，以集体的形式参与组织各项决定过程和解决具体问题，以提高组织生产效率和达成组织目标，其本质是充分协调和组合不同团队成员间的不同特质，使团队成员组合在一起能够更有效地完成组织交办的任务，获取更高的价值。对此，企业中高层干部还需要对团队管理的基本理论知识进行理解，了解团队的形成阶段及特点、团队成员的特点和类型、如何扩充团队、团队运作规则和团队深层次的影响力等。只有充分和全面地了解过后，才能有效地对团队实施管理。

第四，高效沟通是干部提升领导力的关键因素和必备技能之一。沟通在企业日常管理中无处不在，对于企业中高层干部而言，本身就承担着上传下达的任务，因此沟通对于企业中高层干部更为重要，也是体现干部领导力的关键评价维度。沟通是一个相互的过程，是后天管理艺术的重要实现手段，良好的沟通可以打开管理者和员工的心灵之门。在企业日常管理中，高效沟通的重要性不言而喻。对此，企业中高层干部需要做好有效协调，遵循及时性、关键性、激励性、整体性和长远性五个原则，实现减少内耗、增强凝聚力和调动团队成员积极性的目的；需要进行沟通控制，从环境、气氛和情绪三个层面，掌握沟通控制的本质和技巧；需要学习并运用沟通的艺术，提升企业的综合效率。

第五，干部执行力是实现企业中高层干部价值的重要力量。干部执行力就是指干部贯彻企业的战略意图，完成预定目标的实际操作能力，包括干部完成任务的意愿、完成任务的能力以及完成任务的程度。对于团队而言，干部执行力就是战斗力；对于企业而言，干部执行力就是经营能力。具体而言，企业中高层干部可以从提升干部执行能力、实施执行过程管理、对执行速度与结果进行管控、目标达成及激励四个层面，切实提高干部执行力。

本书以笔者辅导企业中高层干部提升干部领导力的实际项目案例为基础，讨论干部领导力的维度以及训练方式，以帮助提升企业中高层管理者的领导力。笔者曾以职场导师的身份"陪跑"某企业中层干部一年半，书中的大部分内容来自为该企业中层干部举办的四场线下培训和130多个线上短视频的速录稿，以及笔者近年来在其他客户现场感知到的干部领导力问题及采取的对策。谨以本书抛砖引玉，希望能够给各位企业家、企业中高层干部、人力资源管理从业者和人力资源管理咨询顾问带来一定程度的启发。

目录 CONTENTS

第一章 干部领导力

第一节 干部领导力的重要性 007
- 一、制约干部领导力的原因 008
- 二、评价干部领导力的三个层次 009
- 三、干部领导力重要性的体现 011

第二节 干部领导力与管理能力的区别和联系 015
- 一、干部领导力与管理能力的区别 015
- 二、干部领导力的重点 016
- 三、干部管理能力的重点 020

第三节 管理领导力 022
- 一、干部的管理角色 022
- 二、平衡领导者和管理者两种角色 024
- 三、提升管理领导力的办法 025

第四节 组织能力 030
- 一、组织能力的特点 030
- 二、组织能力的表现形式 032

三、如何共同提高组织能力和干部领导力 034

第五节　干部的人力资源管理 036
　　一、人力资源管理的规划能力 036
　　二、人力资源管理实践能力 040

第二章
计划与目标管理

第一节　目标的设定 055
　　一、目标设定理论 055
　　二、目标设定的原则 057
　　三、设定目标的意义 059

第二节　行动计划 063
　　一、找寻目标与现实间的差距 063
　　二、关键里程碑至关重要 065
　　三、挑战和解决问题 067

第三节　过程控制 071
　　一、过程控制是保障行动计划执行的关键手段 071
　　二、如何进行过程控制 073

第四节　结果评价 078
　　一、结果评价的意义 079
　　二、结果评价的手段 080
　　三、需要注意的问题 082

目 录

第五节　干部的目标管理 086
　　一、干部的目标 086
　　二、干部的目标要依托下属 088
　　三、干部目标管理的方法 091

第三章

团队管理

第一节　团队形成阶段及特点 106
　　一、形成期 107
　　二、分化期 108
　　三、稳定期 110
　　四、整合期 111
　　五、成熟期 112

第二节　辨识团队成员特点与类型 115
　　一、团队成员的类型 116
　　二、团队成员的性格差异 117
　　三、识别团队成员的类型 120

第三节　团队选人标准 124
　　一、建立标准 125
　　二、执行择人标准 126
　　三、选择初始成员 127

第四节　团队合作精神 131
　　一、团队成员面对的不同问题 132
　　二、木桶原理 134

三、打造团队合作精神 135

第五节　团队文化 139
　　一、什么是好的团队文化 139
　　二、打造团队文化 141
　　三、以结果为导向 145

第四章
高效沟通

第一节　沟通的重要性 159
　　一、沟通对管理工作的重要性 160
　　二、沟通是管理的主要途径 161
　　三、沟通在管理工作中的应用 162

第二节　高效沟通 166
　　一、高效沟通的基础 167
　　二、高效沟通的形式 168
　　三、高效沟通的原则 169

第三节　有效协调 173
　　一、有效协调的原则 173
　　二、有效协调的技巧 175
　　三、有效协调需要达到的目的 176

第四节　沟通控制 179
　　一、沟通控制的环境 180
　　二、沟通控制的气氛 181
　　三、沟通控制的情绪 183

第五节 沟通艺术 187
一、沟通艺术的重要价值 187
二、沟通的准备工作 191
三、沟通艺术的细则 192

第五章 干部执行力

第一节 干部执行力的定义 205
一、干部执行力的核心内容 205
二、干部执行力的关键流程 207
三、干部执行力对企业的重要性 208

第二节 干部的执行能力 212
一、影响干部执行能力的因素 213
二、如何提升干部执行能力 215
三、提升干部执行能力需要注意的问题 216

第三节 执行过程管理 220
一、执行力偏差 221
二、执行力过程管理的关键 221
三、执行过程管理的方法 223

第四节 执行速度与结果管控 227
一、执行力的三个要素 228
二、执行速度和结果控制的五个校验标准 229
三、执行速度和结果控制的关键点 230

第五节　目标的达成 234
　一、目标的设定 235
　二、目标过程管理 236
　三、目标达成后的激励 239

参考文献 247

第一章

干部领导力

　　管理的实质在于创新。领导要从管理层面激发每个人去创新，不能把人管死，要学会激发员工的创新点，提高员工解决问题的能力。

　　伴随着生产要素的复杂化、内部关联的多样化，传统的"简单管理"已无法满足现实的需求，"复杂管理"变得越来越重要，管理者需要调整管理方式，以新的领导方法来适应社会的发展。在此过程中，数字化领导力的开发显得极为重要，对于数字化领导力的研究也成为一项重要的议题。

开篇案例

智方教育：终身学习陪伴者

1. 企业简介

江西智方教育科技集团有限公司（以下简称智方教育）始建于2012年，旗下设有南昌经开区菲尔培训学校、南昌青山湖区智方职业技能培训学校有限公司、领航教育职业技能培训学校、专硕之家等教育品牌。智方教育是一家集成人高等学历继续教育、教育数字化学习服务平台、专业硕士培训、全日制统招专升本培训、公务员干部培训、职业技能培训、企业人力资源开发等各类教育培训为特色的综合性教育产业集团化企业，已经形成涵盖专业硕士、本科、高职、中职教育层面的职业教育人才培养体系，拥有丰富的培训学校管理和运营经验，从成立至今学历继续教育、职业教育培训累计服务学生达十万余人次。

智方教育坚持继续教育与职业培训协同发展，打造终身学习服务平台，建立了独具特色、独立完整的教学管理运营体系机制，致力于成为教育培训行业领先品牌。

2. 培训：助力领导力的系统生成

智方教育具有较为完善的培训体系，其中培训项目包括江西财经大学公务员培训中心之公务员干部培训、创业培训等。智方教育基于其培训体系，坚持深化产教融合、校企合作，探索出一条适合自己的职业教育发展道路。

（1）针对公务员干部能力展开培训。

自2021年起，智方教育与江西财经大学公务员培训中心进行战略合作，实现产学研系统发展，致力于优势互补，助力江西财经大学公务员培训中心的稳步发展，也使智方教育在公务员干部能力培训方面得到很大程度的提升。江西财经大学公务员培训中心从事税务系统领导干部培训、财政系统领导干部培训、金融系统领导干部培训、公务员培训、企业财务人员培训、中青年干部经济理论研究班等培训业务，为来自全国各地的财政系统、国税系统、地税系统和银行系统举办干部培训班，得到了社会的高度认可和广泛赞誉。

（2）针对创业者能力提升展开培训。

创业培训是智方教育培训体系的一个重要内容，是针对具有创办小企业意向的人员和小企业经营管理者进行企业创办能力、市场经营素质等方面的培训，并对他们在企业开办、经营过程中给予一定的政策指导。创业培训的目的是通过提高企业创办者创业的心理、管理、经营等素质，增强其参与市场竞争和驾驭市场的应变能力，使小企业创办者在成功创办企业、解决自身就业问题的同时，创造和增加社会就业岗位，帮助更多的人实现就业或再就业。

（3）针对员工职业技能展开培训。

智方教育还针对员工职业技能提升展开培训，提供多样化的职业技能培训。智方教育积极响应《江西省人力资源和社会保障厅关于下达2022年各市、县（区）补贴性职业技能培训计划的通知》的要求，面向省、市、县（区）级企业提供补贴性职业技能培训整体解决服务。其中，智方教育所开展的稳岗返还、岗前培训、留工培训补助、企业新型学徒制培训项目属于补贴给企业的类型，失业保险支持企业职工技能提升补贴属于补贴给个人的类型，切实保障了企业与个人的权益，通过开展职业技能培训，可以提升企业员工各项能力。

3. 教育：为终身学习心态做贡献

智方教育与高校合作联手培育人才，并通过网校系统为各机构提供线上平台，为学生提供便利的学习途径，致力于终身学习心态的培养。

（1）与高校合作联手育人才。

智方教育深知协同育人的重要性，自成立起就不断探索产学研发展道路，并不断地与各高校开展合作，在提升自身教育培训水平的同时，坚持为学生服务，助力其终身学习心态的培养与践行。2013年11月，智方教育旗下品牌——菲尔教育与江西财经大学继续教育学院联合办学，独家运营江西财经大学综合改革试点自学考试专升本层次的招生与服务工作。合作期间菲尔教育始终遵守江西省教育考试院关于自学考试的相关规定，严格按照江西财经大学继续教育学院招生规范要求，高标准高质量地配合学院完成各项工作任务，在全省自考实践环节考核工作中多次获得省里表扬。因江西省教育考试院自考政策变化，于2015年年底停止招收新生。从项目招生以来全国合作单位达200余家，累计招生服务综改自考学生4500余人次，并坚持服务暂未毕业的自考学生，始终为学生服务工作而努力。

同时，智方教育始终保持与高校的紧密联系，参与高校协同育人模式，充分发挥自身优势和资源。智方教育创始人团队参加江西财经大学工商管理学院举办的第四届创业论坛，深化与江西财经大学的各项合作，并向同学们讲述自己的创业故事，表示创业者要具备"选择""努力"和"运气"三个要素，并认为先就业再考研也是不错的选择。

（2）网校系统提供育人便利。

智方教育紧跟时代发展趋向，打造并优化其网课系统。

第一，智方教育培训平台提供了更多的自学考试学习途径。智方教育赋能合作机构，帮助机构快速搭建专属网校培训平台，PC网校、H5网校、小程序网校、App网校，课程教学资源多端输出、功能齐备、简单易操作，同时支持多机构课程共享，降低运营成本。智方教育为机构提供培训课程的同时，免费为其搭建专属品牌网校系统，更贴合在线教育业务场景的需求，赋能机构快速实现在线招生、教学、管理及运营。

第二，线上基础设施为专升本考生提供高质量内容。智方教育开发了智方专升本公众号、独立研发的在线云课堂App、小程序网校、App网校等，致力于从多端为学生提供高质量的线上基础课程精讲、周末直播课。

第三，网络远程教育提供继续教育新型模式。智方教育旗下品牌——菲尔培训学校的网络远程教育下设菲尔奥鹏学习中心、东北大学校外学习中心、西南大学校外学习中心等多所名牌高校驻赣学习中心，至今服务学生累计达到1万余人次。

4. 平台：真正用心做好教育

智方教育立足十余年成人教育行业发展经验，独立开发出一套适用于成人教育企业的全流程管理云平台及成人教育产品开发的智方网校，真正用心做好教育。

近年来，随着教育行业各种政策的实施，对各个教育机构的服务要求也随之提升，需要更加系统化、精细化、具体化。这对各个机构的从业人员提出了更高的要求，工作量增大的同时要更细致地服务学员。同时，互联网时代的到来、授课范围的扩大，都使得各个机构对于线上教学的需求变得格外急迫，全程无接触地报名、审核、缴费、教学也变得格外重要，为解决这些问题，智方教育推出了一套教育系统软件——全流程管理云平台。

智方教育独家研发的在线云端课堂管理云配备了安全可靠的软硬件服务和专业的运营团队，为客户提供基础数据服务系统、CRM 客户关系管理系统、教务财务 MIS 系统、网校学习运营系统、第三方数据接口服务系统等综合服务平台。智方教育的管理云平台服务商，其具体服务内容如图 1-1 所示。

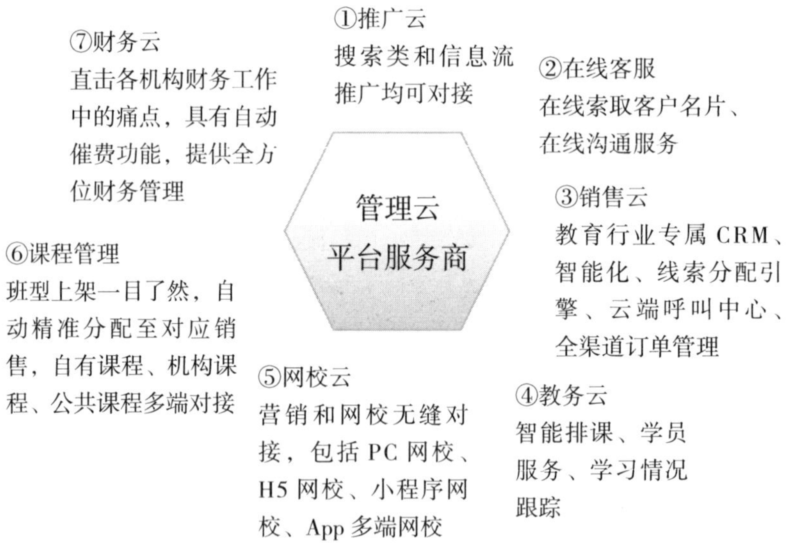

⑦财务云
直击各机构财务工作中的痛点，具有自动催费功能，提供全方位财务管理

①推广云
搜索类和信息流推广均可对接

②在线客服
在线索取客户名片、在线沟通服务

管理云平台服务商

⑥课程管理
班型上架一目了然，自动精准分配至对应销售，自有课程、机构课程、公共课程多端对接

③销售云
教育行业专属 CRM、智能化、线索分配引擎、云端呼叫中心、全渠道订单管理

⑤网校云
营销和网校无缝对接，包括 PC 网校、H5 网校、小程序网校、App 多端网校

④教务云
智能排课、学员服务、学习情况跟踪

图 1-1　管理云平台服务商服务内容

5. 结论与启示

智方教育作为中国教育信息化的积极参与者，通过其多元化的教育服务和培训项目，致力于提升教育质量和促进教育公平。智方教育依托先进的信息技

术，如互联网、人工智能、虚拟现实和大数据，为不同层次和需求的学习者提供终身学习的机会。智方教育不仅在学历继续教育和职业技能培训方面取得了显著成就，而且通过与高校的紧密合作，推动了产学研结合，增强了教育的社会影响力。此外，智方教育开发的智方在线云端课堂平台，为成人教育提供了全流程的管理和服务支持，体现了其在教育科技领域的创新能力和对教育质量的不懈追求。智方教育的实践表明，通过技术驱动和教育创新，可以有效推动教育现代化，实现教育资源的优化配置，为构建学习型社会做出贡献。

第一，把握好政策导向，积极融入教育信息化浪潮，充分利用互联网、人工智能等新技术，推动教育教学模式创新。

第二，积极探索与高校、企业的合作新模式，建立产学研用一体化的协同育人机制。通过校企合作，可以更好地了解行业需求，培养出更符合市场需求的人才。

第三，树立终身学习的理念，打造线上线下相结合的终身学习平台，满足不同人群的学习需求。同时加强与政府部门、行业协会、企业的合作，整合优质教育资源，提高教育资源的利用效率，为建设学习型社会贡献力量。

第一节　干部领导力的重要性

企业经营成败的关键在于中高层干部能否准确领会决策层经营意图，带领自己的团队采用正确的方法及时完成经营任务。因此，中高层干部在企业经营活动中的价值在于打造一支能够高效、快速完成任务的团队，缺乏领导力的中高层干部普遍拥有较强的业务能力，却很难打造出一支具备强战斗力和强协作性的团队，导致企业赋予他们的责任受到个人能力的限制。

中高层干部的作用在于协调组织内部关系、关注市场变化及客户对企业产品或服务需求的变化等，这一作用定位既需要中高层干部有突出的业务能力，也需要中高层干部拥有一支具备战斗力的团队，可见干部领导力的重要性。

具体来说，干部领导力在企业内部体现在准确把握市场信息、组织信息传纽带以及成就和培养下属等层面。很多企业在经营出现问题时，习惯于从宏观环境或竞争对手上寻找原因，并据此研究有针对性的改善举措，却往往容易忽视内部干部领导力所存在的短板。

一、制约干部领导力的原因

对于企业来说，干部领导力的重要性不言而喻，主要体现在协调组织内部关系、关注市场变化、了解客户对企业产品或服务的具体要求、领导团队完成组织分解的具体工作任务。但在很多企业尤其是中小型企业中，干部往往源自一线，业务表现优秀则提拔为干部，因此造成的普遍现象是干部都是业务好手，却并不具备干部领导力，甚至不具备基本的管理能力。

在日常的工作中，制约干部领导力发展的因素有很多，总结来说，原因一般分为以下三类。

第一，文化背景。在我国很多企业里，采取的都是自上而下的管理方式，下级干部习惯于接受指令，并按照指令完成任务，缺乏主观能动性，从而失去了训练自身领导力的机会。在这种文化背景下，干部们普遍抱着"干多错多、干少错少、不干不犯错"的心态，导致他们不愿意也不敢去主动担责，从而形成一种放任式领导风格，对下属的工作不闻不顾，导致干部在组织中的存在感较弱。这种放任式管理并非建立在充分授权和授权监督的前提下，容易导致下属不知所措。基于文化背景所形成的管理风格，成为限制企业中高层干部领导力发展的重要因素。

第二，分工过细且权责不清。企业中高层干部一般是从基层选拔，被提拔的干部在自身业务领域是一把好手，但企业并没有足够的资源支撑这些干部去涉足其他业务领域，从而导致现有的干部普遍是一专一能型人才。在此背景下，干部的领导力发展受制于其所负责的业务领域，缺乏与其他业务领域的协作意识，考虑问题时大多从本业务领域出发，对其他业务缺乏同理心，从而失去干部领导力协调内部资源的核心功能。如果管理人员都只管自己的一亩三分地，与其他业务部门、职能部门没有必要的协作，那么干部的领导力就永远只能局限在自身的业务能力上，无法取得突破。

第三，成就下属的主动意识不足。詹姆斯·M.库泽斯和巴里·Z.波斯纳在《领导力——如何在组织中成就卓越》一书中指出，领导力的核心之一就是成就他人。而干部作为企业中的核心力量，持续推动组织能力螺旋式上升的原则就是不断培养合格和胜任的下属，成就下属是衡量干部领导力的关键标准。很多企业在干部任职资格标准中也强调干部培养下属的数量，但企业中的干部多数来源于基层业绩优良的人员，依旧存在"教会徒弟，饿死师傅"这种传统思想，或者是企业虽然要求干部培养下属，但缺乏相应的激励机制保障，也使得现有干部成就下属的主动意愿不足，从而成为制约干部领导力发展的一个重要因素。

二、评价干部领导力的三个层次

如何衡量和区分干部领导力，是发展干部领导力的基础。一般可以按照三个层次来评价干部领导力，如图1-2所示。

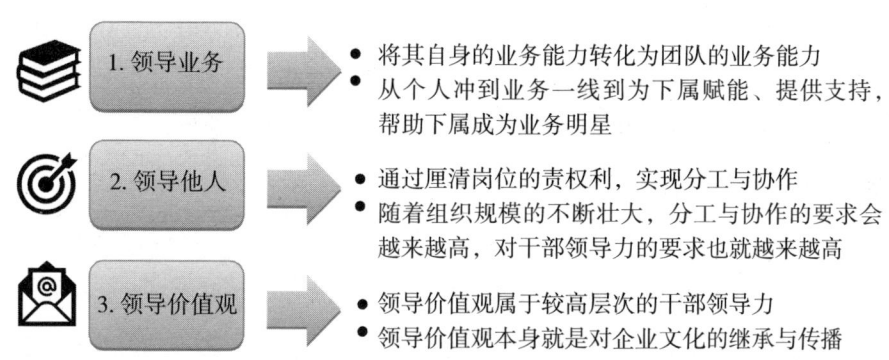

图1-2 评价干部领导力的三个层次

1. 领导业务

组织发展过程中，从基层业绩优良者中选拔干部是一种常见且合理的操作，但核心在于如何赋能、培养这些干部，使其提高领导力成为管理专家。华为、阿里巴巴等知名企业，往往会为这些干部设置一定期限的辅导训练，但大多数中小型企业并不具备这种条件。

从一个业务能手转变成一个管理者，需要发挥其在业务上的优势。这些人在业务上都是一把好手，被提拔到管理岗位后依旧是业务上的一把好手，因而第一步需要将他们自身的业务能力转化为团队的业务能力，帮助干部从业务好手转变为领导业务的好手。干部领导力的第一层次是领导业务，即从个人冲到业务一线到为下属赋能、提供支持，帮助下属成为业务明星。

2. 领导他人

顾名思义，领导他人就是指任何一个团队、任何一个业务部门或职能部门的干部，通过领导其所在组织内的任何一个层级、任何一个岗位上的人，按照正确的方式完成组织交代给他们的工作任务。在这个过程中，需要干部为下属指明工作方向、协助他们制定工作目标、替他们评价工作成果等。

企业设置岗位的目的是通过厘清岗位的责权利，实现分工与协作，但实际上并不能将事情进行完全的切割，在这样的背景下，就需要干部进行协调和校验工作成果。如果不需要分工和协作，则意味着一个人就可以成为一个组织，但很明显，这并不符合社会价值最大化的原则。随着组织规模的不断壮大，分工与协作的要求会越来越高，对干部领导力的要求也就越来越高。很多企业患上"大企业病"，就是因为组织能力的成长速度跟不上组织规模的成长速度，在干部还不具备领导他人的能力时，组织规模就超出了干部的能力边界。

3. 领导价值观

领导价值观属于较高层次的干部领导力。职场人士一般都应具有基本的"三观"（世界观、人生观、价值观），领导价值观属于"三观"之一，它不仅是个人的价值观，更是组织的价值观。

任何一个企业都有它的使命、愿景和价值观，这属于企业文化的顶层架构，企业中每个层级的干部都要去努力践行。企业想要长久发展，仅靠制度不行，仅靠人更不行，唯有文化才是企业基业长青的基础，文化是企业的灵魂，领导价值观本身就是对企业文化的继承与传播。

三、干部领导力重要性的体现

干部领导力的重要性在于干部作用的实现,干部在企业中的主要作用在于协调关系、识别市场对企业产品和服务的真实需求以及成就下属。简而言之,在企业中,干部就相当于一个纽带,这个纽带既连接市场与企业,也连接组织和员工。

如果把企业比喻成一个人的身体,干部就相当于腰部,看一个人是否有力量,不在于四肢是否发达,而在于腰部是否有力量。看一个企业是否有执行力,管理效率是否处于较高水平,不在于企业的业务规模和组织规模,而在于中高层干部有没有足够的执行力和管理效率。

因此,干部领导力的重要性也分为三个层面,一是强化成就动机,二是强化组织能力,三是激活团队,如图 1-3 所示。

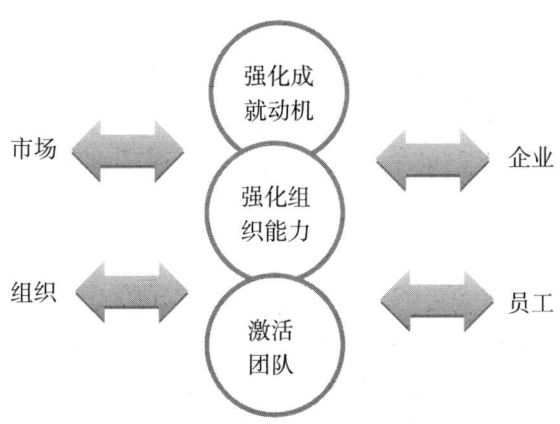

图 1-3　干部领导力的重要性

1. 强化成就动机

按照马斯洛需求层次理论,每个人都具有成就自己的动机和内在需求,无论是处在管理岗位还是基层岗位,对于干部而言,其都有较强的成就动机,而干部领导力的重要性在于进一步强化干部的成就动机。

很多企业的干部在踏上管理岗位后，其实并不开心，反复强调想要重归业务岗位，不愿意从事与人打交道的岗位，这是新任干部缺乏领导力的一种表现，其实错不在这些干部本身，而在于企业将干部提拔到管理岗位后，并没有使他们得到对应的管理技能提升和心理辅导与建设。

2. 强化组织能力

自 2010 年杨国安在《组织能力的杨三角》一书中提出组织能力架构后，组织能力被越来越多的企业所重视，特别是中小型企业和成长中的企业，但很多企业对这样一个相对抽象的概念并不明确。很多企业重视组织能力，但并不知道组织能力从何而来，也不知道如何强化和建设组织能力。

可以简单地将组织能力理解为组织内部所有人的能力集合，处于组织架构中关键环节的干部，是组织能力的一个核心体现。干部能否有效地将自身能力转化为组织能力的一部分，对组织能力的影响至关重要。

干部领导力可以强化组织能力，同时组织能力也能反哺干部领导力，干部领导力在加强组织能力中对企业文化和价值观同样起到承上启下的作用。通过文化和价值观的传导，使基层人员将身上的能力依附于组织之中，同时实现组织对干部和员工能力的反哺。

3. 激活团队

任何一个组织都是由许多更小的组织组成的，如企业就是由各个部门组成的。因此，大组织的组织能力由小组织的能力集合而成，小组织的组织能力由各个岗位的能力集合而成，各个岗位的组织能力由岗位上每个人的能力集合而成。

具备干部领导力的人，在激发自己的团队层面起到了非常重要的纽带作用。最佳的干部领导力体现在能够激活整个团队，一个不具备领导力的干部，他的个人能力也许很强，但在激活团队层面可能毫无建树。

干部领导力直接关乎干部所在组织的组织能力，在建设组织能力的过程中，干部领导力至关重要，制约干部领导力发展的因素有很多，但可以通过训练与培养使之得到提升。

案例 1-1

九毛九：领导力出奇迹

广州九毛九餐饮连锁有限公司（以下简称九毛九）经过 20 多年的经营，创立并运营"九毛九西北菜""太二酸菜鱼""2 颗鸡蛋煎饼""怂（现煮串串）""那未大叔是大厨（粤菜）"五个不同领域的中式餐饮品牌，并于 2020 年年初在香港交易所挂牌上市，编织了一个辉煌的企业发展故事。

九毛九曾经在三年内开了 100 多家店，平均每 10 天新开一家分店，发展速度令外界瞩目。以如此快的速度发展，却没有带来组织能力的稀释与降低，原因何在？九毛九创始人管毅宏的答案是：决策团队、干部团队的领导力，具体包括"好人"认知、指挥家定位以及授权的能力这三个要点，如图 1-4 所示。

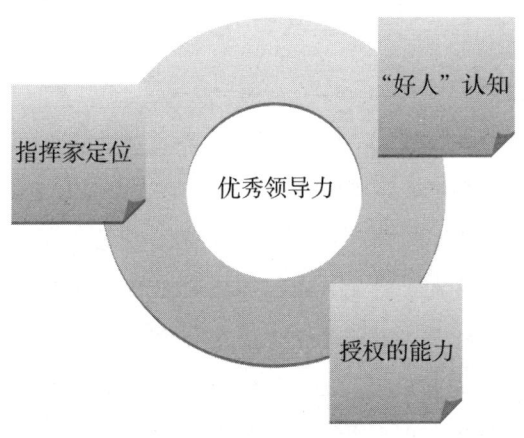

图 1-4　九毛九的领导力

1. "好人"认知

在九毛九的企业文化中，认为"好人"是领导力的一种表现，而"好人"往往最迷人。

九毛九的干部团队能够认知到自身的不足，所以他们看重团队，在团队中他们要求自己"做个好人"。只有自己是一个"好人"，在团队中才能吸引人，吸引人就能最大限度地发挥出团队的潜能，就能做出三年开100家店这样的壮举。换言之，九毛九的干部如果没有"做好自己"，他就会失去对团队的核心吸引力和性格魅力。在九毛九，"好人"是领导力的一种表现，而且是很重要的表现。

2. 指挥家定位

在九毛九的企业文化中，认为当好指挥也是干部拥有领导力的一种表现。

指挥是演奏、演唱等音乐专业团体的艺术领导者，身为指挥，需要把握好各种乐器的节奏、不同声部之间的平衡性、各种乐器的音色准确度等，才能带领大家演奏出动人的音乐。管理企业和团队也是一样，干部需要了解自己团队成员的个性、喜好、长短优缺等，合理地分配和安排工作，并且做到因材施教，让每个人的长处都得以发挥，形成最优组合状态，从而实现效率最优。

3. 授权的能力

在九毛九的企业文化中，认为只有干部具备授权的能力才能激活团队。

作为领导干部，要能够合理授权。九毛九坚信"用人不疑，疑人不用"，身为领导干部，一旦识别清楚团队成员，就会进行合理的授权，引导团队朝着共同的目标努力，在前进方向上达成共识，即使处理事情的方法不同，最终也能达成预期目标。九毛九的员工对领导干部的这种管理方式也很满意，在具体业务方面员工确实比领导更有经验，九毛九的领导充分授权给员工，让员工感受到领导对自身长处的关注，出于个人成就的考虑会竭尽全力将授权给自己的事情做好。

基于"好人"认知、指挥家定位和授权的能力要求，九毛九的领导干部既能够发现团队的长短优缺，也能够合理授权，从而发挥整个团队的集体智慧和力量。也正是有了合理的授权，使得企业的领导干部可以将精力放在更有价值的工作上，有更多人在思考、解决企业更核心、更能创造价值的问题，这是九毛九餐饮集团创下三年新开 100 家店奇迹的原因。做好自己、读懂团队成员、合理授权，这就是九毛九倡导的优秀领导力，而这样的领导力，锻造了充分信任、实力互补、分工有序的团队，创造出一个个发展奇迹。

第一，企业应培养领导团队的"好人"品质，即具备正直、诚信和责任感的领导者。这样的领导者能够通过自身的榜样作用吸引并激励团队成员，建立信任和尊重，从而增加团队的凝聚力和向心力。

第二，企业领导应像指挥家一样，了解团队成员的个性和能力，合理分配任务，并根据每个人的特长进行个性化管理。

第三，企业应鼓励领导团队进行有效授权，即在信任团队成员的基础上，赋予他们更多的自主权和决策权。这不仅能提升团队的工作效率和创新能力，还能增强员工的责任感和归属感。

第二节　干部领导力与管理能力的区别和联系

干部领导力强调成人达己，管理能力强调责权利对等并带领团队成员实现组织交办的任务和达成组织的既定目标。从内涵到外延，干部领导力与管理能力均存在差异。

一、干部领导力与管理能力的区别

从本质上而言，干部领导力和管理能力存在明显的区别，主要表现为以下三点。

第一，目的不同。干部领导力强调的是"修身、齐家、治国、平天下"，更多地指向干部自身的修养以及价值实现，是一个自我的概念。干部提升自己的领导力，是指干部打造自身权力影响力和非权力影响力，让更多的下属愿意追随，从而自发、自觉、自动地帮助干部达成组织下达的使命与愿景。而管理能力更多地强调整理组织资源、管控组织风险，是指干部对下属在完成任务过程中可能出现的偏差实施纠偏的一种能力，或者干部根据自身的经验和学识，对下属在完成任务过程中可能出现的风险进行提前规避的具体动作或意识。

第二，训练形式不同。干部领导力强调的是干部的影响力，即干部通过自身的影响力，让下属自觉跟随、主动采取行动，与干部做出一致的行为或者利益一致的行为，因此干部领导力更多地依赖于干部的"修身"来获取，包括提高自己在专业领域的地位、完善个人品德的社会遵从性等。管理能力的训练则是通过自身经历、获取他人经验，以及反复与下属进行讨论，对下属完成任务的细节逐一分解，识别关键成果并制定跟踪和监督计划，依赖经验积累和时间沉淀就可以获得训练的一种能力。因此干部领导力更多地在于个人修养提升，属于艺术的范畴，而管理能力是一种技能的训练，强调熟能生巧。

第三，最终结果评价不同。评价干部领导力的关键点在于能不能"使众人行"，"使众人行"是干部领导力比较高阶的结果，即干部通过事先设定目标，依靠自身的影响力激励下属自发地朝着目标努力，而不是通过一系列管理手段迫使下属朝着目标努力。而管理能力的评价结果主要看组织效率，一般用组织绩效或经营绩效来衡量，即组织明确目标后，干部带领团队去实现这个目标的程度。

干部领导力和管理能力存在较大的偏差，但在日常工作中区分并不是很明显，在提到干部领导力时，一般首先会想到干部的管理能力，但管理能力只是干部领导力的一部分。干部领导力包含管理能力，但并不仅限于管理能力。

二、干部领导力的重点

理解干部领导力的重点需要从干部领导力的概念和外延出发，因为干部领导力的概念，本质上是对干部影响力的诠释与升华。干部领导力的重点主要分为三个层次，如图1-5所示。

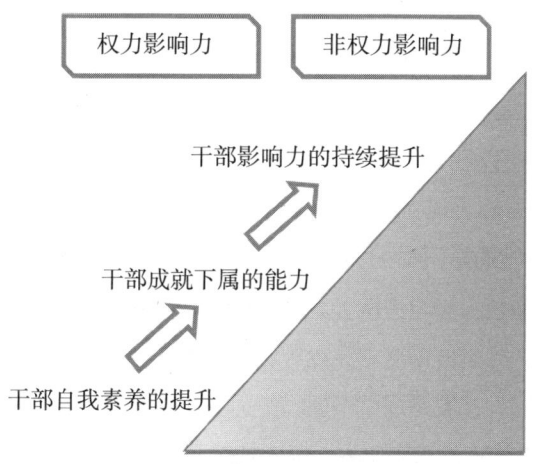

图 1-5　干部领导力的重点

一是干部自我素养的提升。一个干部有没有人格魅力,值不值得下属追随,通俗的做法是看这个干部的人品。用管理学的语言来讲,人品指的是一个人的素养,尤其是职业化素养。在干部的职业化素养中,最基础的是敬业,如在职场上具有契约精神便是敬业的一种表现。干部的职业化素养,除敬业外,就是职业,职业不仅包括职场的外在形象,还包括职场的内在底蕴,如自身专业技能提升等。基于干部领导力提升要求的素养提升,外延比职业化素养更广泛,甚至还包括干部个人品德的社会遵从性要求,如生活作风、诚信等。

二是干部成就下属的能力。干部领导力的重点是成人达己,成人就是成就他人,通过成就他人来实现作为领导的价值,实现自身的价值主张,这也是干部领导力与管理能力的较大不同之处。管理更多地要求下属按照标准化的动作、标准化的流程去完成实现目标过程中的不同任务,输出的自然也是一个标准化的结果。干部领导力则强调让下属获得成功,或者让下属获得持续的成功,这个成功包括职业的成功、经济的成功乃至社会地位的成功。

三是干部影响力的持续提升。干部领导力最初是源自干部所在职位的权力影响力,因为干部拥有一定的权力,所以对于下属而言,干部具有一定的权力影响力。而干部领导力的重点在于将这种来自职位的权力影响力逐步转化为与职位不相关的非权力影响力。权力影响力与职位相匹配，如组织中给某个部门经理赋予团队奖惩权，那么这位部门经理在下属奖惩事项中将有较高的影响力，一旦他离开这个职位，在其下属中将不存在这种影响力。非权力影响力则更多地来源于干部的素养、专业地位以及为人处世的技巧，非权力影响力不关乎干部的职位和所处的部门，甚至与干部表现在外的能力也不太相关。

无论从哪个层面解读干部领导力，其重点均在于干部影响力，而干部影响力又分为权力影响力和非权力影响力两种。权力影响力与职位相关，非权力影响力与干部的个人素养、为人处世的态度和原则等相关。提升干部领导力，也就是先提升干部自身的职业化素养，接着是成就下属，继而在实现第一个层次和第二个层次重点要求时，形成第三个层次的重点要求，也就是打造干部自身的非权力影响力。

案例 1-2

依图科技：构建高效、协同、具有前瞻性的领导团队

上海依图网络科技有限公司（以下简称依图科技）作为我国人工智能领域的领军企业，自成立以来，一直致力于计算机视觉和深度学习技术的研究与应用。在这样一个技术驱动的行业中，领导力的培养显得尤为重要。依图科技通过一系列创新的领导力培养措施（见图1-6），成功构建了一个高效、协同、具有前瞻性的领导团队，为企业的快速发展和行业领导地位的建立提供了坚实的支持。

1. 建立内部研究院，推动技术创新与领导力结合

依图科技深知技术创新是企业发展的核心动力，因此建立了自己的内部研究院。这个研究院不仅为技术人员提供了一个自由探索和实验的平台，而且通过定期举办的技术研讨会和创新工作坊，激发了员工的创新思维和解决问题的能力。在这个过程中，技术骨干和潜在的领导者被赋予更多的责任和自主权，他们在推动技术进步的同时，也在实践中锻炼了领导力。

第一章 干部领导力

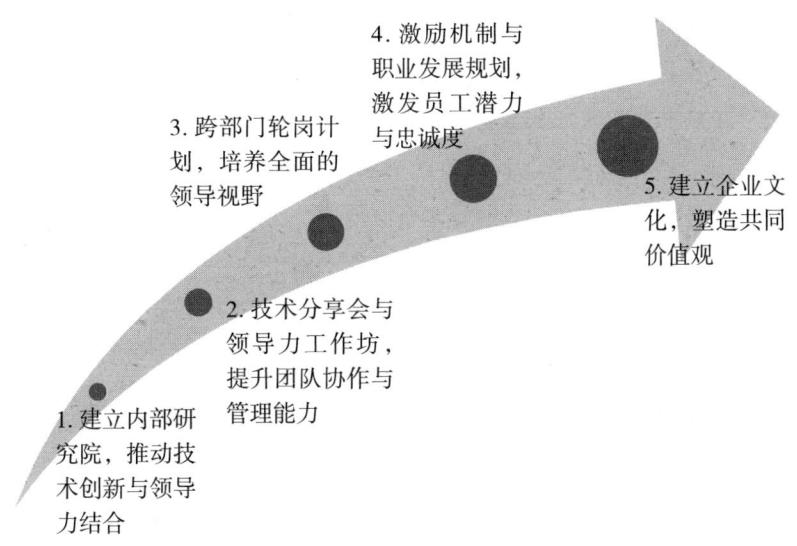

图 1-6 依图科技领导力培育体系

2. 技术分享会与领导力工作坊，提升团队协作与管理能力

依图科技定期组织技术分享会，鼓励员工分享他们在项目中积累的经验、遇到的挑战和解决方案。这种开放的交流氛围不仅促进了知识的共享，也加强了团队之间的协作和信任。同时，公司还举办领导力工作坊，邀请行业专家和管理顾问来指导员工如何更有效地管理团队、激励下属和推动项目。这些工作坊帮助员工提升了沟通、协调和决策等关键领导技能。

3. 跨部门轮岗计划，培养全面的领导视野

为了培养具有全面视野的领导者，依图科技实施了跨部门轮岗计划。通过这个计划，员工有机会在不同的部门和项目中工作，从而获得更广泛的工作经验和业务理解。这种跨领域的工作经历不仅丰富了员工的专业技能，也锻炼了他们在不同环境下的适应能力和领导能力。通过这种方式，依图科技培养了一批既懂技术又懂业务的复合型领导人才。

4. 激励机制与职业发展规划，激发员工潜力与忠诚度

依图科技非常注重员工的个人成长和职业规划，设立了明确的晋升通道和激励机制，鼓励员工设定职业目标并为之努力。通过一对一的职业发展谈话和定期的绩效评估，公司帮助员工明确自己的长期职业路径，并提供必要的培训和支持。这种对员工个人发展的重视，不仅激发了员工的潜力，也增强了他们对公司的忠诚度和归属感。

5. 建立企业文化，塑造共同价值观

依图科技强调企业文化在领导力培养中的作用，通过各种内部活动和沟通渠道，不断强化"创新、协作、诚信、进取"的核心价值观。领导者在塑造和传承企业文化方面发挥着关键作用，他们通过自己的行为和决策，为员工树立了榜样，确保了企业价值观在组织中的一致性和持续性。

通过上述措施，依图科技成功地培养了一批具有创新精神、技术专长和领导才能的领导者，不仅推动了公司在人工智能领域的技术进步和产品创新，也为公司的长期发展和市场竞争力提供了坚实的支持。

第一，对于高科技企业而言，建立科学、系统的领导力发展体系至关重要，不仅涉及领导者个人能力的培养，还包括团队协作、决策制定、创新思维等多维度能力的提升，从而确保领导团队在快速变化的技术环境中保持敏锐的洞察力和前瞻性。

第二，高科技企业还需要根据自身实际情况，有针对性地采取一系列措施，建立企业的领导力发展体系，合理运用企业文化并发挥沟通协作的作用。

三、干部管理能力的重点

干部管理能力同样存在以下三个层面的重点，如图1-7所示。

一是协调和调用组织资源。很多企业内部的部门墙严重，其本质原因在于企业经营建立在资源有限的前提下，因此不同部门间存在资源争夺的先天对立，在组织层面就表现为部门墙。假如企业运作资源是无限的，那么部门墙将不复存在。作为干部的管理能力，就是在资源有限的背景下，协调与调用组织资源的能

力。如何将企业经营所需的有限资源，通过资源组合、协调和调用，使之发挥出最大的价值并使效益最大化，就是干部管理能力第一个层面的重点体现。

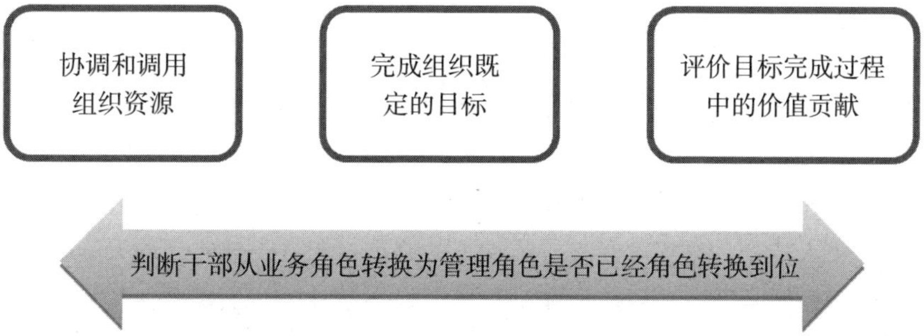

```
┌──────────┐   ┌──────────┐   ┌──────────────┐
│ 协调和调用 │   │ 完成组织既 │   │ 评价目标完成过程 │
│ 组织资源   │   │ 定的目标   │   │ 中的价值贡献    │
└──────────┘   └──────────┘   └──────────────┘

  ◄──────── 判断干部从业务角色转换为管理角色是否已经角色转换到位 ────────►
```

图 1-7　干部管理能力的重点

二是完成组织既定的目标。任何一个团队、任何一名干部都承担着组织给予的目标，每个团队和每个干部在组织内部都应该是独一无二的，否则，将意味着团队或干部是可以被取代的，能够被取代的团队与干部的价值一定不会太高。因此，干部管理能力第二个层面的重点是完成组织赋予团队或干部的既定目标。一个组织要实现从发现客户需求到最后满足客户需求并获得收益，无论是通过产品还是通过服务来满足客户需求，都需要组织内部不同团队和部门通力合作，干部管理能力的体现就在于带领团队完成这个既定目标，以及在完成目标的过程中，经由目标分解的无数任务。

三是评价目标完成过程中的价值贡献。很多企业的干部都是因为业务做得好才得到提拔的，他们属于业务型人才，做具体事务是一把好手，而对管理往往有些生疏。评价团队的价值贡献一般涉及组织的最终价值分配，会影响干部自身和团队下属的利益，因此大多数干部对这项工作并不用心。但体现干部管理能力的重点之一就是评价目标完成过程中自身和下属的价值贡献，这是一个团队公平、高效且持续高效运作的基础，甚至可以上升到企业文化的高度。

干部管理能力是干部领导力相当重要的一部分，干部领导力已经上升到哲学的高度，而干部管理能力则是应用层面的问题。一个组织的干部可以没有足够的干部领导力，但不能没有管理能力，没有管理能力则意味着这个组织不可能有高的效率。

因此，在判断干部从业务角色转换为管理角色是否已经角色转换到位时，都会从评判干部管理能力入手。评判干部管理能力的高低，首先是看干部协调和调用资源的能力，其次看干部完成组织既定目标的程度，最后看干部如何评价目标完成过程中自身和下属的价值贡献。基于这三个层次对干部管理能力所做出的评价，与真实情况不会相差太远。

干部领导力与干部管理能力是两个既相互联系又存在较大区别的概念。干部领导力是成人达己，是干部对自身影响力的修炼过程；干部管理能力则是带领团队有效率地完成组织既定目标的能力，是一种需要外求和训练的技能。从培养的过程来看，干部领导力更多地需要干部去自我修炼提升；干部管理能力则可以寻求一些外部帮助，或者通过不断解决实际问题进行训练。

第三节　管理领导力

管理领导力主要是指干部对自身领导力的管理与提升。要做到这一点，干部首先要对管理的角色有充分的认知，同时还要平衡好领导者和管理者的双重角色，更要具备提升管理领导力的方法。

一、干部的管理角色

管理领导力是指干部对自身领导力的管理和提升过程，虽然目前学术界对于领导力是与生俱来的天赋还是后天修炼的气质并无定论，但管理领导力的概念是建立在干部领导力可以通过后天的训练获取这一理论基础上的。

提及管理领导力，首先要清楚的问题是干部的管理角色，很多企业，特别是中小企业，都是从业绩优良的员工中提拔干部的，这类干部在业务上是一把好手，却不一定能理顺团队内部的关系。关键原因就在于，从业务岗位提拔的干部对管理角色的认知并不到位，而中小企业也没有足够的资源帮助这些从业务岗位提拔的干部完美转身。

干部的管理角色可以从以下三个层面来认知，如图 1-8 所示。

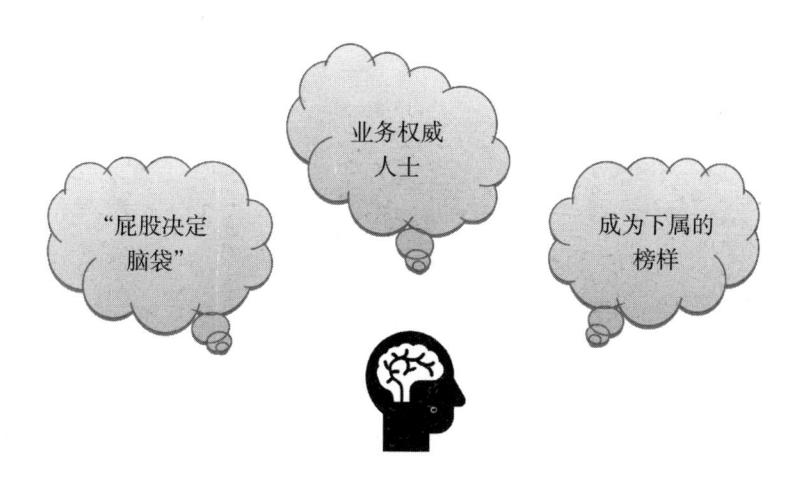

图 1-8　干部的管理角色认知

一是"屁股决定脑袋"。"屁股决定脑袋"在很长一段时期内都是富有贬义的，而在企业管理中却是一句比较正确的话。这个层面的认知，即干部处在什么位置，就需要用什么视野去思考问题，表达的是"在其位谋其政"。干部不管是外聘还是内培，进入管理岗位后，第一件事情就是将看待问题的出发点转移到管理岗位上，而不再是单纯地从业务的角度考虑问题。它在本质上还是干部领导力的权力影响力问题，即企业内部的职位赋予这个职位上的干部一定程度的影响力，干部履任后，首先要考虑发挥出这个权力影响力。

二是业务权威人士。只要员工干得好，企业家就会毫不犹豫地将员工提拔为干部。这种做法并非不对，但是如果你深入了解一下，必然会发现但凡强调"宰相必发于州郡，猛将必起于卒伍"的企业，都会有配套完善的干部转身扶持计划，强调"扶上马送一程"，即不仅将优秀的员工提拔为干部，同时还会投入资源和时间去帮助新履任的干部从业务角色转换为管理角色。

三是成为下属的榜样。企业中团队的规模大小不一，一些职能团队小到只有两三人，多则十几人，部分制造业的大工序部门一个团队就拥有上百人，在不同规模的团队中，如何成为下属的榜样，涉及的主要就是干部领导力中的非权力影响力。拥有高超领导力的干部为人处世始终保持一个风格，一以贯之，深得下属的信赖，这便是非权力影响力的一种表现。处事风格没有严格意义上的好坏之分，重点在于一以贯之，继而与下属形成彼此信任的心灵契约，从而发挥非权力影响力。

很多民营企业的老板，在承受着企业经营压力时，往往会导致情绪变化较大，但是他们的企业基本上运作良好，主要是老板与中高层干部间已经建立了互相信任的基础，老板的权力影响力和非权力影响力对中高层干部的行为潜移默化的作用较大，因而他们能够做到令行禁止。所以，干部对管理角色的认知，需要先从权力影响力开始，继而修炼自身，达到非权力影响力的层次。

二、平衡领导者和管理者两种角色

平衡领导者和管理者两种角色，也是干部管理领导力的关键所在。由于本书谈到的干部主要是指企业中高层管理者，而非企业家，因此在平衡领导者与管理者两种角色时，强调管理者是第一角色，领导者是第二角色。

干部对管理角色有明确认知后，需要对领导者和管理者这两种不同的角色进行平衡，如图 1-9 所示。

| 管理者是第一角色 | + | 领导者是第二角色 | = | 管理者角色和领导者角色发挥的程度是判断干部领导力高低的关键 |

二八原则，即管理者角色解决 80% 的问题、领导者角色解决 20% 的问题

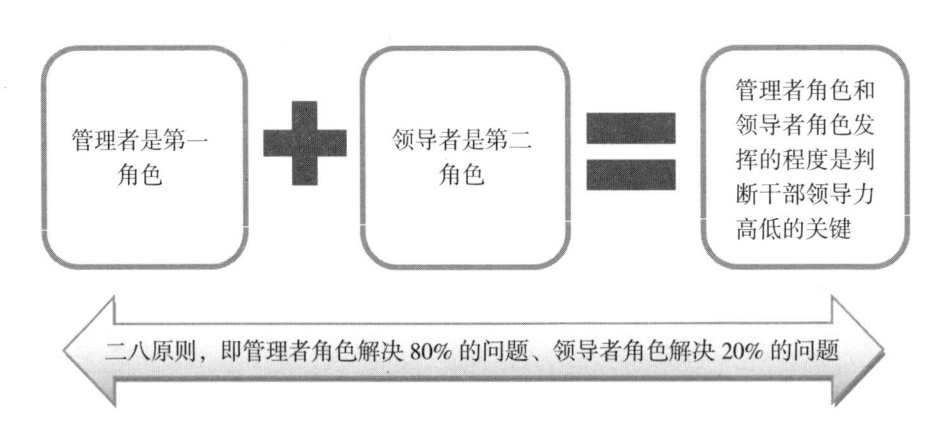

图 1-9　平衡领导者和管理者两种角色

第一，管理者是第一角色。企业家之所以会聘请职业经理人担任中高层管理

人员，目的在于发挥这些职业经理人的主观能动性，用职业经理人的才智帮助自己的企业更高效地利用有限的资源，从而创造更大的价值。简单来说，就是利用职业经理人的经验、知识和技能，为企业家创造更多的利润。因此，中高层管理者必须充分意识到：作为中高层干部，管理者才是第一角色，帮助企业家管理有限的企业资源。

第二，领导者是第二角色。同样在管理岗位上，有的干部一旦离职便人走茶凉，谁都不会去想起他；有的干部即便离职很久，以前的同事也会主动与他联系请教。如此大的区别，就在于中高层干部领导者角色的发挥程度。在中高层管理者的管理者角色得到充分认知后，下一步便是领导者角色的认知与发挥了。职场人最容易记住的人，永远都是在其人生道路中给予他很大帮助的领导，或者是在领导的指导下能力和认知获得了提升，又或者是在人生关键时刻领导者给予了力所能及的帮助和鼓励。发挥中高层干部的领导者角色，无非就是成就下属。

第三，管理者角色和领导者角色发挥的程度是判断干部领导力高低的关键。管理总被认为是刚性的，其对象是各种关系，在企业管理中包括人与人的关系、人与钱的关系、人与事的关系、钱与事的关系等，有既定的管理规则（规章制度）、管理流程（流程）、风险管控机制（奖惩规范）等，因此管理的结果是可预见的。而制度、流程、规范一般能够解决以上四组关系中80%的事务，其余20%的事务则通常需要通过领导者角色来解决，因而领导者角色更多的是柔性的、人文的关怀。比如同样一个规则，对于性格迥异的两个下属，获得的效果可能截然相反，这时要让管理发挥正常的作用，就必须用到干部的非权力影响力，也就是领导者角色的发挥，通过中高层干部的人格魅力来解决纷争。

平衡领导者和管理者两种角色，需要两种角色相互配合，两者间并没有严格标准的权重分配，如果说一定要有，那么只能是遵循二八原则，即管理者角色解决80%的问题、领导者角色解决20%的问题。从这个权重来看，管理者必须是第一角色，而领导者是第二角色，并且两者要相辅相成，不能有失偏颇。

三、提升管理领导力的办法

管理领导力是干部对自身领导力的管理和提升过程，其更大的意义在于找到提升干部领导力的办法。那么，如何提升企业中高层干部的管理领导力呢？具体方法如图 1-10 所示。

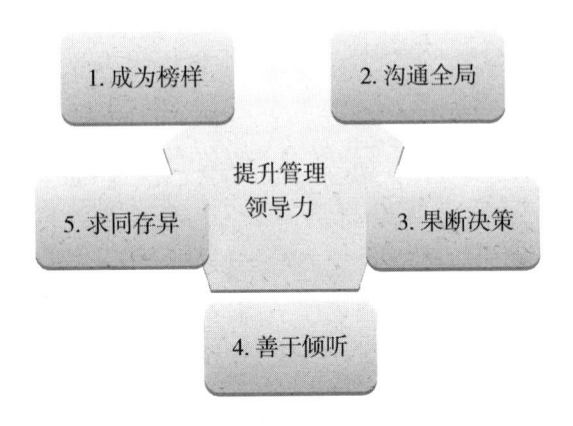

图 1-10 提升管理领导力的五种方法

1. 成为榜样

不管处在哪个层级，干部要打造自身的领导力，首先需要成为下属的榜样，只有成为下属的榜样，其权力影响力才能得到更大程度的发挥，非权力影响力也才能够形成。而要成为下属的榜样，一方面是品德要遵从群体的认同度，另一方面是需要在负责的业务领域有一定的见解和权威性。

在很多企业中，越是高层，对业务领域的知识和技能要求越低，即成为下属的榜样并不是一定要在专业领域成为顶尖高手，但绝对不能是一个完全的外行。而成为下属的榜样，更需要从职业化素养、职业操守和待人接物方面着手。

2. 沟通全局

中高层干部最容易犯的错误有两种：一种是眼里只有干得最好的明星员工，自己掌握的资源几乎全部"砸"在明星员工身上；另一种是眼里只有干得最差或拖团队后腿的员工，将批评与抱怨全部倾泻在这类员工身上。这两种错误产生的原因相同，都是中高层干部带有强烈的偏见，并未做到沟通全局。

作为干部，不管管辖的团队大小，也不管管理事务的繁杂程度，一定要沟通全局，目光要投向整个团队。这个世界上没有十全十美的人，更不会有完美无缺的下属，所有的下属都有专长，也都有缺点，沟通全局意味着需要与团队所有成员维持充分的沟通并对他们有全面的了解。

3. 果断决策

优柔寡断的干部到哪里都不会受欢迎。职场人士普遍最反感上级的行为是：决策时犹犹豫豫、拖拖拉拉，下属询问具体事情的处置办法时，从来给不出一个明确意见。这种干部会为组织带来高昂的时间成本，也大概率会导致团队甚至企业错失机会。

更关键的是，不能果断决策的干部，往往会带给下属一种很不好的感受，即领导心中其实也没谱。

4. 善于倾听

很多时候，一个团队进行群体活动时，总是只能听到团队负责人一个人的声音，在目标明确、路径清晰时，这么做自然无可厚非，但对于干部的非权力影响力而言，这么做会丧失团队的群体效应。

不管干部是否善于沟通，在训练管理领导力时，一定要善于倾听，因为很多时候下属在表述问题时，解决方案也可能会顺便一起说出来。

5. 求同存异

世界上没有两片一模一样的树叶，所以更不要奢求这个世界上有两个思想完全一样的人。即便是三个人组成的小团队，两个下属间的思想也有可能迥然不同。

作为干部，提升管理领导力的方法之一，就是要有求同存异的胸怀，在大面上求同、在原则性问题上求同，在小面上存异、在个性化问题上存异。唯有如此，团队才能更好地前进。

在中高层干部提升管理领导力方面，不能有苛求完美的心态。思想主旨一致、行为方式各异才是团队的常态。

上述为五种提升管理领导力最基本的原则和方法，但具体的方式并非仅有这几种。中高层干部可以结合自身的性格特点，寻找最合适自身提升管理领导力的方式。

案例 1-3

饿了么：晋升达人

饿了么在线外卖平台成立于2008年，目前已覆盖全国，发展速度惊人。与饿了么发展速度同样引人注意的是其一位晋升达人，名叫丁一辰，以一线业务员入职饿了么后，随后便以惊人的速度在公司内部"蹿红"。

1. 饿了么的层级职业发展体系

丁一辰入职饿了么后，每3~6个月就在组织内部晋升一次，从业务员到上海市高端餐饮发展部区域负责人，到8个省市的高端餐饮发展部区域负责人，再到饿了么全国众包运力业务负责人，短短几年，丁一辰实现了职业生涯的指数级发展。到底是靠什么独门绝技，让他能够获得如此惊人的晋升速度？答案是源于精神层面的主动担当以及不断打磨锻造出来的管理领导力，当然，饿了么提供的职业发展体系是根本基础，如图1-11所示。

2. 企业领导力的表现要素：主动与担责

在某次采访中，丁一辰道出他成为饿了么晋升达人的秘密，即主动做事和主动承担责任，并不断获得自我能力的提升和团队成员的信任。

在丁一辰还是业务员时，他所做的品牌餐厅业务是饿了么的新业务，没有业务基础，也没有存量客户群体，只能依靠业务员每天推发传单、跑商户逐步建立起业务，工作开展得十分艰辛。但丁一辰在这种局面下依旧活力十足，他践行的原则是主动、主动、再主动，只要是力所能及的事情，都不遗余力地主动去做。这种精神感染了当时同一业务下的其他同事，大家都以丁一辰为榜样，和他一起努力工作，形成了极具战斗力的团队，最终新业务蓬勃发展起来。

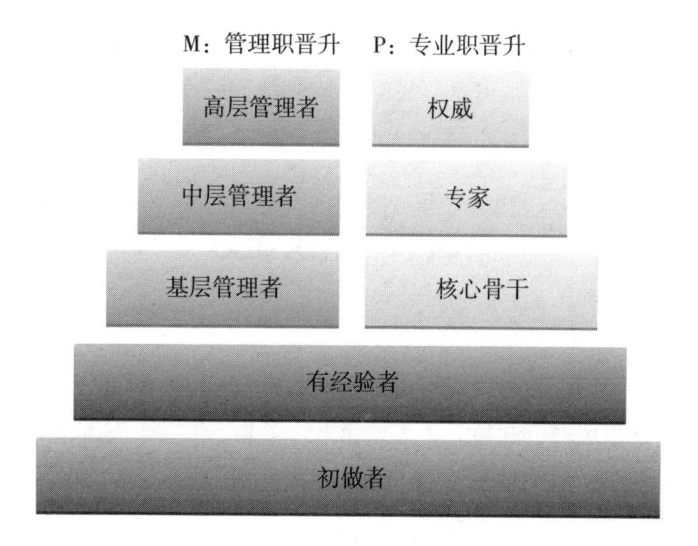

```
          M：管理职晋升   P：专业职晋升
            高层管理者      权威
            中层管理者      专家
            基层管理者     核心骨干
                有经验者
                 初做者
```

图 1-11 饿了么职业发展体系

丁一辰在担任城市销售主管时，经常在完成自己管辖范围内的事务后，主动帮助邻近市场主管处理事务。当他成为大区负责人后，不仅熟悉各市场的业务特点，各市场主管也非常配合丁一辰的工作，向心力极强，这些都是丁一辰做了在一般人看来"多余"的工作后获得的。另外，当组织处在某个阶段或有某个至关重要的事项需要攻坚时，丁一辰总是会毫不犹豫地站起来承担重任，在困难和挑战面前他从不退缩，带领团队解决了一个又一个困难，渐渐地树立起了管理威信，遇到重大事项或困难时，其他管理干部都会寻求丁一辰的帮助，在帮助同事解决问题的过程中，丁一辰的领导魅力逐步建立了起来。

从丁一辰快速晋升的故事中不难发现，晋升很快的人有一些共同的特点，比如凡事多做一点、多想一步、多受员工欢迎等，而这些恰恰是企业领导力的表现要素。在快速发展的企业中有很多晋升机会，但如果管理者自身的管理能力、作风以及个人领导力没有获得提升，也会与晋升机会擦身而过。

看似奇迹的晋升背后，需要有企业科学的职业发展体系支撑，并需要管理干部拥有与时俱进的干部领导力。

第一，提升企业领导力，构建完善的领导力发展体系至关重要，应涵盖领导力评估、培训、实践和反馈等多个环节，形成一个闭环的领导力提升机制。

第二，企业需要动员和鼓励领导者具备主动做事和主动担责的意识，领导者也要勇于面对挑战，不畏惧困难，敢于做出决策，并为其结果负责。

第四节　组织能力

组织能力是个体依附在组织架构上体现出来的一种群体能力，干部领导力是组织能力的关键组成部分和核心抓手。如果将企业比作一个人体，那么干部就是企业这个人的脖颈与躯干，干部领导力的高低关乎组织能力的高低。

一、组织能力的特点

从组织能力的定义来看，就是一种难以量度的主观性描述，其特点表现为独特性、对组织表现的放大或缩小功能、内生性，如图1-12所示。

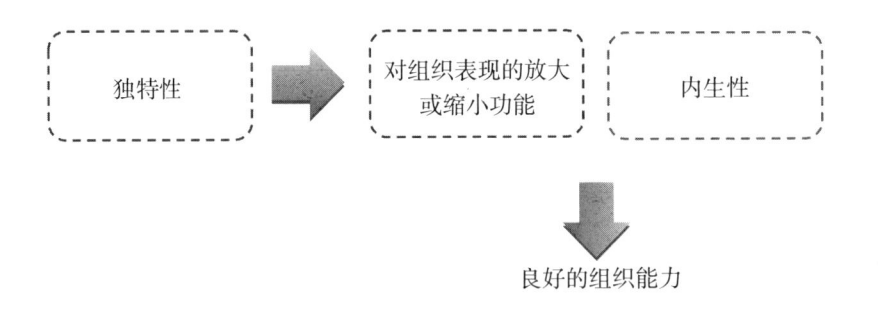

图1-12　组织能力的特点

首先，组织能力是建立在组织之上的，任何一个组织的组织能力都是独特的。干部处在组织架构的关键节点上，其领导力是组织能力的核心体现和抓手。人与人是不一样的，干部与干部也是不一样的，因此，任何一个企业、一个组织，组织能力都是独一无二的，不管这个企业是大企业还是小企业，也不管这个组织的营业规模是大是小。很多企业家说自己的企业没有组织能力，或者说可以直接照搬另一家企业的组织能力建设模式，其实这些认知都是错误的，只要组织存在就一定存在组织能力，只是组织能力有强有弱罢了，照搬别人的组织能力建设模式，一般不会获得太好的后果。组织能力的独特性是组织能力的先天属性。

其次，组织能力可以放大或者缩小组织的表现。这种表达比较抽象，我们可以用经营绩效这个直观的概念进行说明：以企业有限的资源原本可以将经营绩效完成80分，但如果其组织能力较强，这个成绩则可以达到100分；如果组织能力较弱，那么这个成绩有可能只能达到60分。更直观的比喻是，一个企业在理想状况下，其资源程度只能确保其一年盈利1000万元，如果组织能力优秀则有可能实现盈利1500万元，如果组织上几个关键点的能力缺失，则有可能只能创造100万元的利润甚至是负利润。假设在同等条件下，该企业的组织能力越来越强，并且与企业战略发展的要求非常匹配，那么这家企业在组织能力的影响下，甚至可以创造1亿元的利润。

最后，组织能力是一种内生性的能力，是源于企业或组织内部的一种能力。这里的组织内部是指组织内的所有人，包括老板、中高层干部和基层员工，组织内部任何人的个人能力对组织能力都有正面的或者负面的影响。假设一家企业有完整的组织架构、充分的原材料、充裕的资金、完善的生产设备，却没有一个人，这个企业也创造不出利润，因为没有人员依附在组织架构上，这个企业的组织架构就不能产生组织能力，自然不能创造出价值。

企业在发展的过程中，经常会遇到组织规模在扩张但经营利润并没有增加的情况，这就是因为组织出现了问题，新进来的人员并没有增加企业的组织能力，甚至有可能耗散了企业原本的一部分组织能力。

回到组织能力的特点上，要解决组织能力耗散或者不增加的问题，必须意识到组织能力的独特性及其对组织表现的放大或缩小功能，也必须意识到组织能力源自组织内部的任何一个个体，务必激发组织全体的能力才有可能获得表现良好的组织能力。

二、组织能力的表现形式

关于组织能力的表现形式有很多不同的观点，杨国安在《组织能力的杨三角》一书中强调，员工的思维模式、员工的管理机制和企业家的价值观组成组织能力的关键支撑点，这就是组织能力的"杨三角"模型。通常来说，组织能力的表现形式分为以下四个层面，如图1-13所示。

人力资源开发与管理	资源与信息共享的流程与机制	业务模式	核心价值观
人力资源开发与管理是企业的核心策略之一，是任何一个组织的组织能力的具体表现形式	资源与信息共享的流程机制既是组织能力的具体表现形式，也是提升组织能力效率的工具和方式	产品型企业与服务型企业是业务模式区别的典型，而不同的业务模式正是组织能力的具体表现形式之一	企业的核心价值观源自企业最高层、企业中高层干部以及企业全体员工的行为模式

图 1-13　组织能力的表现形式

1. 人力资源开发与管理

很多企业在顶层管理哲学中会强调用人理念，或称人才理念，如以人为本、以奋斗者为本等。这种经营哲学中关于人力资源的开发与管理，是组织能力的一种表现形式。

人力资源开发与管理是企业的核心策略之一，很多企业在过分强调组织能力时并没有把人力资源的开发与管理放到比较高的位置，从而在实际结果中出现了背道而驰的现象。主要原因在于很多人对人力资源开发与管理的认知产生了偏差，他们认为人力资源开发与管理是人力资源部的职责，而不是整个企业的核心策略，任何一个组织的一把手，都是该组织人力资源管理的第一责任人，与组织规模没有任何关系。

事实上，谁使用人力资源，谁才对人力资源有发言权，例如能力的培养、人才的遴选标准等，因此人力资源开发与管理是任何一个组织的组织能力的具体表现形式。

2. 资源与信息共享的流程与机制

很多企业都有 OA（办公自动化）、ERP（企业资源计划）等各种内部信息平台和系统，但这些往往是基于解决业务上的某些问题而设置，并没有完全做到资源与信息共享。

资源与信息共享的流程和机制既是组织能力的具体表现形式，也是提升组织能力效率的工具和方式，所以组织不能被 OA 或者其他信息系统所掣肘，而是要充分利用信息化平台，使组织内部的信息传递和资源共享更加有效。

3. 业务模式

产品型企业与服务型企业是业务模式区别的典型，而不同的业务模式正是组织能力的具体表现形式之一。过去有技工贸、贸工技等的区分，便是不同业务模式的具体表现。当然不同业务模式对组织能力的要求也不一样，我国的很多民营企业是营销驱动型，也有很多企业是技术驱动型，不同类型的业务模式，对组织能力的要求侧重点不一样。营销驱动型的企业，组织能力的重点更多地在于开拓市场，而技术驱动型的企业，组织能力的重点则更多地在于技术上的锐意创新。

4. 核心价值观

组织能力的第四个表现形式是核心价值观，这一表现形式相对于前面三个表现形式显得更加抽象，却也是最关键的一个表现形式。企业的核心价值观源自企业最高层、企业中高层干部以及企业全体员工的行为模式。

很多企业习惯在企业文化手册中提出企业核心价值观，但更多的企业仅仅是将核心价值观作为口号提出并形著于企业文化手册中，并未深入思考核心价值观与企业行为间的关系，如绝大多数科技公司都会将"创新"作为企业的核心价值观，但在实际的研发事务中，更多的做法是存量创新或者模仿创新，这便是核心价值观与组织行为相违背，也是组织缺乏组织能力的一种表现。

不同企业对组织能力有不同的理解，对组织能力的表现形式也有不同的认知，但人力资源管理策略、信息化平台、业务模式与核心价值观，是评价一个企业组织能力的关键，因此也是组织能力的关键表现形式。尤其是核心价值观，是组织文化的灵魂,没有灵魂的组织,也许短期内能够在商业上取得成功,但很难做到基业长青。

三、如何共同提高组织能力和干部领导力

组织能力和干部领导力两者之间是一种包含与被包含的关系,组织能力包含干部领导力,干部领导力是组织能力的重要抓手和主要体现,在组织内部需要寻求两者间的共同提高。经营一家企业或者管理一个组织的目标非常明确和现实,即奔着创造价值去努力,说简单一点便是要创造更大的利润。

无论是组织能力还是干部领导力,都必须为企业的经营服务,即能够帮助企业创造更高的价值,赚取更多利润,基于这个目标,需要想办法共同提高组织能力和干部领导力,如图 1-14 所示。

组织能力　　干部领导力

1. 提高执行能力
2. 提高业务能力
3. 提高用人能力
4. 提高沟通能力

图 1-14　如何共同提高组织能力和干部领导力

1. 提高执行能力

很多企业,特别是历史比较悠久的企业,大小干部天天都在沟通、时时都在协调、处处都在处理问题,看起来都很忙,但效率并不高。造成这种现象的主要原因就是执行能力不足。执行能力体现在两个方面:一是执行的速度,即任务下达后多长时间能够响应;二是执行的结果,即任务必须在什么时间段取得什么样的成果,尤其是大型的任务,在某个时间节点上要取得什么样的成果等。不考虑速度和结果，开再多的会议，也无法提高执行能力。

2. 提高业务能力

很多企业，特别是中小企业，干部往往是由一线员工提拔而来，个人业务能力很强，而要同步提升组织能力和干部领导力，则需要将这些干部的业务能力转化为组织的业务能力，即提升组织的业务能力。将这些业务能力突出而被提拔到管理岗位上的干部个人能力转化为组织的能力，继而影响组织中的每一位成员，实现组织能力中的业务能力提升。

3. 提高用人能力

用人能力属于人力资源管理能力的范畴，放到组织能力与干部领导力共同提升层面，则意味着组织能力的重要体现——干部领导力需要提高用人能力。华为 CEO 任正非曾说过，"没有平庸的员工，只有平庸的干部"，这句话强调了干部领导力中用人能力的重要性，即干部能否让下属充分发挥自身的特长，为实现组织目标而贡献价值。干部领导力体现在用人能力方面，无非是用职业成功、持续的成就感来激励员工持续向上发展，最大限度地放大和发挥员工的主观能动性，创造更优的绩效。

4. 提高沟通能力

沟通能力与表达能力是企业中高层干部的基础能力，本质上是使用语言符号或肢体符号进行交流和沟通，使彼此对事物的认知保持一致。很多企业存在各种复杂的问题，基本上都是由于沟通不到位导致的，大多数中高层干部都具备说话和倾听的能力，但沟通能力有所欠缺。

组织能力和干部领导力的提升都需要提升沟通能力，其中包含两个层面：一是组织的沟通能力，每个企业都应该有自己的信息传递渠道和机制，这种机制应予以明确和公示，避免小道消息占据正式消息的渠道；二是干部自身的沟通能力，即干部跟下属交流、跟平级交流和跟上级交流的技能与技巧。

组织能力和干部领导力共同提升的四个方面，不可或缺，彼此独立又相互关联，彼此影响又相互促进。执行力提升了，业务能力就会水涨船高；沟通能力提升了，用人能力也会相应增加。

第五节　干部的人力资源管理

干部领导力的重要体现是沟通能力，最佳效果是"使众人行"。不难发现，干部领导力与干部的人力资源管理能力息息相关，实际上人力资源管理能力也是干部领导力的核心体现之一。干部的人力资源管理能力又体现在人力资源管理的规划能力和人力资源管理实践能力两个层面。

一、人力资源管理的规划能力

提到干部领导力和组织能力时，不可避免地要谈到干部或组织的用人能力，由于干部领导力是组织能力的重要体现和抓手，因此也意味着组织能力的用人能力更多地体现在干部的人力资源管理能力上，而干部的人力资源管理能力主要体现在人力资源管理的规划能力上，如图 1-15 所示。

盘点团队人力资源	并不是简单地报数、统计，而是需要认真地进行工作分析，明确团队要实现组织赋予的既定目标，需要多少人是最基础的
思考团队人力资源来源	需要考虑的问题是团队缺口的人力资源从何处来、能力提升如何实现
提升团队人力资源质量	人力资源这一生产要素在使用的过程中并非消耗品，伴随着正确的使用，人力资源也会增值

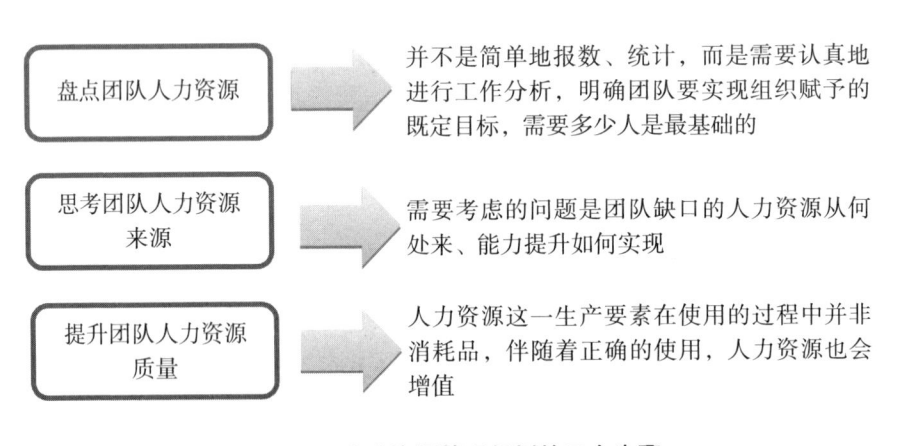

图 1-15　人力资源管理规划的三个步骤

1. 盘点团队人力资源

不管人力资源部拥有怎样的先进工具，对人力资源质量把握最到位的还是直接管理人员，也就是团队里的干部。人力资源部能够掌握的人力资源盘点资料，充其量就是人力资源的数量，以及司龄、年龄、学历等常规的人力资源数据。

作为人力资源的直接使用者，中高层干部也必须清楚团队人力资源的质量和能力提升点，否则很难做到人岗匹配、人与任务匹配。将不知兵，想要打胜仗，概率无限低。

中高层干部对自己团队的人力资源进行盘点，并不是简单地报数、统计，而是需要认真地进行工作分析，明确团队要实现组织赋予的既定目标，需要多少人，以及必须具备什么样的基础能力，继而才能将现有的人力资源逐一对应到岗位上去，并分析每一个团队成员工作投入的意愿强弱、是否存在改善的空间等。对于现有人力资源在团队需求能力上的缺失，中高层干部要秉承"缺钙补钙、缺爱补爱"的原则制定能力提升计划。

2. 思考团队人力资源来源

了解清楚团队内的人力资源数量、质量以及能力提升方向后，中高层干部接下来需要考虑的问题是团队缺口的人力资源从何处来、能力提升如何实现。中高层干部思考团队人力资源来源，是要招募到足以提升团队组织能力的人力资源，而并不是简单地将人力资源需求写清楚，然后递交给人力资源部去招聘，如果这么操作，最后得到的可能只是一些能力普通的人力资源。

因此，中高层干部在日常业务开展过程中，接触到一些本专业领域的人才时，就需要留心培养人脉圈子，同时也需要将视线投向本组织更大范围内的人员，发现比较好的苗子后要提前建立关系，这些平时积攒的人力资源关系在关键时刻可以成为团队核心人力资源的重要来源。

3. 提升团队人力资源质量

人力资源作为生产要素中极其重要的一个因素，并且被单列出来作为一门学科，关键在于人力资源具备内生增值性，即人力资源这一生产要素在使用的过程中并非消耗品，伴随着正确的使用，人力资源也会增值。例如，企业用5000元的月薪聘请一位大学本科应届毕业生，单纯用价格与价值来衡量，在短期内这位应届毕业生为企业创造的价值大概率是低于5000元/月的，但是在三年后，即便他的月薪增长到8000元，其创造的价值可能也会远远大于8000元/月。

当然，人力资源的内生增值性具备较大的不确定性，因而人力资源也存在贬值的可能性。例如，一位在大型企业服务的部门经理，其月薪大约为 5 万元，当他去到一个发展中的中小企业后，虽然被给予部门总监的职位，月薪也提升至 6 万元，但这位干部创造的价值大概率会低于 6 万元 / 月，这就是因为其他生产要素发生变化而导致的贬值。

盘点团队人力资源、思考团队人力资源来源、提升团队人力资源质量，不仅仅是评价中高层干部人力资源管理能力的三个维度，更是提升中高层干部用人能力的三个训练。中高层干部需要意识到：在人力资源身上花的金钱，并不是一种成本，而是一种投资，并且是有极高回报率期望的投资。

案例 1-4

鹏鼎控股：建立完善的人力资源管理体系

鹏鼎控股（深圳）股份有限公司（以下简称鹏鼎控股）成立于 1999 年，2018 年在深圳证券交易所上市。鹏鼎控股为全球范围内少数同时具备各类 PCB 产品研发、设计、制造与销售服务的专业大型厂商，拥有优质多样的 PCB 产品线，涵盖 FPC、SMA、SLP、HDI、Mini LED、RPCB、Rigid Flex 等多类产品，并广泛应用于通信电子产品、消费电子及高性能计算机类产品以及 EV 汽车和 AI 服务器等产品，具备为不同客户提供打造全方位 PCB 电子互联产品及服务的强大实力，打造了全方位的 PCB 产品一站式服务平台，2017—2023 年连续七年位列全球最大 PCB 生产企业。

鹏鼎控股注重对其内部人力资源的管理，以用人唯才及开放包容的态度招揽优秀员工，保障员工权益，建立完善的福利待遇体系，并举办丰富的社团文康活动，旨在帮助员工在追求个人成就及发展的同时，还能兼顾心灵层面的丰富成长，如图 1-16 所示。

```
人力资源管理体系 →  员工多元与包容  ┐
                    员工权益保障    │ 打造高质量团队
                    完善的福利待遇体系 │ 推动企业持续发展
                    多样性的社团活动  ┘
```

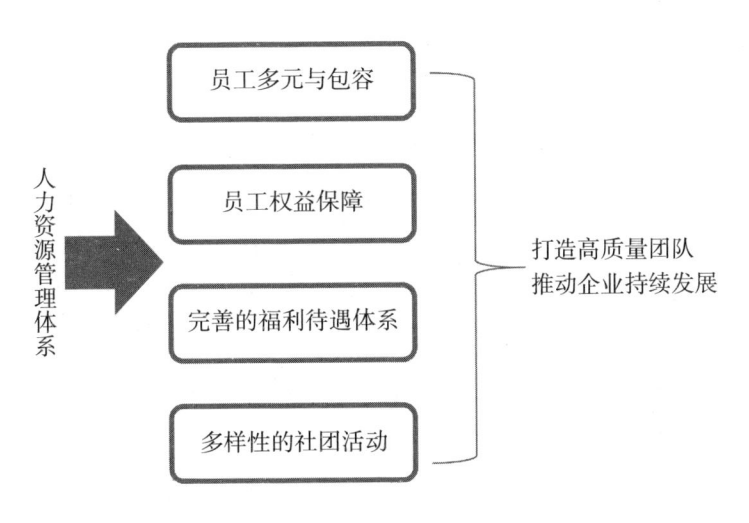

图 1-16　鹏鼎控股的人力资源管理体系

1. 员工多元与包容

鹏鼎控股始终相信人才为企业发展的关键因素，坚持"诚信、责任、创新、卓越、利人"的核心价值观，积极构建多元包容与共融的友善职场，对于人才的选、育、用、留，从建教合作到各项专业、通识、管理及人才的发展，期望通过全方位的多元训练及培育，提升员工素质并与公司一起成长。

2. 员工权益保障

鹏鼎控股遵循《责任商业联盟行为准则》及国际公认的劳动人权原则，通过BSR（商务社会责任国际协会）组织协助进行公司内部员工权益评估，并制定公司内部相关管理政策。2022年，公司内部进行了人权尽职调查，以评估人权风险及潜在影响。通过人权尽职调查所评估及鉴别出的人权风险、潜在影响或违反人权事件以及人权治理工作的实施成效，相应检讨公司人权政策声明、人权管理规章或程序，确保人权保障工作的执行更加完整。同时，为确保工作过程中维护工作环境、劳工健康与安全、遵守相关法律法规要求，鹏鼎控股本着善尽企业社会责任理念，针对员工开展权益保障相关训练及宣传，包括在线及线下课程开展、公告倡导、沟通管道海报宣传、SER政策小卡片倡导、会议倡导等。2022

年人权保障训练总时数逾 60 万小时，员工 100% 完成人权相关培训。

3. 完善的福利待遇体系

员工各项福利除特休制度（国家法定节假、有薪年假、婚假、丧假、产假、陪产假等）、退休金、劳健保及员工保险（养老、医疗、工伤、生育、失业保险等）以及住房公积金依照各营运所在地劳工相关法规规定外，鹏鼎控股为体恤员工并保障其工作权益，每年提供晋升、调薪机会以奖励表现优异的员工，并视公司营运绩效发放激励、年终奖金等，同时设置了多样的福利措施。

4. 多样性的社团活动

鹏鼎控股以培养员工业余兴趣爱好为宗旨，创造才艺培育空间，实现艺术与体育人才储备。同时，筹办、补助丰富多样的社团与文康活动，积极改造、优化、升级员工活动场地。园区内设立电影放映室、健身馆、单车室与瑜伽舞蹈室等，为员工营造快乐的工作与生活环境。2022 年度，公司社团活动累计参与 19 万余人次，"六爱"活动累计参与 68 万余人次。同时，公司鼓励员工参与共同经营以提升公司绩效，公司主管及工会委员会也会定期与员工开展沟通交流会，借由多元沟通平台与员工进行及时且有效的意见交流，积极塑造相互尊重、相互沟通、相互信任的文化氛围，增强员工对企业的认同感、归属感与成就感。

鹏鼎控股旨在贯彻执行员工多元与包容、权益保障、福利待遇、多样社团活动等人力资源管理举措，建立完善的人力资源管理体系，为员工提供优质、健康的成长环境。

第一，企业应当为员工提供更加舒适的职场环境，例如建立并完善人力资源管理体系、明确职业晋升通道等。

第二，企业可以通过组织丰富多样的社团活动，如体育竞技、文艺表演、知识讲座等，满足员工的兴趣爱好，促进员工之间的交流与合作，增强团队凝聚力。

二、人力资源管理实践能力

干部的人力资源管理实践能力，主要是指干部在处理团队人力资源管理事务方面的手段与技巧。要讨论干部的人力资源管理实践能力，自然需要回归到人力资源业务的主价值链，即人力资源的选、用、育、留四个方面。

人力资源管理中，无论是职位管理还是任职资格管理，抑或是干部管理，其实都是依托人力资源业务的主价值链——选人、用人、育人、留人而进行的。至于人力资源规划、人力资源战略、干部管理、组织管理、企业文化等人力资源管理职能，可以交由人力资源部负责，干部的人力资源管理实践能力重点就体现在团队选人、用人、育人和留人四个方面，如图1-17所示。

1. 选人的能力
2. 用人的能力
3. 育人的能力
4. 留人的能力

实现自身领导力的提升
促进组织能力的提升

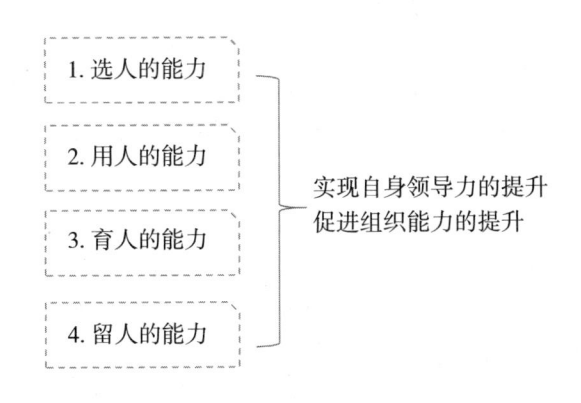

图1-17 干部的人力资源管理实践能力

1. 选人的能力

选人的能力很容易被浅显地理解为招聘职能的实施，虽然在很大程度上是如此，但中高层干部为团队选人并不仅限于招聘这一方面，内部的调配、内部人岗匹配的岗位调整等，都属于干部的选人能力范畴。很多业务部门干部选人有一个底层逻辑，即喜欢用什么样的人就选择什么样的人，但长期以往，必然会导致团队高度趋同，从而失去多样性和可持续发展能力。

2. 用人的能力

用人的能力普遍被认为是绩效考核，实际上绩效考核仅仅是用人的一个很小的工具或手段，干部用人的能力更多地体现在发挥下属的主动性和积极性，自发地完成赋予他们的任务。企业不会养闲人，中高层干部更需要贯彻这一观点，用好团队的每一个人力资源，做到人人有目标、人人有考核，并且规定清楚重要任务的时间节点，而干部自身则是作为所有团队成员完成任务的资源和专家。

3. 育人的能力

育人的能力之所以放在用人的能力之后，是因为人力资源的特殊性，使人力资源的价值、能力并不直观，还带有较强的伪装性，中高层干部只有在使用完人力资源后，才能从人力资源完成任务的过程中识别人力资源的能力水平和特长。育人需要根据组织所需人力资源的能力水准以及人力资源现有的能力水准，制定专项的提升计划。干部育人的能力，可以简单地总结为三步：干部说给下属听、下属说给干部听、下属做给干部看。

4. 留人的能力

有追求的人力资源才是企业赖以发展的生产要素，而要留住有追求的人力资源，就需要持续为其提供成就感以及个人的发展机会，包括职业上的发展、能力上的发展以及经济收入上的发展等。

干部的人力资源管理，主要体现在两个层面：一个是人力资源管理规划能力，另一个是人力资源管理实践能力。前者是道，后者是术；前者是思，后者是行。中高层干部只有道与术并行、思与行合一，才能够实现自身领导力的提升，从而促进组织能力的提升。

干部领导力是介于管理能力和组织能力之间的偏主观性概念，与管理能力和组织能力既有联系，又有区别。作为组织能力的核心体现和重要抓手，干部领导力既来源于干部能力的提升，也依赖于组织能力其他方面的完善。

> 章末案例

云从科技：集中精力培养领导者

1. 企业简介

云从科技集团股份有限公司（以下简称云从科技）成立于2015年。公司通过像人一样思考和工作的人机协同操作系统（CWOS），基于数据要素进行整合视觉、语音、NLP等多个领域大模型的实践，致力打通数字世界和物理世界。同时，公司通过开放的人机协同操作系统实现技术平台化，为智慧金融、智慧城市、智慧治理、智慧商业、AIGC等领域提供信息化、数字化和智能化的人工智能服务与行业解决方案。2020年，云从科技全球首款人机协同操作系统亮相世界互联网大会，荣登"2019胡润中国500强民营企业"榜单；2021年，入选工业和信息化部首批"新一代人工智能产业创新重点任务揭榜优胜单位"，助力成都问鼎智慧城市"奥斯卡"——世界智慧城市大奖，入选APEC"中国数字经济产业示范样本50"；2022年，成为登陆科创板的首家AI平台公司，承建科技部视听交互新一代人工智能开放创新平台；2023年，发布云从从容大模型，西部智算中心启动运营，并联手人工智能与数字经济广东省实验室（广州），共建通用大模型研究中心。

2. 领导者特色塑造竞争优势

云从科技作为一家专注于人工智能领域的高科技企业，对于领导者的要求自然不同于传统行业。在这样的技术驱动型企业中，领导者需要具备以下特点（见图1-18），从而塑造企业在人工智能领域的竞争优势，确保其在技术革新和市场竞争中的领先地位。

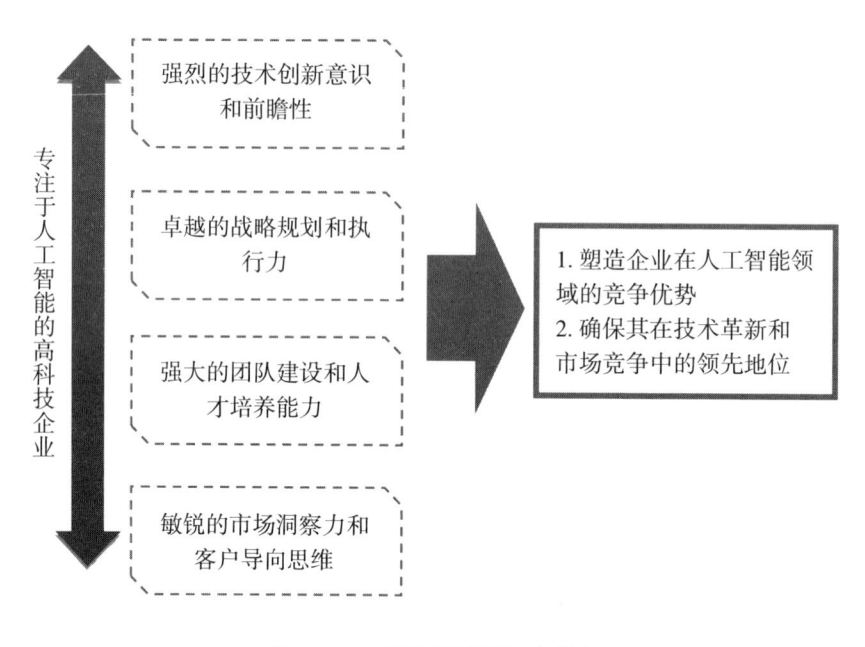

图 1-18　云从科技领导者特色

（1）强烈的技术创新意识和前瞻性。

云从科技的领导者首先需要具备强烈的技术创新意识和前瞻性。人工智能是一个快速发展的领域，新的技术和应用不断涌现。领导者需要能够洞察技术发展趋势，引导企业在技术创新上保持领先。这不仅要求领导者具备扎实的技术背景，还需要他们能够不断学习新知识，理解新技术的潜力和应用场景，从而推动企业技术进步和产品创新。

（2）卓越的战略规划和执行力。

在竞争激烈的市场中，云从科技的领导者需要具备卓越的战略规划和执行力。他们需要能够根据企业的长远目标，制定清晰的发展战略，并有效地组织资源，确保战略的顺利实施，包括对市场进行准确分析、识别机会和威胁、制定相应的市场进入和产品开发策略等。同时，领导者还需要具备优秀的项目管理能力，确保各项计划能够按时按质完成。

（3）强大的团队建设和人才培养能力。

云从科技的发展离不开高技能的团队，因此，领导者需要具备强大的团队建设和人才培养能力。他们需要能够识别和吸引顶尖人才，建立高效的团队协作机制，激发团队成员的创新潜力和工作热情。此外，领导者还需要关注员工的职业发展，提供必要的培训和学习机会，帮助员工提升技能，实现个人价值和企业目标的双赢。

（4）敏锐的市场洞察力和客户导向思维。

作为一家高科技企业，云从科技的产品和服务需要紧密贴合市场需求，因此，领导者需要具备敏锐的市场洞察力，能够准确把握市场动态和客户需求。他们需要能够从客户的角度思考问题，设计和提供真正解决客户痛点的产品和服务。同时，领导者还需要具备良好的沟通和谈判技巧，能够与客户建立长期稳定的合作关系，提升企业的市场竞争力。

3. 具有前瞻性、创新力和卓越执行力的领导者的塑造

（1）建立系统的领导力发展框架。

云从科技首先建立了一个全面的领导力发展框架，旨在为不同层级的管理人员提供定制化的培训和发展计划。这个框架包括了对领导者个人能力评估的初始阶段，通过能力测试、行为面试和360度反馈等方式，全面了解每位领导者的优势和改进领域。基于这些信息，公司为每位领导者设计了个性化的发展计划，包括参加内部高级研修课程、外部领导力研讨会、在线学习平台等多种形式的学习机会。

此外，云从科技还设立了领导力发展中心，专门负责领导力培训项目的规划和执行。这个中心不仅提供理论知识的传授，更注重实践技能的培养。通过模拟决策、角色扮演、案例分析等互动式学习，领导者可以在模拟的商业环境中锻炼自己的决策能力、危机处理能力和团队协作能力。

（2）强化技术创新与战略思维的培养。

云从科技非常重视技术创新和战略思维的培养。为此，公司设立了专门的技术创新实验室和战略规划部门，鼓励领导者参与最前沿的技术研究和产品开发。在技术创新实验室中，领导者可以与研发团队一起工作，了解最新的人工智能技术和应用，掌握技术的发展趋势和市场需求。

同时，公司还定期举办战略规划研讨会，邀请行业专家和企业高层分享战略

规划的经验和最佳实践。通过这些活动，领导者可以学习如何结合公司的核心竞争力和市场趋势，制定有效的业务战略和产品路线图。此外，公司还鼓励领导者参与国际交流和合作项目，拓宽国际视野，提升全球化运营的能力。

（3）促进跨部门合作与沟通能力的培养。

在云从科技，领导者需要具备跨部门合作和沟通的能力，以推动项目的顺利进行和团队的高效协作。为此，公司采取了一系列措施来促进这方面的能力培养。首先，公司推行跨部门轮岗制度，让领导者有机会在不同的部门和项目中工作，了解不同团队的工作流程和挑战，提升跨部门协作的能力。其次，公司建立了项目管理办公室（PMO），为领导者提供项目管理的培训和指导。通过参与实际的项目管理，领导者可以学习如何制定项目计划、组织资源、监控进度和解决冲突。此外，公司还鼓励领导者参加沟通技巧培训和团队建设活动，提高他们的沟通能力和团队协作能力。最后，云从科技还通过激励机制来促进领导者的个人成长和团队合作。公司设立了领导力发展奖励计划，对在领导力培训和实际工作中表现突出的领导者给予物质和精神上的奖励。这些激励措施不仅能够激发领导者的积极性和创造力，还能够营造一个积极向上的企业文化氛围。

通过以上措施，云从科技成功地培养了一批具有技术创新意识、战略规划能力和跨部门合作能力的领导者。这些领导者在推动企业技术创新、市场拓展和组织发展方面发挥了关键作用，为企业的长期发展和保持行业领先地位提供了坚实的支持。

4. 结论与启示

云从科技的领导者特色集中体现在对技术创新的重视、战略规划的前瞻性、团队合作的强化以及跨文化沟通的能力几个方面。具体举措包括建立系统的领导力发展框架、强化技术创新与战略思维的培养、促进跨部门合作与沟通能力的提升。这些措施不仅加强了领导者的个人能力，也推动了企业文化的建设，为企业的持续创新和市场竞争提供了坚实基础。

第一，高科技企业应将领导力培养作为战略重点，通过定制化和实践导向的培训项目，不断提升领导者的综合素质。

第二，企业应积极构建开放的沟通环境和跨部门合作机制，以促进知识共享和团队协作，提高工作效率，增强团队凝聚力，推动企业持续发展。

第三，企业应鼓励领导者具备全球化视野，培养出能够引领企业走向未来的领导团队，以适应日益激烈的国际竞争。

本章小结

企业在经营活动中侧重于分析宏观环境和竞争对手时，还需要关注内部的干部领导力，干部领导力是企业完成经营活动的关键所在。对此，本章依次论述了干部领导力的重要性、干部领导力与管理能力的区别和联系、管理领导力、组织能力以及干部的人力资源管理能力，以深入剖析干部领导力对于企业及高层的重要含义。企业及高层还需要明确干部领导力与管理能力之间的关系，充分发挥管理和领导效能，在企业内部平衡好领导者和管理者两种角色，通过成为榜样、沟通全局、果断决策等方法提高管理领导力。同时，干部领导力的高低关乎组织能力的高低，企业可以通过提高执行能力、业务能力、用人能力、沟通能力，来共同提高组织能力和干部领导力。干部领导力也与干部的人力资源管理能力息息相关，人力资源管理能力是干部领导力的核心体现之一，具体体现在人力资源管理的规划能力和人力资源管理实践能力两个层面，企业可以通过提高这两个方面的能力来实现其内部人力资源管理能力的跃升。

第二章
计划与目标管理

企业如果想要永远立于不败之地，首先要明确自身的发展重点是什么，从而规划出可实施性强的企业发展战略规划，必须有自己持久的竞争优势和清晰的发展战略规划。

企业只有具备了明确的目标，并且在组织内部形成紧密合作的团队，才能取得成功。一个发展中的企业要尽可能满足不同方面的需求，这些需求是和员工、管理层、股东和顾客相联系的。高层管理者负责制定企业主要的总体目标，然后将其转变为不同部门或活动的具体目标。

开篇案例

好未来：HRSSC 有效落地

1. 企业简介

北京世纪好未来教育科技有限公司（以下简称好未来）是一家以内容能力与科技能力为基础，以科教、科创、科普为战略方向，助力人的终身成长，并持续探索创新的科技公司。好未来定位于服务公办教育、助力民办教育、探索未来教育新模式，以智慧教育和开放平台为媒介，为学生提供素质教育和课外辅导服务。自成立以来，好未来发展迅猛，2010 年 10 月在美国纽交所上市；自 2015 年开始，连续五年被评为"最具价值中国品牌 100 强"；2017 年入选中宣部主办的"砥砺奋进的五年"大型成就展；2019 年，成立教育行业首家博士后科研工作站；2021 年，在《财富》中国 500 强排行榜中，好未来排名第 334 位。

2. 弯道超车

从 2021 年开始，教育培训行业被推向风口浪尖，好未来的发展也备受瞩目。

好未来在美国纽交所挂牌上市以来，营业收入持续增长。根据财报，好未来 2024 财年 Q1 净收入从上年同期的 2.24 亿美元上升到本季的 2.75 亿美元，涨幅为 22.9%；2024 财年 Q2 净收入从上年同期的 2.94 亿美元上升到本季的 4.12 亿美元，同比涨幅为 40.1%；2024 财年 Q3 净收入从上年同期的 2.33 亿美元上升到本季的 3.74 亿美元，同比涨幅为 60.5%。

好未来如今拥有 5 个事业群、16 个事业部，覆盖 56 个城市，作为一家创业起步及上市融资都较晚的教育培训行业新星，好未来用了十余年实现了经营战绩及创富能力的弯道超车，成为三大教育培训企业之一，其组织能力与干部领导力有着过人之处。

好未来的发展分为三个重要的阶段。2003—2008年是好未来的第一个五年发展期，当时提出的目标是立足于北京学而思，"办一个让学生喜欢，让家长满意放心"的培训机构，而这个目标在好未来创始团队的不懈奋斗下得以实现；2008—2013年，是好未来的第二个五年发展期，好未来的目光从北京看向全国，实现了飞跃式扩张增长；2013—2018年，是好未来的第三个五年发展期，经过10年的摸爬滚打后，好未来从推动行业进步的视角对产品、模式提出更高要求，从组织能力上改变公司的内核驱动力。

3. 继往开来

2018年，董事长张邦鑫对好未来进行了重新定义："好未来是一个以智慧教育和开放平台为主体，以素质教育和课外辅导为载体，在全球范围内服务公办教育、助力民办教育、探索未来教育新模式的科技教育公司。"这意味着好未来无论是业务格局还是内部管理机制，都需要进行匹配战略的变革，在使命和文化的塑造与传承能力、组织能力、战略支持能力等层面都面临着变革的挑战。好未来人力资源管理部门作为企业文化传承与组织能力提升的承接者，肩负着战略落地的重任，面临巨大挑战。

如何服务五个业务体系，有效地推广HRSSC（Human Resources Shared Services Center，即人力资源共享服务中心）服务体系，利用信息化系统提升数据效率和质量等，这些问题都摆在了好未来人力资源管理部门的面前。当时的好未来已经有HRSSC服务体系，但仅仅服务北京区域的员工，在向全国推广时遇到了阻力。

经过深入研究和分析，好未来决定引进第三方人力资源共享服务顾问团队，指导和协助好未来推进HRSSC建设，助力好未来人力资源管理的职能转型。HRSSC建设的目的主要是实现好未来人力资源管理职能转型，提升组织运作效率，将更多的核心资源集中于为实现第四个五年目标的文化、组织能力、战略支持能力的建设上。

在第三方人力资源共享服务顾问团队的帮助下，好未来结合HR运营现状，对现行流程进行还原与诊断、对信息系统匹配度进行评估；继而根据现状评估的结果，结合HRSSC需要达成的目标，对组织、职责分工、实施路径等工作进行规划，并逐步实施；然后在整体规划的基础上进行详细模块设计，包括流程再造、运作规则设计等，对现有流程进行优化、设计运行机制、分析整理线上系统需求等，输出满足未来业务发展需要的 HRSSC 系统、HRSSC 标准操作手册、与作业流程高度匹配的运行机制等；最后由第三方人力资源共享服务顾问团队协助好未来人力资源管理部门对 HRSSC 系统进行测试和试运行，召开好未来 HR 大会进行培训，发布线上学习材料等，推动 HRSSC 系统在好未来全国各分支机构逐步上线并最终实现全国覆盖，确保整个 HR 团队都统一在 HRSSC 系统上开展工作，实现信息共享、认知同频，如图 2-1 所示。

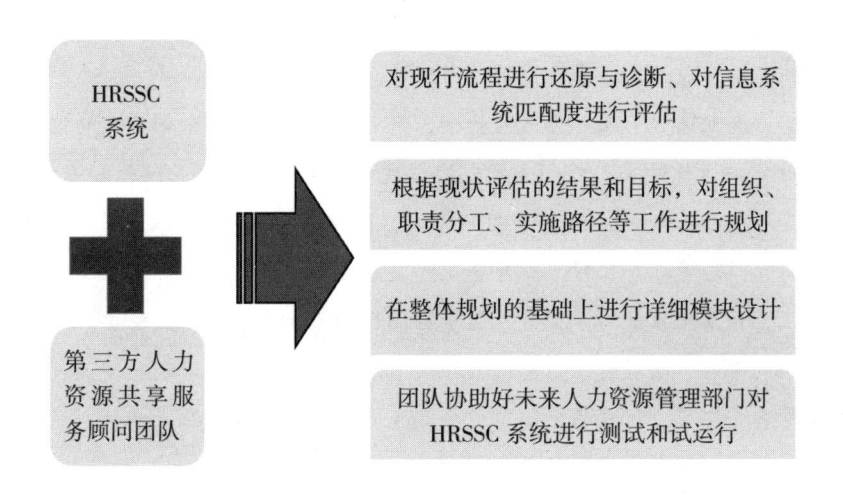

图 2-1 好未来 HRSSC 系统推广步骤

好未来的 HRSSC 系统是支撑人力资源管理工作向文化打造、组织能力打造转型的关键工具，其成功上线标志着好未来人力资源管理部门根据战略调整进行组织能力的自我升级迭代成功完成。使用 HRSSC 系统后，好未来人力资源管理从沉重的事务性、服务性人力资源事务中解脱出来，可以专心致志处理文化打造、组织能力提升、数据分析等一系列高附加值的人力资源管理专业工作。

4. 结论与启示

在信息化技术日新月异的今天，很多企业都在各种各样的企业变革、管理提升中思考过借助信息化技术提升组织效率，用自动化技术替代企业过去对于人的依赖，但试错成本很高，成功案例不多。好未来借助第三方人力资源共享服务顾问团队成功推行 HRSSC 系统，对好未来的组织能力提升奠定了基础，可供致力于打造组织能力和干部领导力的企业参考和借鉴。

第一，企业在面对市场动态和战略转变时，必须灵活调整组织结构和管理机制，以确保战略目标的顺利实现。企业应以前瞻性的视角，通过市场分析和内部评估，识别组织结构和管理机制中与新战略不匹配的部分，设计出更加灵活、高效的组织架构，以适应快速变化的外部环境。

第二，企业通过引入外部专业力量，可以更有效地推动内部管理的优化和升级，提升组织运作效率。外部专家或咨询机构拥有丰富的行业经验和专业知识，能够为企业提供客观的诊断和专业的建议，同时还可以协助企业进行战略规划、市场分析、风险管理等工作，提升企业的决策质量和应变能力。

第三，信息化系统对于提升人力资源管理的效率和质量至关重要。它能够通过集成化的平台，实现员工信息的数字化管理，包括招聘、培训、绩效评估、薪酬福利等各个环节。这样的系统不仅提高了数据处理的速度和准确性，还有助于减少人为错误，提升决策的科学性。

作为企业中高层干部，计划与目标管理是一项最基础的技能，也是干部实现管理角色转身必须掌握的一种技能。所谓目标管理，是组织决策机构就组织在一定时期内需要达到的状态提出的整体要求，如 5 年内企业要冲进行业排名前十、5 年内企业的营业规模要达到 10 亿元等。对于企业的中高层干部而言，目标管理就是按照决策层制定的总目标，根据自身职责，思考带领的团队需要为实现这个总目标而设定哪些分目标，以及为了达成这些分目标，需要执行哪些任务。

中高层干部从获得企业的整体目标开始，到组织自身团队根据总目标确定团队目标，再到在资源配置有限的前提下，积极主动地制定分解目标和具体任务，以及行动计划的过程，称为中高层干部的计划和目标管理。计划与目标管理是中高层干部履行日常事务的基础和抓手，也是中高层干部带领团队成员完成组织交待的既定任务的重要手段。

第一节　目标的设定

中高层干部的计划与目标管理，首先需要考虑的问题是目标如何设定。在企业的经营管理中，目标的制定并不是随意而为之，因为企业的资源是有限的，客户的需求是多样化的，用有限的资源只能满足客户的有限需求，并从这个过程中获得经济收益。因此，在企业经营中设定大的目标时，往往要综合分析外部环境的变化趋势、企业内部的资源状况、对利润的企图心、企业过往经营数据等因素，通过一系列的分析与权衡，制定出大的目标。

在很多企业，尤其是中小企业，制定目标时往往由企业最高决策人拍脑袋决策，企业最高决策人之所以可以拍脑袋定目标，源于其对行业市场的敏感性以及丰富的经验，因此拍脑袋制定目标，也称为德尔菲法，即专家经验判断法。无论是采取何种方式确定的目标，都需要规避目标太高和目标太低两种问题。

目标太高就会缺乏实现的可能性，因而这个目标设置出来后，并不能成为企业或组织内所有人制定目标的依据，在一个高到无法企及的目标的指引下，任何分解目标都是难以达成的，因而中高层干部在分解目标时会自动忽视这个目标，与中高层干部是否敬业并不相关。目标太低的结果也一样，组织成员不需要付出任何额外努力就可以达成的目标，同样不能对中高层干部产生影响。

目标的设定是一个复杂且重要的课题，可以从目标设定理论、目标设定的原则和设定目标的意义三个方面去理解。

一、目标设定理论

目标管理其实并不是一个新的概念或理论，从20世纪中期开始，便有大量学者和企业家提出各种各样的目标管理理论，比较著名的有彼得·德鲁克提出的目标管理法（MBO）、英特尔公司创始人之一安迪·葛洛夫提出的目标与关键成果法（OKR）、艾德文·洛克提出的目标设置理论（GST）等。

综合不同学者、企业管理者和管理大师的理论，实际上目标设定理论中有七个问题需要关注，如图2-2所示。

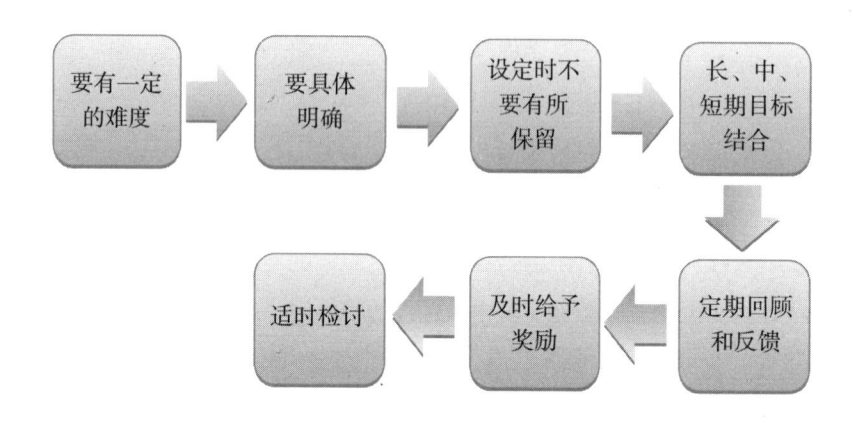

图 2-2　目标设定理论的七个问题

一是目标要有一定的难度，但又在能力所及的范围内；二是目标要具体明确，即目标的呈现要符合一定的要求；三是目标设定时不要有所保留，不要给自己留退路，必须全力以赴才能实现；四是长、中、短期目标结合，长期目标要分解为中短期目标，因为中短期目标对于行为的指导性更强；五是无论目标定下来后放在哪里，都必须定期进行回顾和反馈，定时复盘实际与目标间的差距，获得持续的朝着目标行动的动力；六是对目标实现的阶段性成果及时给予奖励，强化目标与任务执行者间的利益关联；七是要适时检讨目标未能实现或关键成果没有在时间点上达成时任务执行者的问题，不能将目标未达成的原因归结为不可控因素。

很多中高层干部在谈到企业赋予自身的目标时，往往会强调不能完全负责任，或者不能够完全掌控，如果是这样的心态，那么再先进的目标设置理论都解决不了企业目标设置的问题。因此，目标设置理论只能指导企业的目标设置过程，并不是能让百病全消的灵丹妙药，企业制定目标时，更应该在目标设置理论的指导下，与企业各层级的目标执行人反复沟通，达成共识。

二、目标设定的原则

SMART 原则是目标设定过程中普遍被接受的一种原则，本身也是一种符合目标设置理论的原则。SMART 原则的魅力在于它通过对制定出来的目标提出具体的、可衡量的、可实现的、具备关联性的和有时间期限的要求，让目标符合目标设置理论，并能对达成目标任务的执行者起到牵引和促进的效果。SMART 与其说是一个原则，倒不如说是一种思想，在这种思想下管理变成了一种可跟踪、可量化评估的工作。

企业在设定大目标与中高层干部的分解目标时，如果严格遵守 SMART 原则，那么制定出来的目标也一般不会太离谱，如图 2-3 所示。

可达到的（Attainable）
目标是可实现的，有可行性，不可好高骛远、不切实际，也不宜过低，太低了没意义

可衡量的（Measurable）
目标是明确的，不能是模糊、模棱两可的

有相关性的（Relevant）
计划目标是符合公司、团队、自己的规划，是自己想要的，要避免一些没有价值或价值不大的工作

具体明确的（Specific）
目标要清晰、具体，用简要、容易理解的语言说清楚要达成的目的

有时限的（Time-bound）
任务必须是有时间计划、有时限要求的

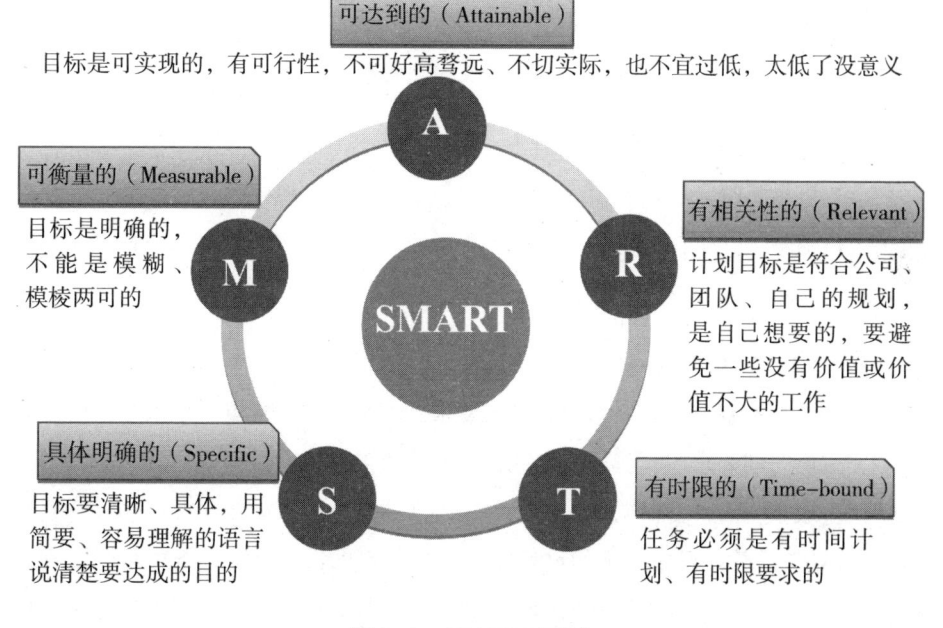

图 2-3　SMART 原则

1.S（Specific，具体明确的）

目标要清晰、具体，用简要、容易理解的语言说清楚要达成的目的，明确具

体的产出物和交付标准，多用量词、具体的数据。目标也是分层次的，比较大的目标一定要拆分为多个小目标或关键任务，这样才便于执行和跟踪。

2.M（Measurable，可衡量的）

目标是明确的，不能是模糊、模棱两可的。可以用数据指标或明确的方法进行衡量，可以明确验证目标完成的效果。如"提升稳定性""系统/流程优化"就属于典型的模糊不清，没办法衡量。任务目标或任务都要明确产出物，如产出文档必须包含哪几部分内容等，产出功能要具备哪几方面的能力，满足哪几项指标要求，优化流程要明确具体需要改进的点及需要达到的要求，或者有明确的数据更好，如提升50%的效率，流程时间由2天缩短到1天。

3.A（Attainable，可达到的）

目标是可实现的，有可行性，不可好高骛远、不切实际，也不宜过低，太低了没意义。可以一起协商，上下左右一起参与，多宣贯目标的价值和意义，让大家认同，不宜单方面利用职权影响力命令式地发布。

4.R（Relevant，有相关性的）

计划目标是符合公司、团队、自己的规划，是自己想要的，要避免一些没有价值或价值不大的工作。机会成本原理告诉我们，由于时间和资源的有限，当我们选择了一个目标、一种方案、一条路，就意味着放弃了其他可能性。

5.T（Time-bound，有时限的）

任务必须是有时间计划的，有时限要求。根据工作的权重、事情的轻重缓急制定完成的时间要求后，就可以定期检查完成进度及风险控制。当然，完成时间也不是一成不变的，可根据具体情况一起协商调整。

SMART原则在设定目标的过程中，能有效帮助目标制定者偏离目标设置的目的和意义，随心所欲地设置目标，也避免了目标设定出来后仅仅是目标，不能对组织效率和组织能力的提升起到促进作用。有时间期限尤其重要，否则往往会让目标变得假、大、空，并且不可跟踪和督进。

三、设定目标的意义

目标在企业管理中的意义主要分为六个方面（见图2-4），因此在制定目标时，要避免为了目标而目标、为了管理而管理的误区，目标的设定一定是为企业日常经营和管理需要而服务的，设定的目标要对企业内部形成正向的牵引力。而围绕目标实现的工作计划，管理意义更大。

```
┌──────────────┐    ┌──────────────┐    ┌──────────────┐
│1.目标设定清晰，│───▶│2.设定目标后，同步│───▶│3.事先设定目标， │
│ 并且遵循目标设 │    │ 制定实现目标的行│    │ 也是对比现状后 │
│ 定的讨论原则  │    │ 动计划        │    │ 的一种妥协选择 │
└──────────────┘    └──────────────┘    └──────────────┘
        │
        ▼
┌──────────────┐    ┌──────────────┐    ┌──────────────┐
│4.制定目标可以 │───▶│5.有效地分配时间│───▶│6.进一步细化目 │
│ 帮助企业上下识│    │ 和精力，投入更集│    │ 标，以及制定行 │
│ 别出需要合作或│    │ 中的人力资源和物│    │ 动计划        │
│ 需要协助的对象│    │ 质资源        │    │              │
└──────────────┘    └──────────────┘    └──────────────┘
```

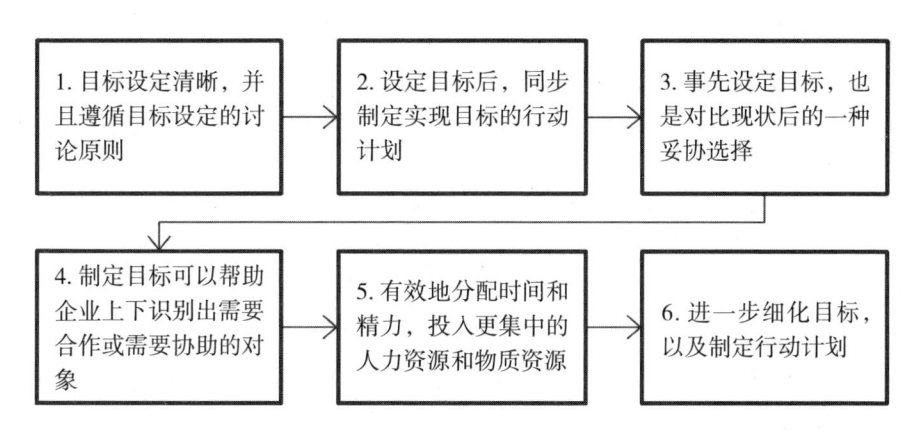

图 2-4 设定目标的意义

第一，目标设定清晰，并且遵循目标设定的讨论原则，可以帮助企业上下清楚企业在一定阶段内的努力方向，更容易集中力量完成目标。企业经营中，从上至下都要避免将喜欢的工作做到极致，也要避免规避做自己不喜欢的工作，超出标准要求的工作成果，并不见得一定对企业有利，因为企业掌握的资源有限。

第二，设定目标后，同步制定实现目标的行动计划，有助于企业清楚在细分的时间段内工作需要达到什么状况才能支撑目标最终实现，对于每一个时间段均设定里程碑事件，在检查里程碑事件达成的过程中，目标时时处在被跟踪状态。

第三，事先设定目标，也是对比现状后的一种妥协选择，因而目标的设定考虑了企业当前的能力状态，包括完全目标需要的工具、知识和技能的储备，以及现状与实现目标时的差距，要完成目标，需要企业去学习和掌握什么样的知识和技能等，使企业上下有实现目标的抓手。

第四，企业管理中存在个人英雄主义，但随着企业规模越来越大，个人英雄主义所能起到的作用将逐步降低。未来企业的竞争优势将体现在群体分工协作上，因而组织内部必然会存在人力资源上的短板，制定目标可以帮助企业上下识别出需要合作或需要协助的对象，提前扫清目标实现的障碍。所有的老板都会告诉你，在创业初期他是个人英雄主义者，那么，他为什么还要聘请员工？为什么还要把组织的一部分让给他人？事实上，目标制定之后，就会清楚地知道需要去找谁帮忙，需要谁做自己的合作对象，谁是你的协作对象，如何去把别人的能力和自己想要达到的目标组合起来，形成一个合力。

第五，目标制定以及分解的行动计划，还有一个好处是能够有效地分配时间和精力。没有人能够连续24小时保持精力集中，自然也没有一个组织能够持续365天都围绕一件事情，合理分配时间和精力，在目标达成的关键事项上投入更集中的人力资源和物质资源，才能更好地让有效的时间和精力聚焦在目标上。

第六，目标制定出来后，才有可能进一步细化目标，以及制定行动计划。方向错了，再努力都没有效果，甚至会是负面效果。唯有大目标的方向正确，才能够进一步去细化为可执行的行动计划，同时分解小目标和制定行动计划的过程，也是逆向校验目标方向是否准确的手段。

制定目标与目标设定，对于企业管理而言意义重大，但目标不能仅仅作为目标，也不是制定完成后就束之高阁，而是需要进一步细分目标并且制定详尽的行动计划。

📍 **案例 2-1**

小鹏汽车：明确的目标设定是企业成功的基石

小鹏汽车是广州橙行智动汽车科技有限公司旗下的互联网电动汽车品牌，于2014年成立于广州。小鹏汽车创始人是互联网公司UC的CEO，团队主要来自世界各地的知名互联网科技企业和汽车零部件制造公司。小鹏汽车的主营业务是销售汽车充电模块，搭建充电网体系，制造、安装以及管理新能源汽车充电桩，投资研发整车制造和自动驾驶技术，设计、零售及批发汽车零配件，销售、修理和维护等。

小鹏汽车自成立以来，始终围绕其核心目标——打造智能化、网络化、电动化的汽车产品，进行战略规划和市场布局。这一目标不仅为公司的发展指明了方向，也为新能源汽车行业树立了新的标杆。以下是一个围绕小鹏汽车目标设定的案例分析，通过一个现实事件来辅助说明其目标设定的重要性和实施效果，如图2-5所示。

核心目标
打造智能化、网络化、电动化的汽车产品，进行战略规划和市场布局

研发和推广过程
在性能上超越同级别的电动汽车，更要在智能化功能上树立行业新标准

市场布局和品牌建设
全国范围内的服务中心网络
积极参与各类汽车展览和行业论坛

持续投入和产品优化
以用户需求为导向的产品迭代

图2-5 小鹏汽车目标设定的应用

1. 推广和研发过程

2019年，小鹏汽车发布了其第二款量产车型——小鹏P7智能电动轿车。这款车型不仅在设计上追求极致，更在智能化和电动化方面展现了小鹏汽车的技术实力和创新理念。P7的发布，标志着小鹏汽车在智能电动汽车领域的进一步深耕和突破。

小鹏汽车的目标设定在P7的研发和推广过程中发挥了关键作用。公司明确提出，P7不仅要在性能上超越同级别的电动汽车，更要在智能化功能上树立行业新标准。这一目标促使小鹏汽车在研发过程中不断探索和创新，最终推出了具有多项行业领先技术的P7。

为了实现这一目标，小鹏汽车在P7上搭载了自主研发的XPILOT 3.0智能驾驶辅助系统，该系统具备L3级别的自动驾驶能力，能够实现高速公路自主驾驶、自动泊车等功能。此外，P7还配备了Xmart OS智能车载系统，为用户提供了丰富的互联网服务和智能交互体验。这些技术创新不仅提升了P7的市场竞争力，也推动了整个行业的技术进步。

2. 市场布局和品牌建设

小鹏汽车在市场布局和品牌建设方面也紧密围绕其目标进行。公司通过线上线下相结合的销售模式，以及全国范围内的服务中心网络，为用户提供了便捷的购车和售后服务体验。同时，小鹏汽车还积极参与各类汽车展览和行业论坛，通过与消费者的直接互动，提升了品牌的知名度和影响力。

3. 持续投入和产品优化

小鹏汽车始终坚持持续投入和产品优化。在P7发布后，公司继续收集用户反馈，不断对车辆的软硬件进行升级和优化。例如，小鹏汽车推出了P7的后驱长续航版车型，以满足市场对更长续航里程的需求。这种以用户需求为导向的产品迭代，不仅提升了用户满意度，也增强了小鹏汽车在市场中的竞争力。

P7的发布和市场表现，充分证明了小鹏汽车目标设定的成功。P7不仅获得了消费者的认可，还在多个行业评比中获得了高度评价。例如，在2020年的中国新能源汽车评比中，小鹏 P7 荣获"年度最佳智能电动轿车"奖项。这一成就不仅展示了小鹏汽车在智能电动汽车领域的技术实力，也为其在全球市场的拓展奠定了坚实的基础。

小鹏汽车通过围绕其核心目标进行战略规划、技术创新、市场布局和品牌建设，不仅在国内市场取得了显著的成绩，也为全球新能源汽车行业的发展做出了贡献。

第一，明确的目标设定是企业成功的基石，尤其是在研发与推广环节中，准确设定目标对企业实现技术突破至关重要。企业应基于市场需求、技术趋势和自身优势，制定清晰的短期和长期目标。

第二，企业还应建立一套科学的投入评估和反馈机制，定期检查投入的效益，及时调整优化策略，确保产品能够持续提升竞争力。

第二节　行动计划

行动计划是实现目标的关键抓手，也是验证目标可否达成的关键手段。有组织的行动计划可以帮助目标实现单位保持持续的动力，并清楚各个时间点上需要完成的工作。如果目标制定出来后，却没有办法制定可执行的行动计划，那么就没有任何意义。企业为达成目标而制定的行动计划，也能够作为实时监控目标达成程度的仪表盘，因为其中有明确的时间节点和关键里程碑事件。对于干部而言，行动计划既是达成目标的台阶，更是监控任务进展程度的抓手，可以帮助干部根据实际达成的行动计划节点，及时调整为完成目标所配置的各种资源。

一、找寻目标与现实间的差距

制定行动计划的第一步是找寻目标与现实间的差距，目标制定出来后，任何人都不可能只是坐在办公室里，眼睛盯着目标、夸夸而谈就可以将目标实现，更重要的是脚踏实地地分解目标并制定行动计划。

企业中的任何部门，包括业务部门和职能部门，也包括支撑部门，均需要围绕目标制定行动计划，一个大的目标分解后会得到几个小目标，这些小目标就是不同部门在集体为目标奋斗时需要抓取的"球"，获得小目标后，需要结合本部门自身的现状，制定各部门切实可行的行动计划，而制定行动计划的第一步就是找寻目标与现实间的差距。

目标的确定过程注定了目标要略高于现有能力和资源标准，这就要求企业在实现目标的过程中要认识到实现目标的前提，先得消除目标与现实间的差距。这是一个重要的问题，一般可以从以下三个方面来思考这一问题，如图 2-6 所示。

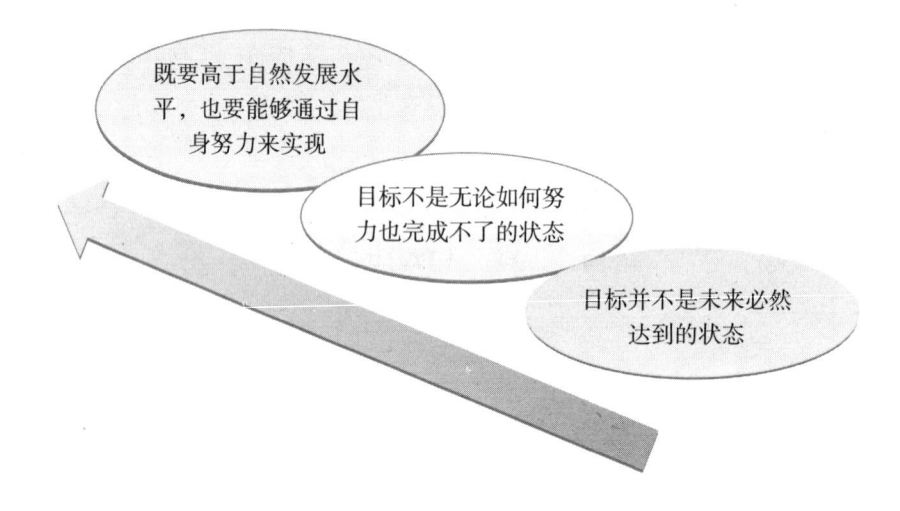

图 2-6　找寻目标与现实间差距的过程

首先，目标并不是一个未来必然达到的状态，否则就不能称为有效的目标。目标是需要完成目标的主体付出比过去更多的努力才能够达到的，而且在实现目标的过程中并非完全都是理想状态，有可能存在一些非可控性因素影响目标的达成，如境外业绩突然爆发，导致很多企业事先制定的目标轻易达成，这意味着企业需要在中期对目标进行调整。

其次，目标不是一个无论如何努力也完成不了的状态，否则也不能称为有效的目标，或者说过高的目标。无论是过高的目标还是过低的目标，都不能在企业内部形成目标的引导作用。不管如何努力也完成不了的目标，对于组织内部的任务承担者而言，不是一种激励，而是一种打击。

最后，目标既要高于自然发展水平，也要任务承担者能够通过自身努力来实现，这样的目标才是有效的目标。例如一个企业所在行业的发展速度是每年增长30%，企业上一个周期做了 1 亿元的营业规模，制定新周期的目标低于 1.3 亿元就属于过低的目标，制定 10 亿元就是一个过高的目标，而大于 1.3 亿元的营业规模目标，则是一个比较合适的目标。

只有这种略高于自然发展水平，通过努力也能够实现的目标，才能促使企业内部积极找寻目标与现实的差距，继而克服差距去实现目标。当然目标的制定不是简单的数字游戏，在制定行动计划前，还需要分析历史数据背后的原因、外部环境的分析与预测等，继而才能找出目标与现实间的差距，有针对性地提出行动计划。

二、关键里程碑至关重要

找寻目标与现实间的差距后，制定行动计划的第二个关键步骤便是明确完成目标路上的关键里程碑。关键里程碑既是检查行动计划没有偏离最终目标的锚点，也是各层级监督、跟踪任务完成情况的标志。根据目标和行动计划分解出来的关键里程碑，一个个实现后，必将确保目标的最终完成。

在制定行动计划时，关键里程碑非常重要，也有专门的管理工具帮助制定行动计划时确立关键里程碑事件，如关键成果目标管理法工具，就是将目标具象化描述出来，然后通过关键成果、行动计划逐步标识。

关键里程碑的重要性主要体现在以下四个方面，如图 2-7 所示。

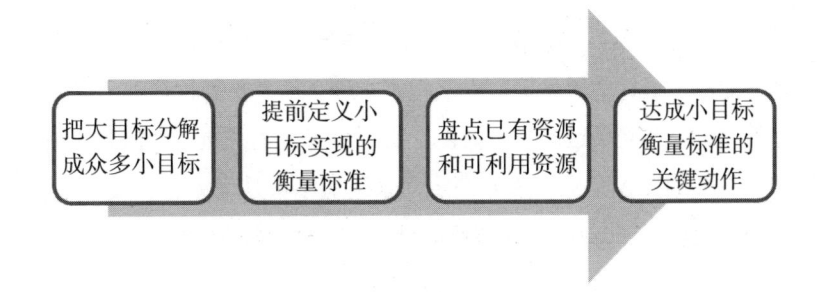

图 2-7 关键里程碑的重要性

1. 把大目标分解成众多小目标

关键里程碑，本质上是将大目标分解成众多有明确时间顺序的小目标。例如，一个人 30 岁想要拥有博士学历，那么可以逐步分解为 22 岁完成本科学习并获得学士学位、25 岁时要完成研究生阶段的学习并获得硕士学位、26 岁前要获得博士研究生的学习资格等，这些就是关键里程碑，也可以理解为一个大目标被分解为三个有时间顺序的小目标。

2. 提前定义小目标实现的衡量标准

小目标不能随便分解，每一次分解，都应该设置其衡量标准，没有衡量标准的小目标就等于没有设置。既然要分解大目标，那么每一个分解出来的小目标都需要提前定义其实现的衡量标准，这个标准可以是时间点，可以是数值，也可以是比例等。

3. 盘点已有资源和可利用资源

将大目标分解成小目标，且每一个小目标均有可衡量的标准后，则需要盘点自身用于完成目标的已有资源和可利用资源。已有资源很简单，进行盘点即可，对于干部而言，本部门或管辖范围内的同事就是已有资源，掌握的财务权限也是资源，拥有的生产资料更是资源。对于可利用的资源，则需要花费心思去整理和盘点，现在是互联网时代，共享经济、共享员工均可以成为完成目标时的可利用资源。

4. 达成小目标衡量标准的关键动作

达成小目标衡量标准的关键动作是什么？如果达成小目标衡量标准的关键动作，是否可以完全保证小目标的实现？如果做不到，则是关键动作没有设置清晰，也有可能是小目标的衡量标准设定得不合理，需要重新检视。

无论是小目标还是关键动作，实际上都可以理解为关键里程碑，这是完成目标过程中最重要的监控指标，因此制定起来绝对不可马虎大意，或者随意设定。关键里程碑的设置程度，甚至会影响到目标的最终实现。

三、挑战和解决问题

在目标设定、行动计划确立后,对于企业中高层干部而言,第三个问题是挑战和解决问题。在企业管理中问题无处不在,作为企业的中高层干部,在面对任何目标和任何行动计划时,都必须要有挑战和解决问题的决心,如图 2-8 所示。

存在的问题
源于企业经营过程中的资源稀缺性,以及已有资源与目标间的差距

→

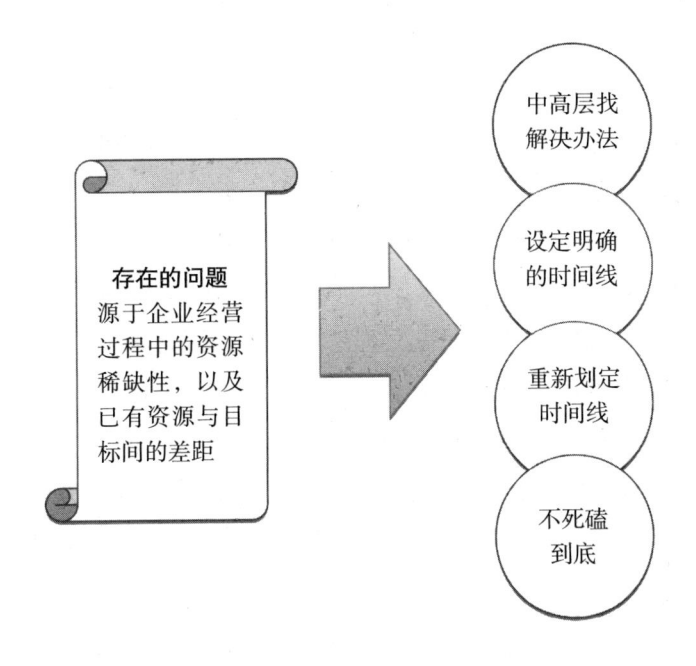

- 中高层找解决办法
- 设定明确的时间线
- 重新划定时间线
- 不死磕到底

图 2-8 挑战和解决问题的过程

问题之所以存在,是源于企业经营过程中的资源稀缺性,以及已有资源与目标间的差距,因此需要企业中高层干部去挑战和解决问题。假设资源是无限的,那么自然不会在目标与行动计划实施时存在问题。充分认识到资源的稀缺性和现实与目标间的差距,是企业中高层干部挑战和解决问题的前提条件;实现目标和任务的过程,也就是解决问题的过程。不正视企业管理中存在的问题,那么不管行动计划的文本多么漂亮,本质上也是无效的行动计划。

正视挑战和解决问题后,需要企业中高层干部去找出解决问题的办法。很多时候,企业中高层干部并不缺乏解决问题的办法,但是容易走入另一个极端,即

解决问题的方法太多，不知道使用哪一种。现在是互联网时代，信息传递速度非常快，企业中高层干部获得解决问题的办法成本很低，但重点在于选择合适的解决问题的办法，不能使用最粗暴、最简单的方法解决问题。选择最合适的解决问题的办法，意味着企业中高层干部要有企业家的经营思维，找出最有效、最快速、风险最小、成本最低的方法。

找到合适的解决问题的方法后，则需要设定明确的时间线，就如同制定具体的行动计划一般，解决问题也需要设定明确的时间线。特别是对发展中的企业或中小型企业而言，并没有太多时间或者太多资源，让企业中高层干部在解决一个问题上打持久战，管理上的问题或业务上的问题，考验的是中高层干部的取舍、迂回以及绕过问题的智慧。

最后一点与设定时间线息息相关，当遇到问题并设定解决问题的时间线后，如果时间到了问题还没有解决，一方面可以综合考虑后重新划定时间线，另一方面则更重要，可能需要企业中高层干部果断地放弃问题、绕过问题或避开问题，这并不是说要学会逃避或不承担责任，而是企业的资源不足以支持中高层干部跟这个问题死磕到底。

有效的目标设定后，需要制定明确的行动计划来支撑目标的实现，而行动计划也需要设置对应的关键里程碑，并对关键里程碑设定衡量标准，将整个目标与计划形成一个闭环的整体，这样目标才能够成为目标，而不是样板工程。

案例 2-2

旷视科技：采取有针对性的行动计划

北京旷视科技有限公司（以下简称旷视科技）是中国人工智能领域的一家独角兽企业，以其在计算机视觉和深度学习技术上的创新而闻名。自 2011 年成立以来，旷视科技一直以"让机器更好地理解和服务于人类"为目标，致力于将人工智能技术应用于实际场景，推动社会进步。

旷视科技的目标是成为全球领先的人工智能公司，通过技术创新解决实际问题，提升人们的生活质量和工作效率。为了实现这一目标，公司专注于人脸识别、图像识别和深度学习平台三个核心领域，采取了以下四项行动计划，如图2-9所示。

行动计划一：技术创新与研发投入　　行动计划二：产品开发与市场应用

在内部进行技术研究；与国内外的高校和研究机构合作

开发了一系列具有市场竞争力的产品

行动计划三：合作与生态建设　　行动计划四：国际化战略

积极与各行各业的合作伙伴建立合作关系

参加国际会议、建立海外研发中心、与国际企业合作

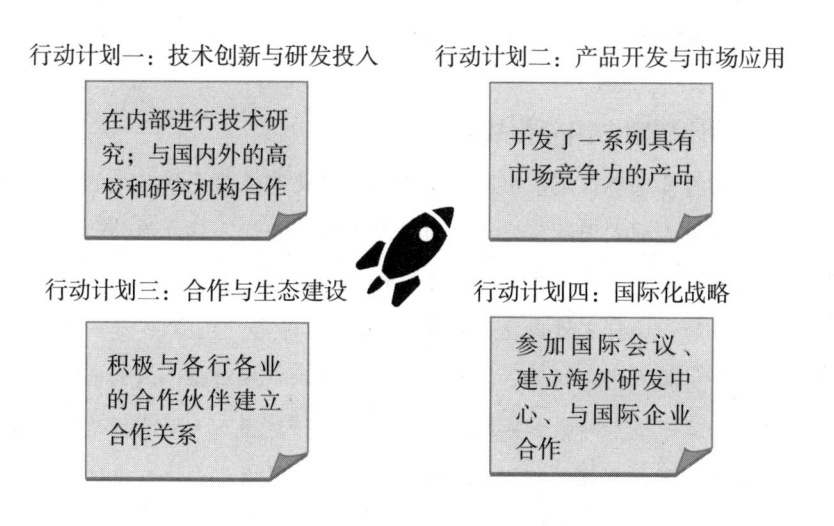

图 2-9　四项有针对性的行动计划

1. 行动计划一：技术创新与研发投入

旷视科技深知技术创新是企业发展的核心动力，因此，公司在研发上持续投入，建立了一支由顶尖工程师和科学家组成的研发团队。旷视科技不仅在内部进行技术研究，还与国内外的高校和研究机构合作，共同推动人工智能技术的发展。

2. 行动计划二：产品开发与市场应用

为了将技术转化为实际应用，旷视科技开发了一系列具有市场竞争力的产品。例如，公司的 Face++ 平台提供了高精度的人脸识别服务，广泛应用于金融、安防、零售等行业。此外，旷视科技还推出了智能安防产品和解决方案，如智能监控摄像头和视频分析系统，帮助企业和政府提高安全水平。

3. 行动计划三：合作与生态建设

旷视科技认识到，要实现长远发展，必须构建一个健康的生态系统。因此，公司积极与各行各业的合作伙伴建立合作关系，共同探索人工智能技术的应用场景。旷视科技还推出了开发者平台，鼓励全球的开发者使用其技术进行创新，从而扩大公司的影响力和市场份额。

4. 行动计划四：国际化战略

旷视科技的目标不仅是在中国取得成功，更是要成为全球领先的人工智能公司。为此，公司实施了国际化战略，通过参加国际会议、建立海外研发中心、与国际企业合作，不断提升其在全球市场中的知名度和竞争力。

旷视科技的一个标志性成就是推出了 Face++ 平台。Face++ 是一个提供人脸识别、人脸分析和人脸比对服务的平台，它能够识别和验证个人的面部特征，并在大规模数据库中进行搜索和匹配。为此，旷视科技投入大量资源进行深度学习和计算机视觉技术的研究，确保 Face++ 平台在识别精度和速度上达到行业领先水平；不断收集用户反馈和市场需求，对 Face++ 平台进行迭代升级，增加新功能并优化用户体验；通过参加行业展会、发布案例研究、与行业领导者合作，积极推广 Face++ 平台，扩大其在国内外市场的影响力；与金融、安防、零售等多个行业的企业建立合作，将 Face++ 平台应用于实际业务场景，如用户身份验证、VIP 客户识别和智能监控等。通过这些举措，Face++ 平台不仅在中国市场上取得了成功，还吸引了全球范围内的客户和开发者，成为旷视科技实现其企业目标的重要里程碑。

旷视科技的案例表明，明确的目标设定和有针对性的行动计划是企业成功的关键。通过技术创新、产品开发、合作生态建设和国际化战略，旷视科技不仅推动了人工智能技术的发展，也为社会进步做出了贡献。

第一，企业需要不断探索新技术、新方法，以适应快速变化的市场需求和应对激烈的市场竞争。通过持续的研发投入，企业可以开发出具有自主知识产权的核心技术，提升产品和服务的附加值，增强企业的核心竞争力。

第二，企业在技术创新的同时，应注重产品的市场应用，通过解决实际问题来实现技术价值的转化，进而推动企业的商业成功。

第三节　过程控制

过程控制最初是工业术语，在管理上，过程控制指定期关注行动计划的实施状况，及时根据实施状况进行资源协调、任务调整等一系列管理活动。企业中高层干部在执行行动计划并达成目标的过程中，需要去控制、牵引和协调全部的资源，确保行动计划正常执行并最终达成目标，这就是中高层干部在目标实现过程中的过程控制。一旦实际行动与目标发生偏离，中高层干部第一时间将行动调整回正常轨道，也属于过程控制的一部分。

一、过程控制是保障行动计划执行的关键手段

企业中高层干部在计划与目标管理层面，除了制定目标、分解行动计划，在计划实施的过程中，还需要进行过程控制。作为企业中高层干部，最大的职场价值的发挥不在于冲锋到一线完成具体任务，而在于对资源和计划的控制，过程控制是其中的重中之重，可以说是保障行动计划执行的关键手段，如图2-10所示。

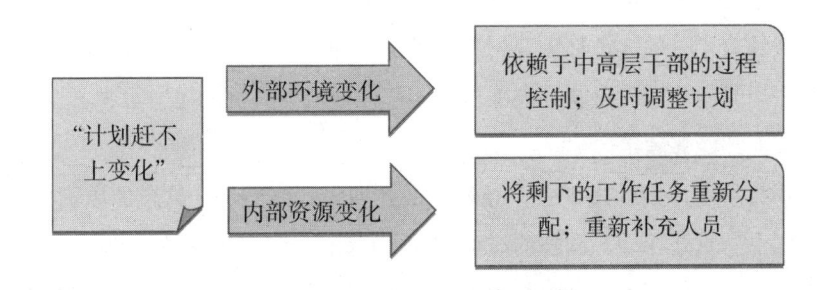

图 2-10　过程控制的重要性

过程控制的重要性，首先体现在"计划赶不上变化"，这意味着无论行动计划制定得如何严谨、科学，外部环境的快速变化依旧会导致行动计划迟滞，尤其

是进入互联网时代后，外部环境变化的速度越来越快，变化的方向越来越不可预测。在这种背景下，年初制定的行动计划也许因为外部环境的变化，一两个月后便不再适用或缺乏执行下去的基础，为了确保实现目标的行动计划具备灵活性，一旦外部环境变化导致行动计划不合适，就需要中高层干部进行过程控制，外部环境变化越剧烈，中高层干部对行动计划的过程控制就越重要。

外部环境导致任务进度延误或提前，为确保年度目标的正确导向，意味着企业的目标与行动计划均需要临时调整。对于目标管理而言，还有中期调整的一次机会，而行动计划则完全依赖于中高层干部的过程控制。例如，企业目标确立后，依据目标制定了年度行动计划，这个计划逐步分解到半年度、季度、月度，再从月度分解到周，周计划相对就会非常的明确和具体，因而对任务执行者的指导性非常强。但周行动计划的进度一周周地累进下去，也许一个月不到，便会发现月行动计划开始变得缺乏指导性，这个时候就需要对应领域的中高层干部及时去调整月度计划，将进度条控制在它应该在的位置。此外，对于需要协调大量资源和人力才能完成的工作任务，更需要协调各模块齐头并进，一旦某个环节偏离正常的计划，都有可能导致其他环节的工作任务的完成受到影响。

随着企业内部资源的变化，也需要对行动计划进行控制和调整。比如，当行动计划执行到中期时，团队中能力最强的一个人力资源离开了团队，那么意味着行动计划可能不能如期完成，在这种情境下，就需要中高层干部对整个行动计划进行调整。正常的操作一般是，将剩下的工作任务在剩下的人员中进行重新分配，这意味着剩下的人员都需要付出额外的劳动时间，并且是持续性的付出；或者给出一个时间节点，重新补充人员，为了匹配流失人员的能力水平，也许需要补充两个人才能够满足。

在执行行动计划的过程中，导致行动计划失效或灵活性欠缺的原因有很多，行动计划也一直处在动态调整的过程中，而行动计划并非任何层级、任何任务的执行者都可以自行调整，否则行动计划就会缺乏其必要的强制性。能够调整行动计划的，一定是任务执行团队的负责人，这就要求企业中高层干部在执行行动计划过程中要关注过程控制，过程控制不仅是确保行动计划持续活性的关键，也是企业中高层干部发挥自身价值的抓手。

二、如何进行过程控制

既然过程控制非常重要,那么应该如何有效地进行过程控制呢?在一般情况下,定期召开会议拉通和对齐任务进度、及时提出外部协助请求、对关键问题缺失的组织力量进行集中攻关以及对行动计划相关人员公开会议纪要,是企业中高层干部进行过程控制的有效手段。

定期召开会议拉通和对齐任务进度,一般会作为目标与计划管理的例会机制予以固化,既可以是周例会,也可以是月例会,抑或是双周例会,主要是看任务和计划持续的时间跨度。如一个行动计划持续的时间是三年,那么每半年召开一次例会也是可以的,通常在行动计划持续时间段内,召开 5~6 次例会即可。

企业尤其是中小型企业在运营过程中,资源极其有限,很多岗位上的员工都是多面手,但这样会导致在完成工作计划时存在精力和关注度不足的问题。在这样的背景下,很多中高层干部都希望一个人包打天下,因此当行动计划的某些分解任务项没有办法完成时,他们习惯于咬着牙坚持,而不愿意去提出协助请求。因此,及时提出外部协助请求也是任务过程控制的一个重要手段,同样也要改变部分干部单打独斗的传统认知。

做任何事情都不是一帆风顺的,制定的目标与计划同样如此,在分解目标和计划时,总会遇到部分任务存在较大的难度。一旦遇到关键问题,中高层干部进行过程控制时,必须要针对关键问题缺失的组织能力,集中企业内部的优势资源进行集中攻关,不解决关键问题,必然会导致整个进度和计划发生延误。

无论是行动计划实施过程中的例会,还是对关键问题的攻关协调会、动用外部资源协调处理问题,都应该指定专人记录会议纪要,并将会议纪要对所有行动计划相关的人员公开,确保共同完成任务的人员不要只埋头做自己的事情,更要抬头看团队其他成员的任务进展到什么程度,甚至需要分出一些精力和资源去支持其他团队成员。

如果是项目型的任务,那么过程控制会相对简单一些,毕竟项目型的任务有定期的例会以及项目里程碑汇报会等机制设置,并且项目组内部的信息透明程度也很高。进行过程控制道理很简单,甚至是反复应用流行近百年的 PDSA 循环

(戴明环)即可，但知易行难，难得的是企业中高层干部将过程控制持续整个目标达成的全过程。

总的来说，过程控制的手段有很多，大多情况下有五种手段可以反复利用，即例会机制、进度简报、周总结、集中学习和任务检查清单，每种手段都是简单有效的过程控制工具，是企业中高层干部进行过程控制的利器，如图2-11所示。

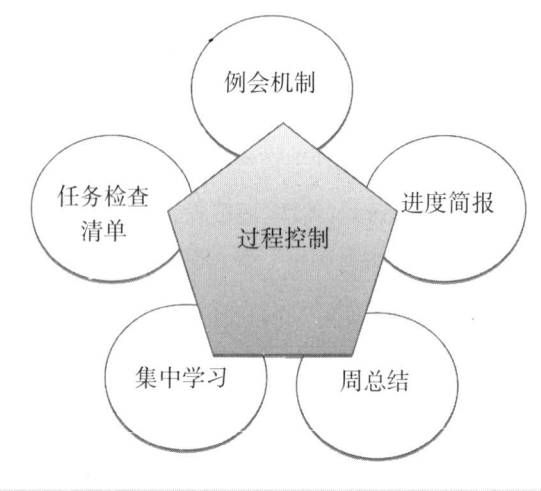

图 2-11 过程控制中干部的手段

1. 例会机制

例会机制是一种在任务或计划完成过程中定期召开的会议机制，但很多中高层干部在使用例会机制时，过了一段时间后就会沦为"吐槽会议"，或者是因为议题繁多而成为一种形式或负担。因此，例会不要开成拖沓、冗长的会议，而要简洁、清楚，全体成员尽量站着开会，时长 5~10 分钟，并且例会上只讲两件事情——上一个周期做了什么事项、有什么成果，下一个周期计划做什么、什么时间完成以及要获得什么样的成果，尽量不要在例会上解决与任务和计划相关的问题。

2. 进度简报

进度简报是指任务或计划的主责任人定期向全体任务或计划相关人员发布一张 A4 纸大小的进度简报，简报的内容务必简洁，一般的形式是什么事项进展到什么程度、有什么结果、什么事项延误以及延误到什么程度。同时，还有一些需要同步的进度和需要协调的任务等，也需要在简报中简单提及。

3. 周总结

周总结是每周对任务或计划分解任务的执行情况进行总结的一个活动，相当于例会机制和进度简报的综合体，周总结的详细程度要大于进度简报，与例会机制的区别在于，它是书面形式的表达。增加的内容包括在完成任务或计划过程中存在什么不足以及如何改进，下周的任务需要哪些岗位协调、需要哪些岗位支持，以及整个任务或计划的实施到了什么程度等。

4. 集中学习

集中学习指遇到关键问题后，所有任务或计划执行者集中起来，彼此学习、共同研究如何解决关键问题。一个团队中总需要不同能力互补的成员，遇到关键问题时群策群力更容易解决。当然，所谓集中学习，并不是将大家集中起来看一本书，或者一起来讨论一个问题，而是每一位团队成员都要真心实意地贡献自己的智慧和技能。为确保集中学习的效率，可以要求任务或计划完成相关人员将遇到的问题或在执行任务过程中感到迷茫的点罗列出来，然后以头脑风暴的形式增强集中学习的效果和效率。

5. 任务检查清单

任务检查清单是从最初的目标设定时就开始，将大目标分解为中目标，再分解成小目标，然后进一步分解到每一个团队成员的行动计划，这一层层分解的过程中必然会出现一个个具体的任务，将这些任务全部罗列出来，每完成一件都勾上一个记号，便形成了任务清单。中高层干部可以凭借这个任务清单，逐项检查成员们的任务完成情况，定期进行更新，也可以在所有任务或计划执行者中公开，使其彼此监督和促进。

过程控制的手段千变万化，但万变不离其宗，都是关注具体任务完成的时间、数量和质量，本着这个基本原则，中高层干部可以根据自身的特点，选择最合适自身的手段进行过程控制。

案例 2-3

商汤科技：过程控制的关键作用

北京市商汤科技开发有限公司（以下简称商汤科技）是一家全球领先的人工智能平台公司，专注于计算机视觉和深度学习技术的研发和应用。自 2014 年成立以来，商汤科技凭借其在人工智能领域的技术创新和行业洞察，迅速成为行业的领军企业。在这个过程中，过程控制对于商汤科技来说至关重要，它不仅确保了公司研发项目的顺利进行，还保障了产品和服务的高质量输出。

对于商汤科技而言，过程控制是确保公司能够在快速发展的同时保持技术创新和产品开发效率的关键。在人工智能这样一个快速变化的领域，过程控制帮助公司及时调整研发方向，优化资源配置，提高项目成功率，最终实现商业目标。此外，过程控制还有助于商汤科技在与客户的合作中提供一致的服务体验，增强客户信任和满意度。

商汤科技采取了多种手段进行过程控制，以下是其中的一些关键措施，如图 2-12 所示。

1. 项目管理办公室
2. 敏捷开发和迭代
3. 数据驱动的决策
4. 跨部门协作
5. 持续学习和培训

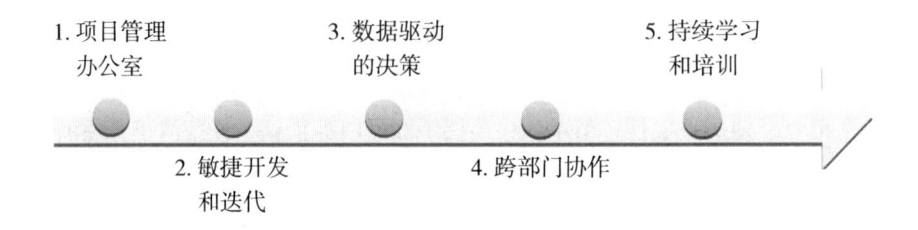

图 2-12　商汤科技过程控制的手段

1. 项目管理办公室

商汤科技建立了项目管理办公室，负责监督和指导公司的所有研发项目。项目管理办公室通过制定统一的项目管理流程和标准，确保项目按时按质完成。此外，项目管理办公室还负责定期的项目审查和风险评估，及时识别和解决项目中的问题。

2. 敏捷开发和迭代

公司采用敏捷开发方法，将大型项目分解为多个小的、可管理的迭代。通过短周期的迭代开发，商汤科技能够快速响应市场变化和技术进步，同时确保产品质量和团队的灵活性。

3. 数据驱动的决策

商汤科技利用大数据和机器学习技术，对项目进度和性能进行实时监控和分析，通过数据分析来优化研发流程，预测项目风险，并做出基于数据的决策。

4. 跨部门协作

为了确保项目的顺利进行，商汤科技鼓励跨部门的沟通和协作。公司通过建立跨职能团队和定期的跨部门会议，促进信息共享和资源整合，提高项目执行效率。

5. 持续学习和培训

商汤科技重视员工的持续学习和成长。公司定期组织内部培训和外部学习机会，帮助员工掌握最新的人工智能技术和项目管理方法，提升团队的整体能力。

商汤科技在智能安防领域的产品开发和市场推广，是过程控制成功应用的一个例子。公司的目标是开发一款能够准确识别和分析视频中的人脸和行为的智能安防产品。项目管理办公室在项目启动阶段就明确了项目目标、时间表和资源分配。通过与客户紧密沟通，确保产品需求的准确性和可行性。在研发过程中，采用敏捷开发方法，研发团队快速迭代产品原型，不断测试和优化算法性能。同时，通过实时数据分析，监控项目进度和产品质量，确保按计划推进。在产品开发过程中，研发团队与市场部门、销售团队和客户服务团队紧密合作，确保产品的功能和性能符合市场需求和客户期望。在产品上市后，商汤科技通过持续的客户反馈收集和市场分析，对产品进行迭代升级，优化用户体验。同时，公司还组织了针对销售人员和客户服务人员的产品培训，确保他们能够准确理解和高效推广产品。商汤科技成功研发并推广了智能安防产品，不仅赢得了市场的认可，还为公司在人工智能领域的进一步发展奠定了坚实的基础。

商汤科技的案例表明，过程控制在初创企业的研发和市场推广中起着至关重要的作用。通过有效的项目管理、敏捷开发、数据驱动的决策、跨部门协作以及持续学习和培训，企业能够确保项目的顺利进行，提升产品和服务的质量，最终实现商业成功。

第一，在技术快速迭代的领域，必须通过有效的管理手段来优化资源配置、提高项目成功率，并通过持续学习来适应市场变化。

第二，企业在追求技术创新的同时，也应关注客户服务的质量，通过紧密沟通和协作，确保产品需求的准确性和产品的市场适应性。这种以客户为中心的策略有助于企业建立长期的客户关系，从而实现商业目标并促进可持续发展。

第四节　结果评价

在计划执行结束，或者干预措施落实一段时间后，又或者计划执行的阶段性结果出现时，企业中高层干部应该对每一位计划参与者的工作表现、任务成果进行评估和评价，从而及时肯定计划参与者的工作绩效或及时指出计划参与者出现偏离的情况。整个任务的结果评价以目标达成的结果为主，兼顾参与者在行动计划执行过程中的其他贡献，即以功劳为主，兼顾苦劳。在企业中高层干部的计划与目标管理中，结果评价是重要的环节，不可或缺。

实际上，企业中高层干部对计划执行情况的结果评价也相当于为计划执行进行一个验收活动，只不过这个验收是以目标达成的结果为主，还要兼顾在整个计划实施过程中任务完成者额外付出的过程贡献，这种贡献不一定会以直接的工作成果来体现，即任务完成过程中的苦劳。

一、结果评价的意义

企业中高层干部对于计划执行的结果评价，是整个目标和计划达成的验收环节，因此是计划与目标管理中不可或缺的环节，本身就存在极其重要的管理意义，不仅对于组织完成目标和计划有意义，而且对于执行结果评价任务的干部有重大意义，同时对计划执行者和参与者也有积极的意义，如图 2-13 所示。

对组织	对计划和目标的结果评价，是组成组织目标达成评估的关键因素，占据评价的重要地位
对中高层干部	是提升中高层干部管理能力的一个关键手段，也是防范中高层干部沦为"老好人"干部的关键机制
对所有计划参与者	最终关于计划执行的结果评价，将会直接应用到计划执行者的激励分配上

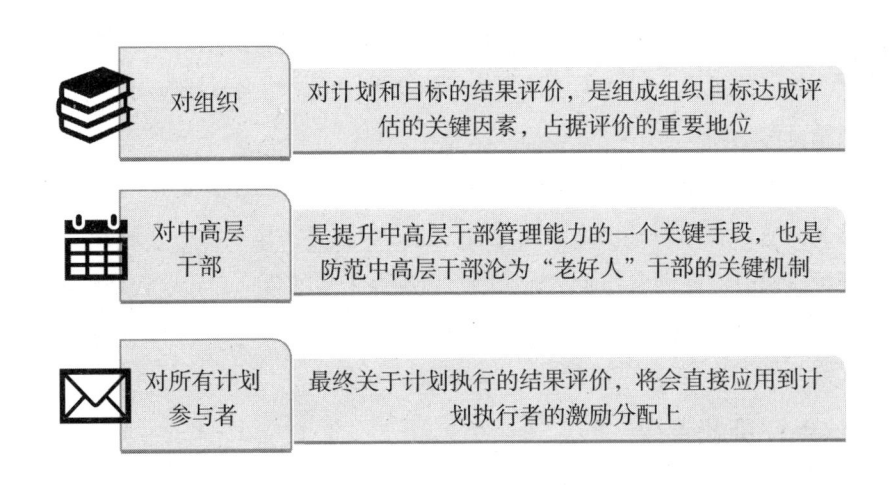

图 2-13　结果评价的意义

首先是结果评价对组织的意义。组织明确了目标并且分解出行动计划，并不是单纯作为一个口号来喊，而是需要切实地完成任务，达成组织的目标。经过逐层分解的小目标或行动计划，本质上是为了支撑组织的运营目标实现，因此当分解的小目标或行动计划达成后，往往意味着组织的运营目标可以达成。如此一来，中高层干部对计划和目标的结果评价，便成为组成组织目标达成评估的关键因素，占据评价的重要地位，从这一点来说，中高层干部对任务或计划的结果评价，对组织评价目标达成具有重大意义。

其次是结果评价对中高层干部的意义。中高层干部的核心价值体现在正确地做事以及督促下属将事情做正确，因此结果评价是提升中高层干部管理能力的一个关键手段，也是防范中高层干部沦为"老好人"干部的关键机制。毕竟具体任务的结果评价，需要以实际的产出为依据，并且具体任务完成的情况整个计划参与者都可感知，中高层干部在执行以功劳为主兼顾苦劳的结果评价时，很难直接进行"和稀泥"的操作。从中高层干部领导力的发展而言，结果评价对其来说是一个复杂且重要的过程，也是对自身管理能力的一次核心测试。

最后是结果评价对所有计划参与者的意义。计划的执行必然是一个艰辛且长期的过程，尤其是当组织制定的整体目标高于现状时，对于计划执行者和参与者而言，计划执行过程中免不了流血流汗，等到任务结束后，自然需要论功行赏。华为强调先把粮食打回来，再考虑分粮食的事情，就是计划执行结果评价对于所有计划参与者的意义。最终关于计划执行的结果评价，将会直接应用到计划执行者的激励分配上。

结果评价作为企业中高层干部计划与目标管理的重要组成部分，具有非常重要的意义，它不仅可以帮助组织确定目标达成的程度，检视行动计划的有效性，而且还可以及时对计划参与者实施激励，以确保未来的目标和计划获得更多参与者的支持。

二、结果评价的手段

结果评价对于企业中高层干部计划与目标管理意义重大，而结果评价的手段，其实管理领域很早就有各种工具推介，但经历近50年实践领域的应用，绩效考核、目标与关键成果法和工作记录与结果逆推几个工具（见图2-14），被证明接受程度更高。但进行结果评价的手段绝不限于以上几种，实际中根据不同干部的特质，应该选择不同的结果评价手段。

1. 绩效考核

绩效考核目前很多企业都在应用，作为对企业内部各层级工作成果评价的一个重要工具，所受褒贬不一。有的企业认为绩效考核是一个利器，能解决大部分管理问题，尤其是量化的绩效考核工具 BSC 和 KPI 等；也有的企业认为绩效考核有百害而无一利。但绩效考核只是一个工具，工具本身并无好坏之分，关键在于如何合理地应用。一般而言，不管采取哪种绩效考核工具，基本上都可以在很大程度上解决企业中高层干部对结果进行评价的问题。只不过在使用绩效考核工具中，很多细节问题会导致结果评价的维度偏离正常预设的目标，使得绩效考核与目标管理出现了割裂和分离。

图 2-14 结果评价的手段

2. 目标与关键成果法

目标与关键成果法也就是所谓 OKR，在国内经常被人误认为绩效管理的工具，本来将 OKR 应用到绩效管理中也无可厚非，毕竟绩效管理本身就具备承接计划与目标管理的功能，但显然不能将 OKR 直接看作绩效考核的工具。OKR 是在优化彼得·德鲁克的目标管理法基础上形成的一套目标管理的工具，从识别目标（O）的关键成果举措（KR），到为这些关键成果举措设定对应行动计划（Plan），再到对这些行动计划实施时的具体任务（Task）进行衡量和评价，因此具备结果评价的功能。

3. 工作记录

工作记录和结果逆推本质上是两种方式：一是从需要的结果倒推需要的条

件，称为分析法；另一种是罗列所有已知条件，根据已知条件可以计算出哪些结果，称为综合法。企业中高层干部在结果评价时，使用结果逆推再对比工作记录，目的就是评价计划实施参与者的工作与计划完成、目标达成间的贡献关系，因此也具备结果评价的功能。

4. 结果逆推

虽然结果评价的手段千变万化，并受干部个人特质影响较大，但绩效考核、目标关键成果法和工作记录与结果逆推，是企业中高层干部常用的三种手段，学习和掌握的成本较小，效果也比较明显。另外，管理者效能评测、述职评价等同样可以作为企业中高层干部结果评价的手段。

三、需要注意的问题

在了解结果评价的意义、掌握结果评价手段的同时，企业中高层干部还需要注意在结果评价过程中经常出现的问题（见图2-15），否则结果评价将起不到任何管理意义。无论使用哪种结果评价手段，都不能解决一些经常性的思维错误问题。结果评价涉及事务结果的考核和人的能力的考评，尤其是后者，更是企业中高层干部的核心价值体现。

问题一：	在结果评估过程中的"老好人"思维
问题二：	在结果评价过程中的"亲者宽、驯者严"倾向
问题三：	在计划执行参与者中途出现负面结果评价时"落井下石"

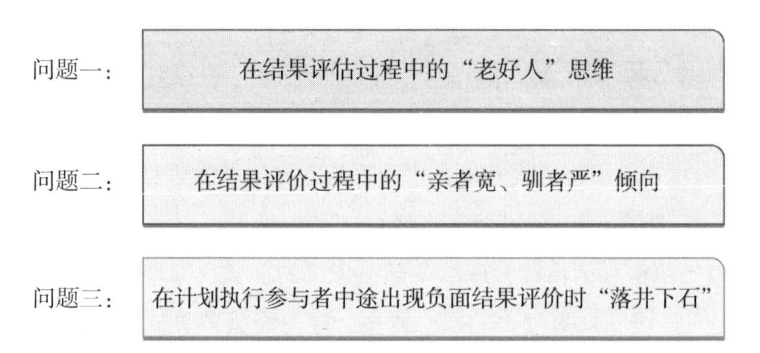

图2-15 结果评价需要注意的问题

正是因为企业中高层干部的核心价值体现在对人的能力的考评事务上，因此企业中高层管理者在结果评价过程中，第一个需要额外注意的问题就是在结果评估过程中不能有"老好人"思维。很多干部比较喜欢做"老好人"，这固然与我国的处世文化影响有关，也侧面反映出企业中高层干部管理能力的缺失。在企业管理过程中，尤其是在结果评价过程中，如果干部拥有"老好人"的思想，就意味着将会耗散企业原本就稀缺的资源。结果评价要求干部对整个任务达成情况、整个行动计划的执行情况做出相对客观公正的评价，并且锚定不同参与者在执行计划过程中所付出的努力以及贡献占比，这个结果评价将成为激励兑现的关键依据。

人区别于动物的关键点之一是人有复杂的情感，企业中高层干部同样如此，因此在结果评价过程中难免会出现"亲者宽、驯者严"的倾向，因此企业中高层干部在进行结果评价时需要注意的第二个问题就是一定要坚持"对事不对人，批评要有证据"的原则。尤其是在进行负面结果评价时，一定要做到论据充分、以理服人。在企业内履行管理干部的职责，是一项很复杂的工作，负面结果评价不仅涉及当事人的接受问题，而且因为与计划执行参与者的利益分配相关，所以更加敏感。所有参与者的结果评价有好有坏，因此更需要坚持"对事不对人，批评要有证据"，一般在操作过程中，口头表扬可以多一些、宽泛一些，但批评一定要有证据，并且足够充分。

企业中高层管理干部在进行结果评价时，第三个问题是要注意及时分享计划执行参与者的成功，也要及时弥补计划执行参与者失误的地方。当结果评价并不是特别好时，企业中高层干部需要额外注意，进行结果评价并非要将某些团队成员一棍子打死，也不应该在计划执行参与人中途出现负面结果评价时"落井下石"。进行结果评价的目的在于相对客观、公正地评价企业实际行动与目标间的关系，因此结果评价只是一种手段和过程，关注点还需要放在计划执行参与人的能力提升上，这时"胜则举杯相庆、败则拼死相救"就显得尤为重要了。

结果评价是计划与目标管理中一个必不可少且重要的环节，因此企业中高层干部要了解结果评价的意义，掌握结果评价的手段，还要注意结果评价过程中需要额外注意的问题。实际上，只要把握一点，尽量做到客观公正，实施结果评价就不会存在较大问题。需要注意的是，结果评价的目的是促进企业最初制定的目标实现，而不是打击或拉拢一批员工。

案例 2-4

旷视科技：将结果评价作为重要的管理工具

旷视科技是一家专注于人工智能视觉识别技术的创新企业，其核心产品包括人脸识别系统、图像识别平台等。公司自成立之初便明确了其使命——利用先进的人工智能技术，提升人们的生活质量和工作效率。在这个过程中，结果评价成为旷视科技确保目标实现和持续进步的关键环节。

旷视科技对于结果评价的重视体现在其对技术创新、产品质量、市场反馈和团队绩效的综合考核上。旷视科技采用了一套结合了 OKR 和 KPI 的综合评价体系，以确保各项业务目标的有效执行和持续优化，如图 2-16 所示。

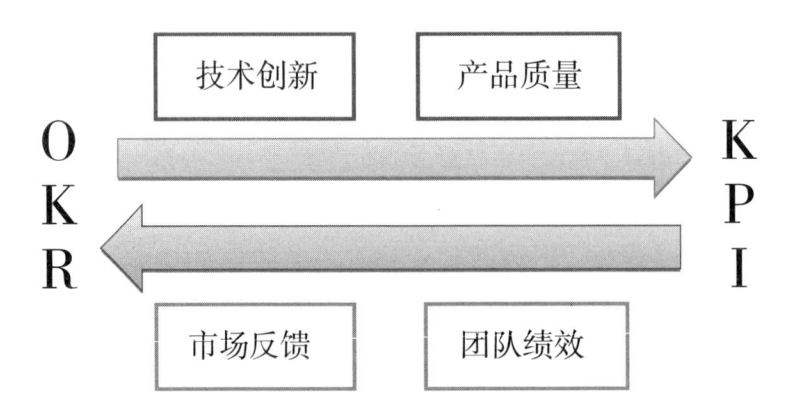

图 2-16　旷视科技 OKR 和 KPI 相结合的综合评价体系

旷视科技的一个关键项目是将其人脸识别技术应用于金融行业，以提高交易安全性和客户体验。该项目的目标是开发一套高精度、高速度的人脸识别系统，能够在各种环境下准确识别用户，同时保证系统的稳定性和安全性。

1. 技术创新的结果评价

在技术开发阶段，旷视科技通过设定关键技术指标（如识别准确率、识别速度等）来评价研发进度和成果。公司的研发团队通过不断迭代和优化算法，最终成功开发出了满足金融行业标准的人脸识别系统。

2. 产品质量的结果评价

在产品测试阶段，旷视科技通过内部测试和与金融机构的联合测试来评估产品的稳定性和安全性。公司收集反馈并进行多轮优化，确保产品能够在实际应用中达到预期效果。

3. 市场反馈的结果评价

在产品推向市场后，旷视科技通过客户满意度调查、市场接受度分析和竞争对手比较来评价产品的市场表现。公司的销售和市场团队紧密跟踪客户反馈，及时调整市场策略和产品功能。

4. 团队绩效的结果评价

在整个项目周期内，旷视科技通过设定项目里程碑和关键任务完成情况来评价团队的执行力和协作效率。公司的项目管理团队定期进行项目回顾和绩效评估，确保团队目标与公司战略保持一致。

旷视科技的结果评价体系不仅确保了人脸识别技术在金融行业的成功应用，还促进了公司内部的技术进步和团队成长。通过这一项目，旷视科技不仅在金融领域建立了良好的声誉，还为公司在其他行业的拓展奠定了坚实的基础。此外，结果评价还帮助旷视科技识别和培养了一批优秀的技术和管理人才。公司通过绩效考核和职业发展规划，激励员工追求卓越，为公司的长期发展提供了人才支持。

旷视科技采用的 OKR 和 KPI 相结合的综合评价体系，确保了目标的有效执行和完成。

第一，结果评价对于初创企业来说是一项至关重要的管理工具。通过有效的结果评价，企业不仅能够确保短期目标的实现，还能够为长期发展奠定基础。

第二，结果评价不仅关注业绩的量化指标，还应包括对团队协作、创新能力和客户满意度的全面考量。通过持续优化结果评价体系，企业能够更好地激励员工，提升组织效能，实现可持续发展。

第五节　干部的目标管理

目标与计划管理是企业运营管理中的重要环节，在这一环节上，干部的主观能动性对目标与计划管理的影响程度较高，如果能够充分调动干部的工作积极性、提高干部的工作效率，完善组织公平、公正的科学评价体系，对企业计划与目标的实现将有较大的作用。

在计划与目标管理体系中，干部的目标管理有些特殊，但它作为企业目标与员工目标的中间环节，又显得尤为重要。企业的目标经过第一层分解，往往会成为部门目标，部门目标其实在很大程度上与干部目标一致，只不过干部还需要承担一部分职责赋予和下级汇总上来的目标。

一、干部的目标

实际上，干部的目标与整个企业的目标和各岗位上的目标存在一定的区别和联系，可以从以下三个维度来理解这种区别和联系，如表2-1所示。

表2-1　干部、整个企业以及各岗位上的目标的区别和联系

序号	干部	整个企业	各岗位
1	承接组织目标与员工个体目标的关键纽带	简单且刚性的经济性指标	本身职责赋予的一些固有目标
2	既要关注结果又要关注过程，也要考虑过程控制	关注结果	关注过程
3	要尽可能量化，但并不一定要绝对量化	—	—

第一个方面，干部的目标是承接组织目标与员工个体目标的关键纽带。在进行目标管理时，企业通常是采取从上到下逐层分解以及从下到上逐层支撑两个维度，这两个维度的衔接部分就是干部的目标，干部的目标是对齐企业目标和员工目标的关键，也是承上启下的纽带。企业制定的整体目标往往是简单且刚性的经济性指标，需要通过关键成功因素分析法逐层分解下去，而各岗位的目标除了承接关键成功因素分析法分析出来的关键因素外，还有其本身职责赋予的一些固有目标，因此可能会存在与企业大目标错位的可能性，干部的目标则需要修正这两者间的误差，使企业目标和员工目标对齐，达成共识。

第二个方面，干部的目标既要关注结果又要关注过程，也要考虑过程控制。企业目标关注结果，各岗位目标关注过程，干部的目标则既关注过程又关注过程，同时还需要考虑过程控制。因为干部在组织内部是处在承上启下的位置，同时干部价值发挥是"正确地做事情"，因此不仅需要承担企业目标实现的责任，还需要承担确保员工"把事情做正确"的责任，这就要求干部必须关注过程以及过程控制。企业目标逐层分解到部门目标时，依旧可以是结果目标，但是部门目标转化为干部和各岗位员工的目标时，则必须要考虑干部的过程目标以及过程控制的目标。

第三个方面，干部的目标要尽可能量化，但并不一定要绝对量化。谈目标管理必然绕不过 SMART 原则，SMART 原则中的一项就是量化，但企业管理事务繁杂，尤其是职能部门的干部，要完全量化目标非常困难。虽然借助人力资源管理中的赋值量化手段，可以确保所有目标都能得到量化，但量化的成本也许会远远超过量化获得的收益。所以干部的目标是否量化，还需要考虑是否增加了不必要的工作、投入了不必要的管理成本、浪费了不必要的管理精力。

干部的目标是干部目标管理的基础，也是主要管理对象，因此要认识到企业中高层干部的目标是承上启下的目标，要关注结果更要关注过程，还需要兼顾过程控制，尽量量化但并非绝对要量化。面对不可量化的干部目标时，可以从时间节点角度、质量满意度等方面进行考虑和评价，另外，MBO、OKR 等目标管理工具，也可以应用到干部的目标制定过程中。

二、干部的目标要依托下属

干部的目标管理，更重要的问题是干部的目标如何达成。干部的目标达成，从干部本身的价值而言，则更多地应该依赖于干部的管理能力，更高地发挥干部所管辖人员的工作创造性，在协调一致的原则下完成各自的任务，从而促使干部的目标达成。

我国一些企业提出了"中学为本、西学为用"的思想，即管理体系的建设植根于中国文化，但手段和工具使用西方的成熟工具。干部的目标完成，更多地要依托下属和团队，当然这并非是说干部在目标实现的过程中仅发挥管理职能，而不需要履行业务职能。

第一，企业对干部的执行力和管理能力都有明确要求，尤其是我国的很多民营企业要求中高层干部既具备较强的业务能力，也具备协调与调动自己下属的管理能力，在这种背景下，干部的目标既要关注结果又要关注过程，干部的目标实现是依托下属和团队之说也存在合理性。

第二，干部的价值体现在资源运用和协调以及成人达己上。评价一个企业的中高层干部价值是否发挥到位时，主要看他率领的团队有多少优秀的员工，所以干部价值体现本身就包含成就下属的因素，干部目标的实现依托于下属和团队，也是成人达己的一项具体要求。

第三，干部还需要兼顾下属的个人成长与职场发展。我国很多企业尤其是中小民营企业的中高层干部都很累，即便团队有足够的人手，也会发现任务交给下属并且辅导下属完成还不如自己亲自上阵有效率。但是，如果不培养下属，那么将陷入一个死循环，直到中高层干部的能力发挥达到极限，最终被工作压垮。所以干部需要让下属充分发挥个人主观能动性，并且在多次的任务训练中逐步提升自身能力。第三方咨询机构评价企业原生干部成不成功，只看一点，即他培养的下属有没有能力。真正有能力的干部，他的下属基本上都是可以独当一面的专业人才，干部仅需要给下属安排工作任务和验收工作成果即可。

企业梳理和制定干部的目标，并非是为了将中高层干部"逼"到具体事务中去，而是希望中高层干部将自己的目标融合到下属各岗位的目标中，在分配团队任务时，就已经兼顾了部门的结果目标实现，以及下属成长与发展需要承担的干部目标。

案例 2-5

小红书：多元化的目标管理

小红书是我国领先的生活方式分享和电子商务平台，以其独特的社区氛围和高质量的内容而闻名。小红书通过机器学习对海量信息和人进行精准、高效匹配，用户在平台上可以通过短视频、图文等形式记录生活点滴，分享生活方式，并基于兴趣形成互动。自2013年成立以来，小红书通过目标管理的实践，成功地构建了一个集内容创作、分享和商品交易于一体的生态系统。

小红书的目标管理体现在其对内容质量、用户体验、社区建设和商业化等方面的持续优化和创新，以确保目标的有效实现，如图2-17所示。

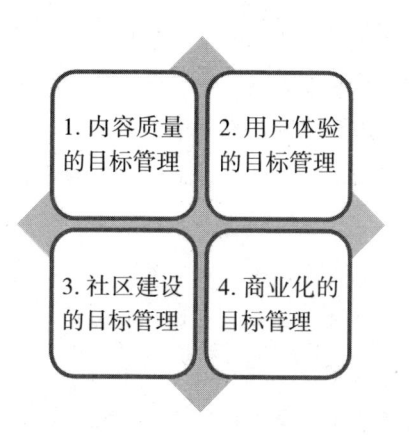

图 2-17 小红书的目标管理体系

1. 内容质量的目标管理

小红书始终坚持高质量内容的标准，鼓励用户分享真实、有价值的生活方式和消费体验。公司通过建立内容审核机制和激励优质内容创作的策略，确保平台上的内容能够吸引并留住用户。

2. 用户体验的目标管理

小红书致力于提供流畅、便捷的用户体验。公司通过不断优化App的界面设计和功能设置，以及提供个性化的内容推荐，使用户能够在平台上轻松发现和购买感兴趣的商品。

3. 社区建设的目标管理

小红书注重构建积极向上的社区氛围，鼓励用户之间的互动和交流。公司通过举办线上线下活动、推出社区规则和激励机制，促进了用户之间的连接和社区的活跃度。

4. 商业化的目标管理

小红书通过与品牌合作和电商功能的整合，实现了平台的商业化。公司通过数据分析和市场研究，精准匹配用户需求和品牌推广，创造了多元化的盈利模式。

小红书在与品牌合作和内容营销方面的目标管理尤为突出。以与某知名化妆品品牌的合作为例，小红书设定了提升品牌知名度和销售额的双重目标。小红书通过数据分析，识别出对该品牌可能感兴趣的用户群体，并根据用户的兴趣和购买行为进行精准推送。小红书还邀请平台上的知名博主和意见领袖（KOL）体验该品牌的产品，并创作相关的使用心得和推荐内容，不仅丰富了平台的优质内容库，也为品牌提供了真实的用户评价和口碑传播。与此同时，小红书为品牌创建了专属的活动页面，并设计了一系列互动环节，如用户晒单、话题讨论等，以提高用户的参与度和品牌的曝光率。此外，小红书还通过实时监测活动数据和用户反馈，评估合作效果，并及时调整推广策略和内容方向，确保合作目标的实现。

通过这一合作，小红书不仅帮助品牌提升了知名度和销售额，也丰富了平台的内容生态，增强了用户的参与感和忠诚度。这一成功案例展示了小红书在目标管理方面的有效性，以及如何通过内容营销和社区互动实现品牌和平台的共赢。

小红书的目标管理涵盖了内容质量、用户体验、社区建设和商业化等多个方面，通过精准的目标设定、创新的策略实施和持续的效果监测，公司成功地打造了一个活跃的社区和繁荣的电商生态。这些实践不仅为小红书自身的发展提供了动力，也为其他企业提供了宝贵的经验。

第一，小红书通过建立内容审核机制和激励策略，确保平台上内容的真实性和价值性，这启示企业在内容管理上应坚持高标准，以优质内容吸引和维护用户基础。

第二，小红书通过优化 App 设计和个性化推荐提升用户体验，这表明企业应不断迭代产品功能，以用户为中心，提供流畅便捷的服务，增强用户黏性。

第三，小红书通过社区活动和商业合作，不仅增强了用户互动，也实现了平台的商业价值。这启示企业应寻找社区建设和商业化之间的平衡点，通过创新的合作模式实现双方共赢。

三、干部目标管理的方法

干部的目标管理也有自身的方法论，这些方法论源自成熟的目标管理方法论，如彼得·德鲁克在 1954 年提出来的目标管理法，与其同时代出现的目标与关键成果法，以及各种绩效考核工具的复用，如 KPI、BSC、PBC、KRI、HPR 等。

讨论干部的目标管理方法，自然需要追本溯源，从目标管理工具本身去寻找合适的方法论。在管理学中，方法论并没有过时一说，越是老的工具，应用程度和效果往往越好，如戴明环、目标管理法、关键绩效指标等。干部目标管理的方法同样如此，目标管理法、目标关键成果法和剥洋葱法依旧适用，如图 2-18 所示。

1. 目标管理法	2. 目标与关键成果法	3. 剥洋葱法
一是明确目标 二是参与决策 三是规定时限 四是绩效评价	确定一个目标 分析关键成果 每个关键成果 都要配套 3~5 项行动计划	一层层分解目标，直到目标成为我们即刻行动便可以达成的任务

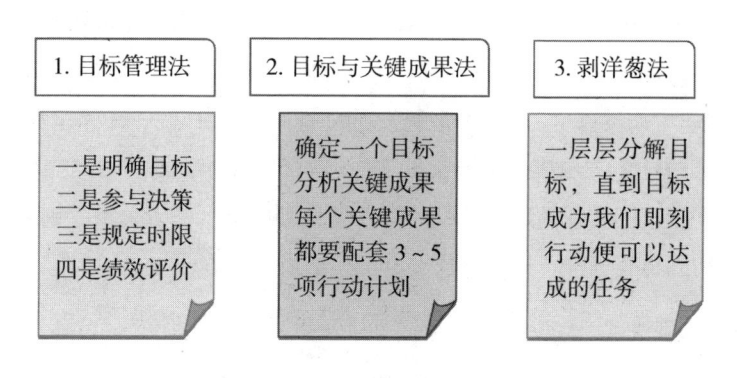

图 2-18　干部目标管理的方法

1. 目标管理法

目标管理法即彼得·德鲁克于1954年提出的目标管理方法论，应该算是比较早的一种目标管理方法论，一般由四个步骤组成。一是明确目标，即开宗明义确定需要达成什么结果；二是参与决策，即为别人制定目标时，目标承担者需要参与目标制定的决策过程，本质上是认可目标承担者自身的价值；三是规定时限，即没有时间要求的目标永远是没有价值的目标；四是要有绩效评价，即需要通过一些手段和指标去评价或者衡量目标承担者最终有没有实现目标。其实不难发现，目标管理法的四个步骤，基本上涵盖了SMART原则的全部要素，或者可以说，SMART原则本身就是彼得·德鲁克的目标管理法的延伸。

2. 目标与关键成果法

目标与关键成果法是彼得·德鲁克的好友安迪·葛洛夫在执掌英特尔公司时对目标管理法的一种改良应用，它的出现基本上与目标管理法是同一时期，只不过直到谷歌公司应用目标与关键成果法后，这一目标管理工具和方法论才变得举世皆知。

目标与关键成果法进入我国的时间并不长，不过经过我国企业家的应用，目标与关键成果法便不再是一个单纯的目标管理工具，而演变成与绩效考核密切相关起来，因为我国很多企业家不愿意为目标的事情构建两套管理系统，在主观上就存在将目标与关键成果法转化为绩效管理工具的动机和诉求。

目标与关键成果法本身只是一个工具而已，因此应用到绩效管理中无可厚非，但需要了解清楚目标与关键成果法的本质。目标与关键成果法的方法论在一定程度上与关键成功因素分析法类似，也是确定一个目标，然后分析出实现这个目标的3~5个关键成果，这3~5个关键成果又会成为下一级机构的目标，逐层分解下去，每一个关键成果都要配套3~5项行动计划，然后对这些行动计划以周为单位评定目标实现的进度。将所有行动计划的进度予以公示，则可以形成任务执行者们的自我管理，这才是这套方法论的魅力所在。

3. 剥洋葱法

剥洋葱法是目标分解的具体方法，即一层层分解目标，直到目标成为我们即刻行动便可以达成的任务。从大的目标一层一层地往下剥，剥到最后就变成需要立即行动的具体任务项，对应上执行责任人，那么最小的目标便会在一周或者更短的周期内被实现，进而支撑上一层目标的实现，当每一层的目标都实现了，大目标自然也就实现了。

干部目标管理的方法，自然不限于目标管理法、目标与关键成果法和剥洋葱法，但是从实用主义的角度出发，深入掌握一种即可，其他的可以略微了解。实际上，不同的目标管理方法也存在互通的思想，如目标管理法和SMART原则、目标与关键成果法和关键成功因素分析法等。

计划与目标管理是企业中高层干部履职的关键能力，也是价值的核心体现之一，更是干部领导力的关键组成因素之一，需要知其然，更需要知其所以然，并且加以训练，才能有效提升企业中高层干部的领导力。

章末案例

哔哩哔哩：从二次元社区向综合性视频平台的成功转型

1. 企业简介

哔哩哔哩，英文名为bilibili。该网站于2009年6月26日创建，是中国年轻一代的标志性品牌及领先的视频社区，被网友们亲切地称为"B站"。哔哩哔哩由上海宽娱数码科技有限公司及其关联公司提供服务。2018年3月28日，哔哩哔哩在美国纳斯达克上市。2021年3月29日，哔哩哔哩正式在香港二次上市。2022年9月29日，港交所官网显示，哔哩哔哩在香港联交所由第二上市转为主要上市，于10月3日正式生效。

哔哩哔哩早期是一个ACG（动画、漫画、游戏）内容创作与分享的视频网站，经过十多年的发展，围绕用户、创作者和内容，构建了一个源源不断产生优质内容的生态系统，已涵盖7000多个兴趣圈层的多元文化社区，曾获得QuestMobile研究院评选的"Z世代偏爱App"和"Z世代偏爱泛娱乐App"两项榜单第一名并入选 BrandZ 报告最具价值中国品牌 100 强。

2. 从动漫社区转变为多元化的视频分享平台

哔哩哔哩作为极受中国年轻一代欢迎的视频分享网站，以其独特的弹幕文化和二次元内容而闻名。自 2009 年成立以来，哔哩哔哩通过明确的目标设定与有效的目标管理，成功地从一个小众的动漫社区转变为覆盖广泛内容的综合性视频平台，如图 2-19 所示。

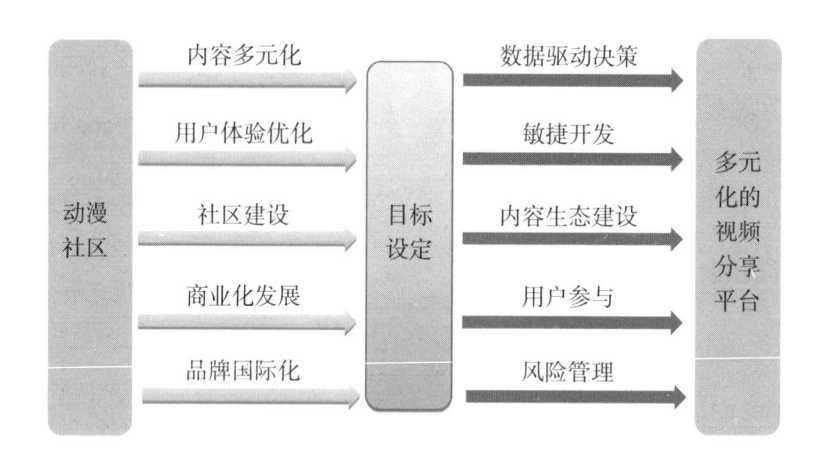

图 2-19 从动漫社区转变为多元化的视频分享平台

哔哩哔哩的目标设定始终围绕其核心用户群体——年轻人，以及他们的需求和兴趣。公司的目标设定包括以下几个方面：第一，内容多元化。起初以动漫内容为主，逐渐扩展到生活、科技、娱乐等多个领域，以满足不同用户的兴趣和需求。第二，用户体验优化。提供高质量的观看体验是哔哩哔哩的核心目标之一，公司不断优化视频播放技术，提升网站和 App 的界面设计和交互体验。第三，社区建设。哔哩哔哩致力于打造一个充满活力的社区，鼓励用户之间的互动和内容创作分享，强化用户对平台的归属感。第四，商业化发展。为了实现可持续发展，哔哩哔哩探索了多种盈利模式，包括广告、会员服务、直播打赏、电商等，同时保持与核心用户价值的一致性。第五，品牌国际化。随着平台的成长，哔哩哔哩开始着眼于国际市场，通过引入和推广国际化内容，吸引全球用户。

具体来说，哔哩哔哩是通过以下几个方面来实现其目标管理的。

（1）数据驱动决策。

哔哩哔哩利用大数据分析用户行为和偏好，以此指导内容推荐算法的优化和新功能的开发。

（2）敏捷开发。

公司采用敏捷开发模式，快速响应市场变化和用户反馈，持续迭代产品，以满足用户不断变化的需求。

（3）内容生态建设。

哔哩哔哩通过激励 UP 主（内容创作者）创作高质量内容，举办各种创作大赛和活动，丰富平台内容生态。

（4）用户参与。

公司鼓励用户参与到平台的决策中来，通过用户投票、问卷调查等方式收集用户意见，增强用户的参与感和满意度。

（5）风险管理。

在探索新的商业模式和市场时，哔哩哔哩注重风险评估和管理，确保每一步发展都在可控范围内。

以哔哩哔哩的商业化发展为例，公司设定了通过多元化收入来源实现盈利的目标。为了实现这一目标，哔哩哔哩吸引了大量品牌广告商，通过精准的广告定位和创新的广告形式，提高广告效率和用户接受度；推出"大会员"服务，提供高清视频、番剧抢先看等特权，增加用户优黏性的同时带来稳定的会员收入；利用直播功能，为 UP 主和观众提供了互动平台，通过打赏机制激励优质内容的产生。结合平台文化，哔哩哔哩开发了一系列与动漫、游戏相关的衍生品，通过电商平台销售，拓宽收入渠道。哔哩哔哩不仅实现了商业化目标，还保持了平台的核心价值和用户基础，充分展示了哔哩哔哩在目标设定与目标管理方面的成熟和有效性。

哔哩哔哩通过明确的目标设定和系统的目标管理，成功地从一个动漫社区转变为一个多元化的视频分享平台。公司的目标管理涵盖了内容多元化、用户体验优化、社区建设、商业化发展和品牌国际化等多个方面，通过数据驱动决策、敏捷开发、内容生态建设、用户参与和风险管理等手段，确保了公司战略目标的实现和长期发展。这些实践为其他初创企业提供了宝贵的经验和参考。

3. 对市场趋势的敏锐洞察和对用户需求的深刻理解

为了实现业务目标，哔哩哔哩采取了一系列行动计划，这些计划涵盖了内容生态建设、用户体验提升和商业化发展等多个方面。

（1）内容生态建设。

为了构建一个多元化和充满活力的内容生态系统，哔哩哔哩推出了多种激励措施，鼓励 UP 主产出高质量内容。这些激励包括流量扶持、收入分成、创作者培训等，旨在吸引和保留优秀的内容创作者，丰富平台内容。公司通过引入专业内容团队和合作伙伴，提升非动漫类内容的质量和数量。为了提升平台的原创内容比例，哔哩哔哩还设立了原创内容基金，资助有潜力的创作项目。同时，公司还举办各种创作大赛，为 UP 主提供展示才华的平台。

（2）用户体验提升。

哔哩哔哩致力于提供卓越的用户体验，持续投入技术研发，优化视频播放流畅性和互动体验。哔哩哔哩通过升级服务器和 CDN 网络，确保用户在不同网络环境下都能享受高清、无卡顿的观看体验。同时努力实现界面和功能迭代，定期更新 App 和网站界面，使其更加直观和对用户友好。公司还根据用户反馈和行为数据，不断推出新功能，如智能推荐、互动弹幕等，增强用户参与度。为了增强社区的活跃度和凝聚力，哔哩哔哩定期举办线上线下活动，如 Bilibili World、各种主题节等，这些活动不仅为用户提供了互动交流的机会，也增强了用户对平台的忠诚度。

（3）商业化发展。

为了实现可持续发展，哔哩哔哩通过精准广告定位和创新广告形式，吸引了大量品牌广告商，还推出了原生广告和创意中插广告，提高广告的接受度和效果。为了增加收入来源，哔哩哔哩推出了"大会员"服务，以及会员购、会员积分等增值服务，提升用户黏性。哔哩哔哩利用平台的 IP 资源，开发了一系列衍生品，如动漫周边、游戏道具等，通过电商平台进行销售。此外，公司还通过版权合作和 IP 授权，将优质内容转化为电影、电视剧等多种形式，拓宽收入渠道。与此同时，哔哩哔哩加强了直播业务的布局，吸引众多知名主播入驻，还推出了虚拟偶像，结合 VR 技术和 AI 技术，为用户提供新颖的娱乐体验。

4. 结论与启示

哔哩哔哩的目标与计划管理展现了其对年轻用户需求的深刻洞察和对市场动态的快速响应。公司通过持续的内容创新、用户体验优化和审慎的商业化探索，实现了从二次元社区向综合性视频平台的成功转型。哔哩哔哩始终将用户放在核心位置，通过构建活跃的内容生态和社区氛围，不断增强用户黏性，同时采用数据驱动的决策过程，确保产品和服务的迭代升级与市场需求同步。在商业化道路上，哔哩哔哩保持了对用户体验的尊重和保护，实现了盈利与用户满意度的双赢。这些经验为其他企业提供了宝贵的借鉴。

第一，在追求增长的同时，企业应注重维护其核心价值和稳固用户基础。这要求企业在制定战略时，不仅要关注短期的业绩增长，还要考虑长期的品牌建设和客户忠诚度。通过灵活的目标管理策略，企业可以在不同阶段设定合理的发展目标，平衡创新与稳定，确保在追求经济效益的同时，不损害企业的核心价值观和用户信任。

第二，企业为了适应市场变化，必须不断创新并拓展业务范围。要求企业紧密围绕核心用户群体的需求，通过市场调研和用户反馈，深入了解用户的新需求和新趋势，基于这些洞察，不断探索和尝试新的业务模式，如数字化服务、个性化定制、跨界合作等。

第三，企业在追求商业目标的同时，应重视用户体验和社区文化的建设，以提升用户忠诚度和平台黏性。同时，企业应建立有效的数据分析机制，并通过敏捷开发快速适应用户需求和市场变化，以保持竞争优势。

本章小结

本章重点介绍了干部的计划与目标管理。目标设定是干部计划与目标管理首要考虑的问题，由于企业资源的有效性和客户需求的多样化，企业往往需要综合分析外部环境和内部资源状况，经过分析与权衡，设定企业整体目标的细化目标，而目标的设定是一个复杂且重要的课题，可以从目标设定理论、目标设定的原则和设定目标的意义三个方面去理解。行动计划是干部计划与目标管理的关键抓手，也可以验证企业目标是否达成，企业可以找寻目标与现实间的差距，锁定关键里程碑，正视其中的问题并提出行之有效的解决方案，从而帮助干部及时调整目标与计划。而后干部需要关注过程控制，控制、牵引和协调全部的资源，确保行动计划正常执行并最终达成目标，具体手段有例会机制、进度简报、周总结、集中学习、任务检查清单等。在计划执行结束后，企业可以采取绩效考核、目标与关键成果法、工作记录、结果逆推等方法进行结果评价。最后，企业还需致力于依托下属优化完善其目标管理。

第三章

团队管理

在组织行为学中,"团队"一词通常被赋予特定的内涵,它指的是那些通过共同目标和协作精神凝聚在一起的个体集合。然而,当一个组织内部的群体在管理层面遭遇协调性问题和效率瓶颈,以至于不得不寻求外部专家的介入时,我们才真正认识到,这些群体并不具备团队的本质特征。有效的团队建设是一个复杂且耗时的过程,它要求精心的设计和持续的维护,而非自发形成的简单集合。

团队建设有助于发展员工的技能和能力,从而提高整个团队的工作效能。通过团队建设培养和开发员工的潜力,他们将能够更好地理解工作要求和任务,并更加有效地应对挑战。将不同的个体集成到一个团队中,可以将每个人的专业知识和技能整合起来,从而产生更大的协同效应。

开篇案例

TCL：打造一个高效、创新和协同工作的团队

1. 企业简介

TCL 科技集团股份有限公司（简称 TCL）创立于 1981 年，最初从事磁带的生产制造，到布局智能终端产品以及新能源等领域，业务范围不断拓展。如今 TCL 聚焦智能终端业务，主要涵盖显示、智能家电、创新业务及家庭互联网等全品类智能消费电子产品及服务，同时大力发展包括环保科技、产业园运营、智能制造、产业金融等在内的其他业务。TCL 深耕国际市场渠道布局，在全球范围内构建了完善的供应链体系，目前员工遍布亚、美、欧及大洋洲，同时在世界各地设有多个研发机构，销售机构遍布 80 多个国家和地区，业务范围超过 160 个国家和地区。TCL 以科技化推动行业发展，针对智慧家庭、移动服务和智慧商显等多种应用场景，为全球用户提供全场景智慧健康生活，致力于成为全球领先的智能科技产业集团。

2023 年，TCL 下属 TCL 实业紧抓全球彩电行业高端化和大屏化趋势带来的市场机遇，出货规模稳步增长，TCL 智屏全球出货量达 2526 万台，同比增长 6.2%，其中 65 寸及以上 TCL 智屏全球出货量同比增长 35.3%，TCL Mini LED1 智屏全球出货量同比升幅达 180.1%，量子点智屏全球出货量同比升幅亦高达 116.1%。中国市场方面，TCL 智屏全年零售额维持排名第二，持续推进彩电高端化升级，65 寸及以上 TCL 智屏出货量同比增长 18.2%，75 寸及以上 TCL 智屏出货量同比增长 45.8%。国际市场方面，TCL 智屏出货量同比增长 10.0%，在多个国家和地区出货量排名位居前列，其中在澳大利亚、菲律宾、缅甸、巴基斯坦零售量位居第一，在美国、法国、沙特阿拉伯的零售量排名第二，全年零售量市占率在西班牙、巴西、瑞典、捷克位居第三。

2. 精准选人用人的团队管理策略

人才是企业发展的核心动力，TCL 注重从选人用人方面严格把控团队管理。TCL 积极主动吸引优秀人才，招贤纳士，并且为人才提供完善合理的人才发展规划，提高员工技能和能力，打造优质团队。

（1）吸引优秀人才。

人才是企业发展的核心动力。TCL 深知这一点，因而在源头上就做好把控，积极主动吸引高能力、高素质人才，致力于提升团队整体实力。对此，TCL 制定了《招聘管理程序》等制度，秉承公平、公正、公开的原则，明确了招聘作业流程和各岗位职责，确保招聘流程标准、透明。同时，TCL 还搭建了全面高效的人才招聘体系，并根据公司战略需求不断优化招聘渠道，通过校园宣传、广告投放、产教融合等方式，为公司培育输出科技创新型人才，带动区域就业。2023年度，TCL 新引入海外渠道招聘，以全球化的视野统筹人才招聘流程。

TCL 积极践行其人才吸引及招聘策略，不仅于北京大学邱德拔体育馆成功举办北京大学人才发布会，发表主题演讲，展示了 TCL 为响应国策所做出的变革与创新，提升校园招聘的影响力，而且揭牌与惠州市技师学院共建的产业学院——TCL 王牌产业学院，充分发挥校企双方的资源和优势，共建共管共享技能人才培养高地。

（2）提供人才发展规划。

TCL 始终将人才培养与发展置于企业发展的核心位置，不断完善培训体系和开展丰富多样的培训项目，为员工提供广阔的成长空间和发展机遇，打造优质团队，从而实现员工个体与企业整体的共同发展，包括极具特色的人才培养计划、完备的双通道职业发展通道以及各级人才池。

第一，TCL 打造了极具特色的"鹰系列人才培养计划"，包括辅导、帮助刚刚入职的大学生"雏鹰工程"，扶上马还要送一程的基层经理"飞鹰工程"，给予空间、面向更高视野的中层管理者"精鹰工程"，历练与挑战使之蜕变的高层管理者"雄鹰工程"，同样也有储备海外优秀管理人员的"海外精鹰计划"。TCL 通过一系列的培训活动，致力于提升员工的适应力、领导力。

第二，TCL 建立了五级双通道职业发展通道（见表 3-1），配备了任职资格课程体系，为员工提供定制化的培训，帮助员工建立清晰的职业发展通道，致力于丰富员工职业发展路径。

表3-1 TCL的五级双通道职业发展通道

	管理通道	技术/专业通道
5级	领导者	专家
4级	管理者	资深者
3级	监督者	骨干
2级	有经验者	
1级	初做者	

第三，TCL逐步搭建起各层级人才池，挑选高潜质高绩效的员工，通过团队培养计划和定制化的个人培养计划相结合的形式，并配备高管做教练，加速高潜人才的成长，形成源源不断的人才输送体系。

3. 打造卓越团队合作精神的实践之路

团队合作是推动公司持续发展的关键因素，也是打造高效、创新和协同工作的团队的重要途径。因此，TCL重视与每一位员工的沟通，并举办多样化的团建活动，塑造团队合作精神。

（1）重视与每一位员工的沟通。

TCL注重每一位员工的反馈和建议，将其视为推动企业发展的重要动力。对此，TCL制定了《公司内部沟通管理办法》，明确了各部门领导的沟通职责和考核管理办法，并规定了公司级、部门级、车间级、班组级等不同级别的沟通会议的召开频率和范围及员工申诉渠道。通过规定沟通会问题点的实施与跟踪流程，进一步提高了沟通效率，拉近了与员工之间的距离。

（2）举办多样化的团建活动。

TCL不断改善员工的工作和生活环境，举办多样化的团队建设活动，以增强团队凝聚力和归属感。TCL定期举办羽毛球协会、足球协会、摄影协会等各类培训和比赛，还举办了元宵节、中秋节等游园会、员工生日会等集体活动，丰富员工的业余生活，增进同事之间的交流和感情，进一步提升团队凝聚力，打造专属于 TCL 员工的团队合作精神。

4. 塑造卓越团队企业文化的实践之路

企业文化是团队管理的力量指引和精神指南，为 TCL 的长期可持续发展提供了重要力量。因此，TCL 致力于建立一个多元、公平、开放、包容的职场环境，为员工提供有竞争力的薪酬，始终尊重和维护员工合法权益，营造开放与包容的工作氛围。

（1）提供有竞争力的薪酬。

TCL 为员工提供具有竞争力的薪酬，也就是认可员工为公司所做的贡献，让员工感受到自己的努力得到了公司的认可和回报。对此，TCL 不断优化员工薪酬政策，持续完善科学合理的薪酬与福利体系，注重薪酬水平的公平性，强调激励机制的灵活性和员工福利的多样性，提升人才吸引力和员工留存率。同时，TCL 提供业内具有竞争力的福利待遇，并定期审查薪酬政策，根据最新的薪酬政策对员工薪酬进行适当调整。此外，TCL 还依据集团业绩和员工表现设立了奖励机制，以鼓励员工在工作中不断创新和进步。TCL 肯定员工所做出的贡献，对员工进行合理的激励，有助于形成公平、开放的职场环境。

（2）始终尊重和维护员工的合法权益。

TCL 坚定地维护员工的合法权益，并恪守多元化与平等的企业核心价值观。TCL 致力于消除职场中可能出现的各种形式的歧视现象，同时强调员工之间的有效沟通与意见表达，以营造一个开放包容的工作氛围。在招聘与晋升机制上，TCL 实施了一套公平、透明、公正的流程，确保所有员工在种族、民族、社会背景、地域、社会阶层、家族血统、宗教信仰、身体能力、性别、家庭责任、婚姻状况、工会身份、政治立场、年龄以及语言等任何差异面前都能得到平等对待。TCL 展现了其对多元化和包容性原则的承诺，为所有员工创造了一个公平的工作环境。

（3）营造开放与包容的工作氛围。

TCL 致力于塑造一个开放、包容且建立在互信基础上的企业文化。对此，TCL 采取了多元化的沟通策略，包括设立员工沟通会、CEO 公开信、T 信栏目、专用信箱、投诉邮箱和电话等，共同构成了一个多渠道的沟通网络，旨在激励员工积极分享他们的观点和需求，从而增强其参与感和工作满意度。此外，TCL每年定期开展员工敬业度和满意度的调研，该调研的参与率显著，通常超过90%的员工会参与其中。TCL还持续改进其员工关怀计划，全面关注员工的身心健康状态，并主动应对员工在工作与生活中遇到的挑战。TCL致力于实质性地提升员工的整体幸福感和生活质量。

综上，TCL 团队构造的实践之路如图 3-1 所示。

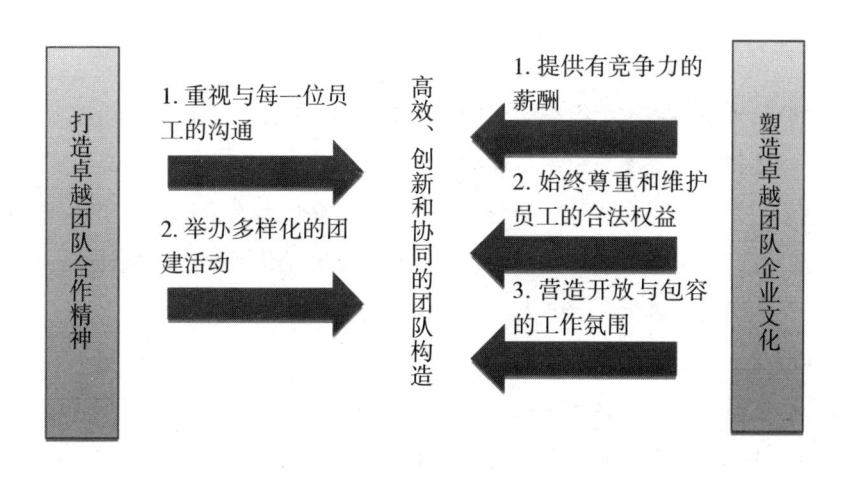

图 3-1　TCL 团队构造的实践之路

5. 结论与启示

TCL 通过精准的人才选拔、系统的人才培养、强化的团队合作以及塑造积极的企业文化，成功打造了一个高效、创新和协同工作的团队。TCL 不仅注重吸引和保留优秀人才，还通过提供有竞争力的薪酬和尊重员工权益，建立了一个公平、开放的工作环境。此外，TCL 通过举办多样化的团队建设活动和营造包容的企业文化，增强了员工的凝聚力和归属感。这些实践不仅提升了员工的工作满意度和敬业度，也为公司的长期发展和保持行业领导地位提供了坚实的人力资源支持。

第一，重视人才战略，构建完善的招聘与培养体系，建立公平、透明的招聘流程，同时提供个性化的员工发展计划和培训项目，以促进员工个人成长和企业目标的协同进步。

第二，强化团队合作，通过团建活动和开放的沟通渠道，增强员工之间的交流与合作，提升团队的凝聚力和整体工作效率。

第三，应认识到企业文化对团队管理的重要作用，通过优化薪酬政策、维护员工合法权益、关注员工福祉，营造一个支持创新、尊重多元和包容差异的工作环境。

团队管理是指在一个组织中，依据成员的工作性质、工作能力组成各种任务小组，以集体的形式参与组织各项决定过程和解决具体问题，以提高组织生产效率和达成组织目标。在我国的企业中，小组是团队的基本形态，若团队成员能力具有互补性，则可以形成异质性团队，工作效率和工作效果往往更佳。一般情况下，团队的成员数量为3~25人，理想状况为5~10人。

实际上，企业是由一个或多个团队组成的，成立团队的目的是更有效地分工与合作，团队管理建立在团队的基础上，有团队才需要团队管理。团队管理的本质是充分协调和组合不同团队成员间的不同特质，使团队成员组合在一起能够更有效地完成组织交办的任务，获取更高的价值。

要想有效地对团队实施管理，必须对团队的形成阶段及特点、团队成员的特点和类型、如何扩充团队、团队运作规则和团队深层次的影响力等有充分和全面的了解。

第一节　团队形成阶段及特点

团队同所有管理对象一样，要先存在然后才能进行管理，因此谈团队管理，必须对团队的形成以及在团队形成过程中不同阶段的特点进行充分了解。在企业管理实践中，并不会出现一个问题后，企业临时组建一支团队，这个团队就可以立即解决这个问题,在团队真正成为团队前,有可能只是一个团伙。

部分管理学者把团队的形成分成四个阶段,即创立期、动荡期、高产期和衰退期;也有部分学者将其分成五个阶段,即创建阶段、激荡阶段、规范阶段、执行阶段和解散阶段;更有管理学者把它分成六个阶段,即初始阶段、探索阶段、稳定阶段、奋进阶段、成功阶段和终止阶段。不同的划分方式,某一时期内团队成员间的关系、团队规则、工作效率、团队成员间配合默契程度等都会存在差异。一般的第三方咨询机构对团队形成阶段的普遍定义是五个阶段:形成期、分化期、稳定期、整合期和成熟期(见表3-2)。团队里的任何成员都需要面对不同时期团队面临的问题和特点,以及采取个人行动解决存在的问题,否则任何一个阶段都有可能导致团队直接进入解散期。不仅不能实现团队的使命,反而会浪费企业的组织资源。

表 3-2　团队的五个形成阶段及特点

阶段	特点
形成期	是团队从无到有组建的阶段,在这一阶段中,团队成员对工作和人际关系处在高度焦虑的状态
分化期	团队成员间彼此已经有了一定的了解,进入"物以群居、人以类聚"的分化阶段,这一阶段内,团队成员的工作和人际关系都处在剧烈动荡状态
稳定期	团队经过形成期和分化期,依旧留在团队的成员已经彼此共事过一段时间,对其他团队成员的优势、性格以及行为模式有了一定程度的了解
整合期	团队开始真正形成战斗力,并能够高效地完成团队任务、达成团队目标,这一阶段内团队成员对于工作依旧积极、努力
成熟期	团队已经完成团队阶段性任务或目标,即将面临新的团队任务和目标,或者面临解散的阶段

一、形成期

形成期是团队从无到有组建的阶段,在这一阶段中,团队成员对工作和人际关系处在高度焦虑的状态,因此他们的情绪特点是激动中充满希望,又有些怀疑和焦急,这样的情绪必然导致他们的心理处于极不稳定的状态。无论是团队组建者还是团队成员，在这一时期都需要反复明确整个团队的方向、目标和任务，为每个团队成员确定职责和角色，以消除负面影响。这一阶段的团队管理者需要维持指导型的领导风格，事无巨细都给予足够的耐心和明确的指导，如图3-2所示。

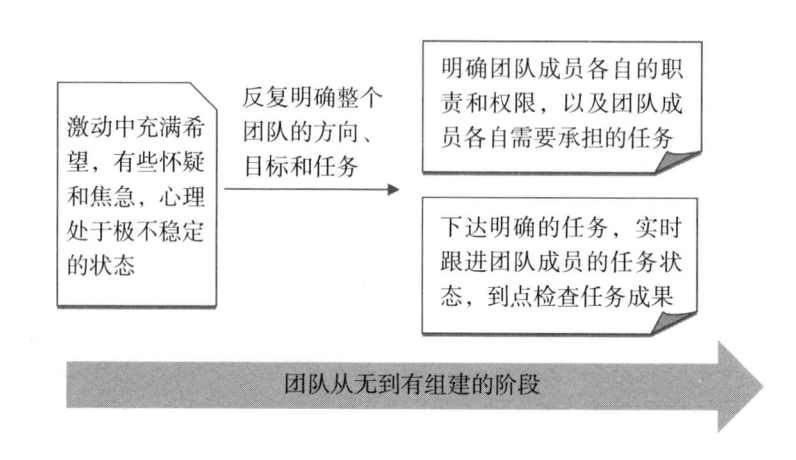

图 3-2　团队形成期

在团队形成阶段，团队成员来自不同的领域，彼此间还存在一定的陌生感，对新的工作任务及其他成员的风格也不熟悉，因此，团队成员各有心思也在情理之中，团队领导和团队成员需要采用一定的手段消除这种影响。

这一阶段最重要的任务就是树立团队的目标，明确团队成员各自的职责和权限，以及团队成员各自需要承担的任务。这个阶段的企业中高层干部或团队领导，需要偏重于指导型领导风格，即下达明确的任务，实时跟进团队成员的任务状态，到点检查任务成果。对于团队成员的指导越详细越好、越精确越好，团队成员完全按照干部的指令动手即可。

二、分化期

分化期是团队成员间彼此已经有了一定的了解，进入"物以群居、人以类聚"的分化阶段，这一阶段内，团队成员的工作和人际关系都处在剧烈动荡状态，因此团队成员的情绪普遍存在紧张易受挫折、不满且对立和抵制不合拍的团队成员。团队管理者需要应付和解决出现的各种问题和矛盾，引导团队成员对自己的角色及职责进行调整，邀请团队成员积极参与解决问题和做出决定。这一阶段需要企业中高层干部将领导风格调整为影响型领导风格，如图 3-3 所示。

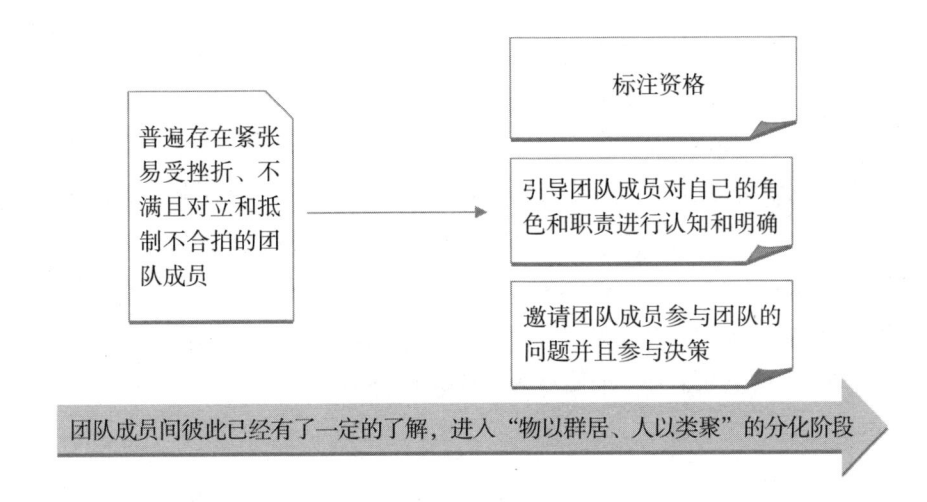

图 3-3 团队分化期

鉴于团队形成第二个阶段的特点，一部分管理学者将这个阶段称为震荡期，意味着团队成员间的工作关系和人际关系都处在剧烈的震荡时期，团队成员从彼此组合到一起，为同一个目标或同一个工作任务努力时，彼此会去寻找其他团队成员与自身的共同点。世界上找不到两片一样的树叶，也找不到两个性格完全合拍的人，因此在寻找认同与被认同的过程中，团队成员会时刻处在怀疑与自我怀疑的状态。

这个阶段的应对策略相对简单，即标注资格，某团队成员是某领域的专家，因此他有资格成为团队成员，以此类推，当所有团队成员都被标注资格后，这一阶段就会提前结束。而这一阶段的团队管理者的应对同样简单，即目标和任务在完成过程中遇到挫折时，第一时间处理问题、解决问题，如果问题沉淀到一定程度后再爆发，则有可能瞬间摧毁整个团队。

另外，团队管理者在这一阶段一定要帮助团队成员标注资格、引导团队成员对自己的角色和职责进行认知和明确，邀请团队成员参与团队的问题并且参与决策，降低分化期团队直接走向衰败的风险。

三、稳定期

稳定期是经过形成期和分化期，依旧留在团队的成员已经彼此共事过一段时间，对其他团队成员的优势、性格以及行为模式有了一定程度的了解，团队成员间已经可以稳定地进行工作分工与协作，共同为团队的目标和任务付出努力的时期。这一阶段团队成员对工作任务已经可以做到积极、努力，团队内部的人际关系基本已经确立，大部分人际矛盾都已经获得彻底或阶段性解决。这一阶段团队成员彼此间的情绪特点是信任团队、信任伙伴，能自发或被动地与其他成员进行合作，对团队忠诚，团队成员间有深厚的友谊，并且在共同完成团队任务或目标的过程中，能够获得心理上的满足感，如图3-4所示。

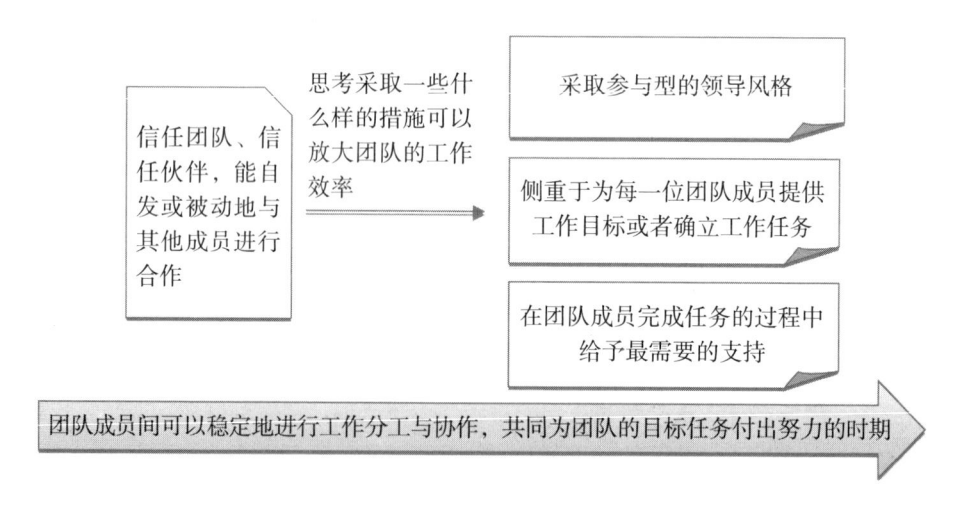

图 3-4 团队稳定期

因为新的人际关系已经确立，团队成员间彼此的信任感已经建立，所以这一阶段团队管理者的核心任务就是思考采取一些什么样的措施可以放大团队的工作效率，例如充分授权与分权去调动每一位团队成员的主观能动性，让每个团队成员参与团队管理从而学会自我管理和自我激励等。尤其需要注意的是，团队管理者要对团队成员取得的进步以及任务完成的阶段性胜利给予即时的公开表扬与庆贺,从而维持团队的士气。

团队稳定期的团队管理者,适合采取参与型的领导风格,即不过度关注每一位团队成员的工作状态,更侧重于为每一位团队成员提供工作目标或者确立工作任务,在团队成员完成任务的过程中给予最需要的支持,以及组织一些群体性的业务攻关性质的讨论会。

四、整合期

整合期又称发挥期,是团队开始真正形成战斗力,并高效地完成团队任务、达成团队目标的阶段。这一阶段团队成员对于工作依旧积极、努力,团队成员间的人际关系变得非常融洽,团队成员间彼此熟悉并且很多工作任务即便没有明确的分工,同样可以很快速地有效协同开展,如图3-5所示。

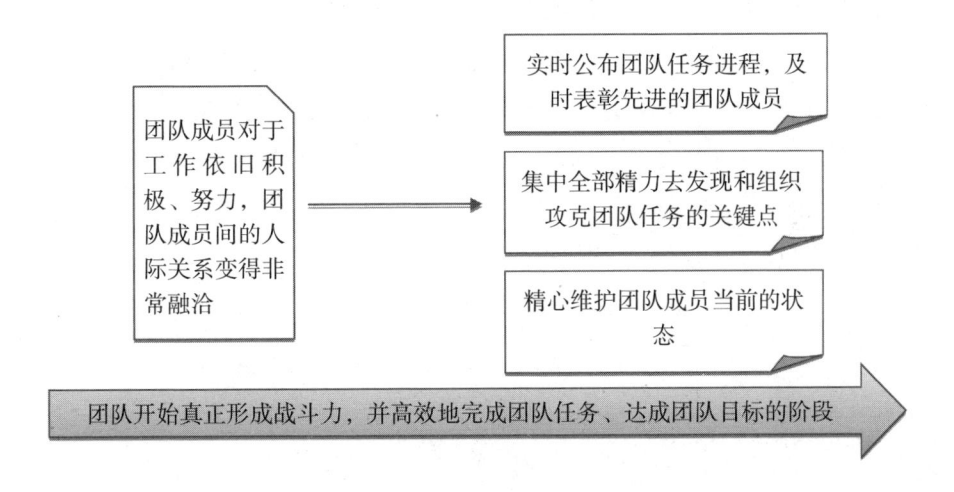

图 3-5　团队整合期

整合期内,团队成员的情绪特点是开放与坦诚,彼此间没有刻意的隐瞒或伪装,抑或说从团队成员间的默契程度来看,伪装已经没有任何效果。团队成员间彼此的依赖性已经建立起来,无论是工作的依赖性还是心理上的依赖性,都已经建立,从而使得团队成员间对自己的团队保持高度的集体荣誉感。一旦有团队成员对团队不忠或贬低团队，就有可能会面临其他团队成员的"群起而攻之"。

当然，在整合期的团队，也必须要规避一些弊端，例如团队成员间太熟悉以至于没有什么新鲜感，可能会出现集体的社交疲惫感。

这个阶段的团队管理者，需要执行的策略主要是继续给予团队成员充分的授权。也可以说，即便没有团队领导存在，这一阶段的团队成员间依靠自发行为，或者称之为工作的惯性，依旧能够把团队成员间的协同与合作处理得很好。

当然，团队管理者在这一阶段需要实时公布团队任务进程，及时表彰先进的团队成员，集中全部精力去发现和组织攻克团队任务的关键点，同时还需要精心维护团队成员当前的状态。所谓盛极必衰，这一阶段也是团队走向成熟或者衰退的必然阶段。

五、成熟期

成熟期指团队已经完成团队阶段性任务或目标，即将面临新的团队任务和目标，或者面临解散的阶段，因此也有管理学者称之为衰退期或解散期，也是团队形成周期的最后一个阶段。这个阶段所有团队成员包括团队管理者都面临着两个选择，要么迎接新的任务和目标，要么重新组建一个全新的团队。因此这一阶段的团队成员都承受着这两种压力，团队的氛围开始变得有些压抑，经历各个阶段后，团队成员彼此间形成了比较强的工作与心理黏性，却即将面临分别，如图3-6所示。

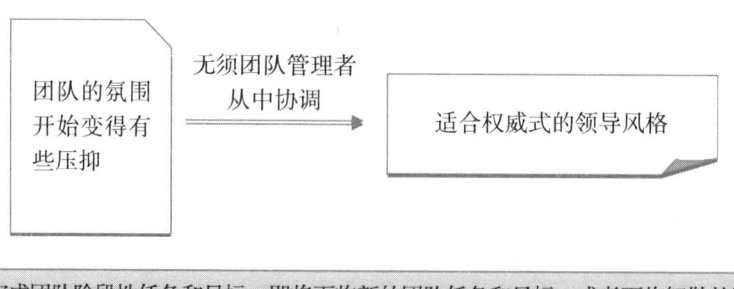

图 3-6　团队成熟期

这个阶段的团队，任何突发性任务到来，都无须团队管理者从中协调，团队成员均能各司其职，快速自行分配工作任务，以最快的速度、最优的质量完成。团队人际关系非常融洽，工作熟悉程度也非常高，即便存在潜在的风险，也有团队成员自发地提前预知并避免。但团队衰退在这个阶段是必然的结果，团队各层面的优秀专家，无论是从个人职业发展还是从个人能力提升的角度出发，都必将走向一个全新的阶段，为组织创造新的价值。

这个阶段的团队管理者面临两个问题：一是能力获得提升的老团队成员必然面临更高的职业机会，因此团队需要加入新鲜血液，即新的团队成员；二是团队成员间太过默契和熟悉，必然会有一定的思维惯性，思维惯性之内的错误，团队根本无从发现。这个阶段适合的领导风格是权威式的领导风格，即无论是老团队成员离开，还是新团队成员的融入，团队管理者都要一言而决。所谓千口之户、一人当家，就是这个道理，否则在新老交替的阶段，单纯的团队成员安置问题就能占据团队管理者全部精力。

了解团队形成的阶段以及不同阶段的特点，是为了企业中高层干部更好地管理团队，降低组织组建团队过程中价值的耗散，针对不同的团队形成阶段，需要团队管理者采取不同的领导风格。

案例 3-1

曹操出行：团队管理驱动的出行革命

曹操出行创立于 2015 年 5 月 21 日，是吉利控股集团布局"新能源汽车共享生态"的战略性投资业务，以"科技重塑绿色共享出行"为使命，将全球领先的互联网、车联网、自动驾驶技术以及新能源科技创新应用于共享出行领域，以"用心服务国民出行"为品牌主张，致力于打造服务口碑最好的出行品牌。

曹操出行在组建团队的过程中，注重以下三点内容。

1. 领导力的个性化与自我认知

曹操出行董事长周航认为领导力不是模仿他人，而是要做真实的自己。他通过研究雷军、马化腾等成功企业家，认识到领导力与个性紧密相关，每个人都可以根据自己的性格特点形成独特的领导风格。周航强调，领导力的关键在于做自己，而不是模仿他人。这种领导力的个性化认知，使得曹操出行在团队组建时，更注重领导者与团队成员之间的个性匹配和真诚互动。

2. 团队组建的阶段性策略

曹操出行在不同发展阶段采取了不同的团队组建策略，其中包括三个主要阶段（见图3-7）。

长心阶段：在公司初创期，寻找合伙人，强调志同道合和共同的价值观，以建立公司的核心文化。

搭骨架阶段：在有了合伙人之后，寻找初创员工，重视那些对公司有信念、愿意跟随公司发展的员工，以确保公司有效运转。

长肉阶段：随着公司发展，开始招募行业内的顶尖人才，进行团队迭代，以促进公司的稳步发展。

在这三个阶段中，曹操出行特别强调了合伙人的重要性，认为合伙人的状态和能力是公司能否成功的关键。同时，公司在招聘过程中，还非常注重人才与公司文化的匹配度，以及人才对公司的认同感。

长心阶段	搭骨架阶段	长肉阶段
寻找合伙人，强调志同道合和共同的价值观	寻找初创员工，重视那些对公司有信念、愿意跟随公司发展的员工	开始招募行业内的顶尖人才，进行团队迭代

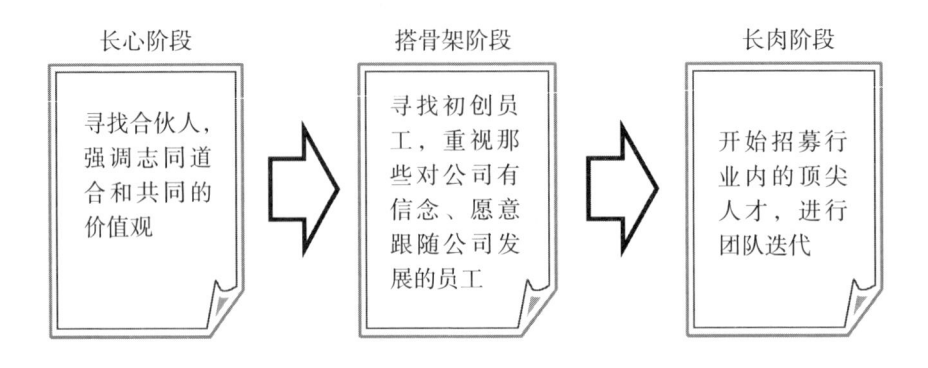

图3-7 曹操出行的团队组建历程

3. 团队整合与持续复盘

曹操出行认为团队成长最好的方法是复盘，即对已发生的事件和感受进行回顾和反思。复盘不仅针对大事，也针对小事，且应该成为团队的常态。通过复盘，团队能够识别并解决核心问题，促进成员之间的沟通和理解。此外，曹操出行还强调在团队创立初期建立一个真实和友好的氛围，让新加入的成员能够快速融入并感到舒适。

曹操出行成功地组建了一个高效、有凝聚力的团队，为企业的持续发展奠定了坚实的基础。这些策略不仅体现了公司对人才的重视，也展现了其在团队建设和领导力发展上的深刻理解和实践。

第一，企业应认识到每位领导者都有其独特的个性和领导风格。鼓励领导者展现真实的自我，可以更有效地激发团队成员的潜能，建立信任和忠诚。

第二，企业在不同的发展阶段应采取不同的人才管理策略。初创期重点在于寻找志同道合的合伙人和信任公司的初创员工；成长期则需注重团队的专业化和行业顶尖人才的引入。

第三，企业应建立持续的复盘机制，以促进团队成员间的开放沟通和问题解决。通过复盘，可以及时发现并改进工作中的问题，增强团队的凝聚力和适应性。

第二节　辨识团队成员特点与类型

梅雷迪思·贝尔宾认为："没有完美的个人，只有完美的团队。人无完人，但团队可以是完美的团队。"作为企业的中高层干部，在了解团队形成的阶段及特点后，应学会同现有团队成员相处。根据组织行为学的研究，构成团队的人可以分成不同类型。如果团队成员间的性格完全一致，那么团队发挥的效果始终有限，唯有团队成员间的性格存在差异且互补，并且团队成员的技能和能力各有所长，才能更好地发挥团队的价值。

作为团队管理者，不应该高高在上，也不应该存在于团队成员之下，而是应该与所有团队成员打交道、充分交流，获得团队成员的信任，融入团队成员中。

一、团队成员的类型

组织行为学认为，团队成员应分为六种类型：创建者、协调者、执行者、改革者、专家、观察者（见图3-8），这六种性格迥异、各有所长的成员共同组成一个团队，创造团队的效率。

创建者	富有创造力和想象力，不循规蹈矩
协调者	成熟、自信、可靠，有雄才大略
执行者	有职业道德、有纪律、可靠且有效率
改革者	性格活泼、外向、脑子灵活、对现实不满足
专家	思想单纯、自律，专注于工作
观察家	头脑清醒、有远见、有辨别力

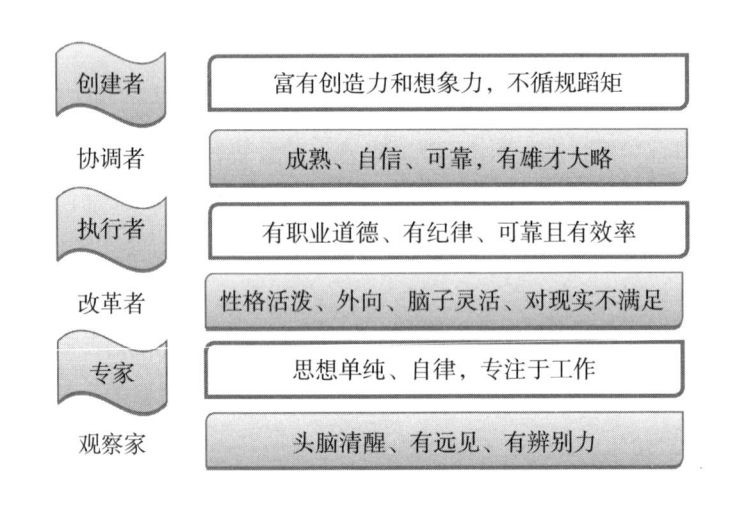

图 3-8　团队成员的类型

创建者一般富有创造力和想象力，不循规蹈矩，善于解决疑难问题，他们身上有着开荒者的优点和缺点；协调者成熟、自信、可靠，有雄才大略，在公司中可以出任领袖，帮助团队澄清目标、推动决策，协调者不一定是团队中最聪明的人，但他一定是最会用人的人；执行者一般是职业经理人，有职业道德、有纪律、可靠且有效率，善于将想法变成现实；改革者每个团队中必定会有，他们性格活泼、外向、脑子灵活、对现实不满足，勇于挑战困难、解决困难；专家思想单纯、自律，专注于工作，能为团队带来不常见的知识和技术；观察家头脑清醒、有远见、有辨别力，他们了解所有选择并进行判断，经常为团队发声。

一个团队从组建到成熟再到衰退，团队成员的六种角色均会存在，任何一个团队，哪怕是临时拼凑的团队，都必须有一个创建者。作为团队创建者，不能够太循规蹈矩，特别是在团队组建初期，太循规蹈矩很难让团队快速成立起来。不过团队的创建者未必会陪着团队走到最后。协调者在团队里不可或缺，是团队的一个主要角色，承担协调各团队成员间关系的职责，还负责澄清整个团队的目标、厘清团队的任务，确保所有团队成员聚集在一起，是团队氛围的润滑剂。一个团队如果没有执行者这个角色，那么这个团队大概率没有战斗力，执行者能够将创建者或协调者以及团队里各种各样的想法付诸实际。改革者这个角色一般出现在团队的分化期或衰退期，这种人的特质是不循规蹈矩，不会按照既定规则行事，容易对已经固化的团队形成破坏力，一般改革者并不是团队的原生成员，多数都是后续加入，他们性格活泼外向、脑子灵活，愿意在团队中尝试全新的事物。专家是在某个专业领域或某些领域具有非常高深的理论水平，以及具有丰富的实操经验，这个角色并不是团队里必须具备的角色，但如果有则会让团队更好一些，随着团队的发展，原生团队成员中会逐渐产生专家角色。观察者在团队里并不受欢迎，很多团队成员认为观察者不是一个好角色，因为观察者很清醒，有能力辨别团队成员的具体任务到底完成得如何，他们几乎了解所有选择，以及做出选择背后的原因，谈论起来头头是道，却缺乏动手能力。

团队中至少会有六种角色中的两种或者更多，但纵观一个团队从形成到衰退，创建者、协调者和执行者这三个角色通常都会存在，是团队成员中重要的角色。当然，对于规模小一点的团队，往往是有的团队成员一人身兼两个或多个角色。

二、团队成员的性格差异

莱布尼茨说："世界上没有两片完全相同的树叶，也没有两个性格完全相同的人。"团队成员在团队中扮演的角色不同，性格也存在差异，作为团队管理者，识别和了解团队成员的性格差异是其一项基本的技能要求。随着人力资源技术的发展，已经出现了越来越多的性格测评工具，帮助团队管理者识别和了解团队成员的不同性格，比较流行的工具包括 PDP 性格测评、MBTI 性格测评和大五人格性格测评等。

1.PDP 的五种类型性格

PDP 性格测评工具是 40 余位美国心理学家于 1978 年完成的百万级样本，并于 20 世纪 80 年代进行了商用的性格测评，该工具将所有人分为五种性格类型，并分别用老虎、孔雀、猫头鹰、考拉和变色龙五种动物代表，其中老虎代表支配型、孔雀代表外向型、猫头鹰代表精确型、考拉代表耐心型、变色龙代表整合型，如图 3-9 所示。

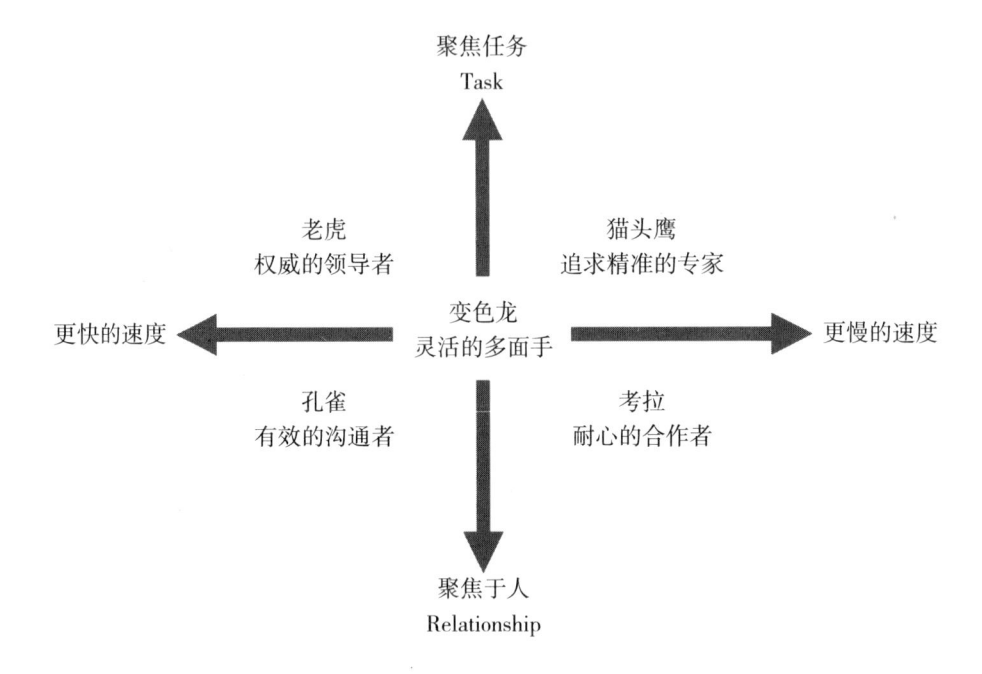

```
                    聚焦任务
                    Task
                     ↑
        老虎                  猫头鹰
     权威的领导者            追求精准的专家
                    变色龙
更快的速度 ←——— 灵活的多面手 ———→ 更慢的速度
        孔雀                  考拉
     有效的沟通者            耐心的合作者
                     ↓
                    聚焦于人
                    Relationship
```

图 3-9 PDP 的五种类型性格

PDP 性格测评除能测出受测者的性格特质外，还能区分受测者的逻辑思维类型、能量水平等，能够很好地帮助团队管理者识别团队成员的性格差异，以及采取何种沟通方式与团队成员进行交互。

2.MBTI 的 16 种性格类型

MBTI 是由美国作家伊莎贝尔·布里格斯·迈尔斯和她的母亲凯瑟琳·库克·布里格斯共同制定的一种人格类型理论模型，以瑞士心理学家卡尔·荣格划分的 8 种心理类型为基础，从注意力方向、认知方式、判断方式和生活方式 4 个维度，各区分两种结果形成 16 种性格类型，如表 3-3 所示。

MBTI 能够帮助人们更好地了解人的性格特征，并对不同性格特征匹配的职业进行指向性建议。MBTI 应用的范围极广，深受使用者的青睐。

表 3-3　MBTI 的 16 种性格类型

ISTJ Inspector 稽查员	ISFJ Protector 保护者	INFJ Counselor 咨询师	INFP Healer/Tutor 治疗师/导师
ESTJ Supervisor 督导	ESFJ Provider/Seller 供给者/销售员	ENFJ Teacher 教师	ENFP Champion/Advocate/Motivator 倡导者/激发者
ISTP Operator/Instrument 操作者/演奏者	ISFP Composer/Artist 作曲家/艺术家	INTJ Mastermind/Scientist 智囊团/科学家	INTP Architect/Designer 建筑师/设计师
ESTP Promotor 发起者/创设者	ESFP Performer/Demonstrator 表演者/示范者	ENTJ Field Marshall/Mobilizer 统帅/调度者	ENTP Invertor 发明家

3. 大五人格

大五人格理论由心理学家托普斯与克里斯托于 1961 年提出，将所有人的人格区分为开放性（Openness）、尽责性（Conscientiousness）、外倾性（Extraversion）、宜人性（Agreeableness）和神经质性（Neuroticism）五种类型，如表 3-4 所示。

表 3-4　大五人格

高分者的人格特征	因素	低分者的人格特征
好奇、兴趣广泛、有创造力、富于想象、反对保守	开放性	习俗化、讲实际、兴趣少、无艺术性、非分析性

续表

高分者的人格特征	因素	低分者的人格特征
有条理、可靠、勤奋、自律、准时、细心、整洁、有抱负、有毅力	尽责性	无目标、不可靠、懒散、粗心、意志弱、享乐
好社交、活跃、健谈、乐群、乐观、好玩乐、关注他人	外倾性	谨慎、内省、冷静、不活跃、乐于做事、好独处、寡言
心肠软、脾气好、信任人、助人、宽宏大量、轻信、直率	宜人性	苛刻、挑剔、粗鲁、多疑、不合作、易怒、好操纵人
烦恼、紧张、情绪化、不安全、焦躁、忧虑	神经质性	稳定、平静、放松、少情绪化、安全

大五人格不仅在管理实践中有着丰富的应用，在临床心理、健康心理、发展心理和工业心理等方面均存在较大程度的应用，大多数性格测评工具的开发，都是建立在大五人格的理论基础之上。

当然，随着性格理论的研究深入以及性格测评工具的丰富，团队成员间的性格差异已经获得广泛的认可，区分团队成员的性格差异的手段越来越丰富。团队也正是因为由不同性格的成员组成，才能使各成员间性格与能力互补，形成一致性的团队。作为团队管理的中高层干部，并不需要掌握所有的性格测评或区分工具，能够应用其中的一种即可实现管理目的。

三、识别团队成员的类型

团队成员均有其性格特征，但在团队中表现出来的类型一般分为消极型、迷茫型、思想型和混乱型四种情形，不同情形的团队成员类型往往具有一定的群体性表现，如图 3-10 所示。

1. 消极型

无论是多么积极上进的团队，总会存在或者在某些时期存在消极型的团队成员，他们普遍的群体性表现包括：时常感觉自己受到团队的不公对待，想把"吃的亏"找回来，表现出消极特性，逃避工作，吹毛求疵、工作缺乏积极性、抵触或反对新事物、消极怠工，对工作态度被动、不遵守工作时间规定、感到无聊、提不起兴趣、绩效下降，在下达工作任务时，第一反应是逃避。这些现象背后的原因就是消极型团队成员"多一事不如少一事"的潜意识在作祟。

1. 消极型	2. 迷茫型	3. 思想型	4. 混乱型
时常感觉自己受到团队的不公对待	没有把握团队目标，以及对自身从事的工作不够自信	说多过做、想多过尝试	工作方式和时间管理存在一定的问题

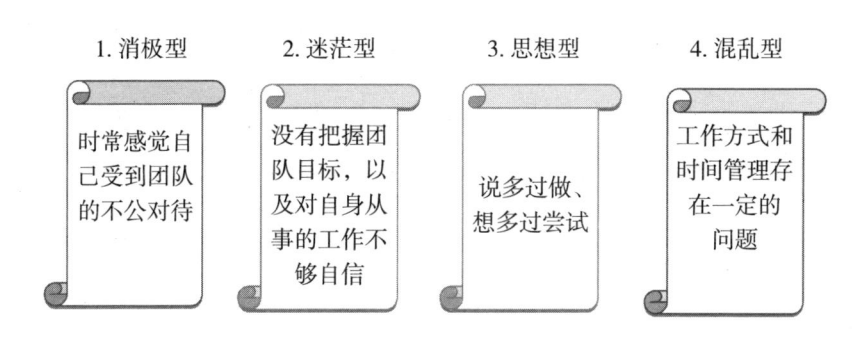

图 3-10　团队成员的类型

2. 迷茫型

迷茫型的团队成员并非他们自身不积极主动工作，而是确实没有把握团队目标，以及对自身从事的工作不够自信。这类型团队成员要么是新接触团队工作任务，要么是不懂得开发自身潜能，他们普遍的群体性特征是害怕犯错、对新事物莫名恐惧，刻意回避团队领导和资深同事。这些群体现象背后的原因是他们内心对自己能力的不够自信。

3. 思想型

思想型团队成员主要指团队内说多过做、想多过尝试的成员，这类团队成员表现出来的群体性现象是思考过多而行动过少，总是在思考执行具体任务中的困难而不想着如何解决困难，经常一个问题讨论来讨论去变成了十个问题乃至一百个问题，却没有具体的解决办法。这类团队成员背后的原因是过于追求完美主义，或者担心犯错误。

4. 混乱型

混乱型团队成员往往工作态度并没有问题，只是工作方式和时间管理存在一定的问题，他们的群体性表现一般为工作欠缺条理性，对轻重缓急区分不够，找不到处理问题和完成任务的最有效方式,对于工作任务贪多却顾此失彼。而这类现象背后的原因在于好胜心过强、野心膨胀、自尊心过度,轻视过去的做法以及团队成员的成功经验,不尊重团队协作。

不同类型的团队成员,需要区别地去对待和予以管理,对团队管理的中高层管理干部要求较高,要充分发挥不同类型团队成员的长处、规避或改善不同类型团队成员的短板,做出有针对性的指导,避免直接批评不同类型团队成员的群体表现现象,打击不同类型团队成员的工作积极性。

案例 3-2

映客直播:在团队管理中辨识成员特点与类型

映客直播作为中国领先的移动直播平台,自 2015 年成立以来,凭借其创新的直播技术和丰富的互动体验,迅速在直播行业占据了重要地位。映客的成功,除了其强大的技术支持和市场策略外,更离不开其对团队成员特点与类型的精准辨识和有效管理。

映客直播在团队管理上坚持"人才为本"的核心理念。公司认为,每位团队成员都是独特的个体,具有各自的优势和潜力。映客通过深入了解每位成员的专业技能、工作风格、兴趣爱好和发展潜力,精准辨识出他们的特点与类型,从而做到人尽其才,才尽其用。

映客直播在辨识团队成员特点时,采用了以下几种方法,如图 3-11 所示。

1. 多维度面试

映客在招聘过程中,通过多轮面试来全面了解候选人的能力和特质,包括一对一的专业技能面试、团队协作模拟以及与未来直接上级的面谈。这种多维度面试方式有助于公司发现候选人的独特优势和潜在价值。

1. 多维度面试
2. 能力与性格测评
3. 工作表现跟踪
4. 360度反馈机制

→ 充分发挥了每位成员的特点和优势；进一步提升了用户活跃度和市场份额

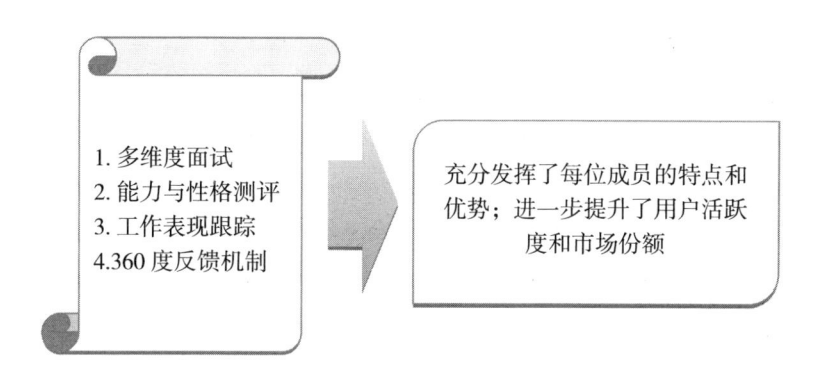

图 3-11　辨识团队成员特点的方法

2. 能力与性格测评

为了更全面地了解团队成员，映客直播采用了多种能力与性格测评工具，包括但不限于职业倾向测试、情商测试和领导力评估。通过这些科学的工具，映客能够识别出每位成员的优势、潜在的成长领域以及最适合其性格特点的工作方式。

3. 工作表现跟踪

通过定期的工作评估和项目回顾，映客能够观察到成员在完成任务过程中的行为模式和工作习惯。这种长期的观察有助于映客准确把握每位成员的工作特点和能力水平。更准确地识别他们的特点和优势。

4. 360度反馈机制

映客直播实行360度反馈机制，鼓励团队成员之间相互评价。这种全方位的反馈方式不仅包括上级对下级的评价，还包括同级之间的评价和下级对上级的反馈。通过这种方式，映客能够收集到关于每位成员的多元信息，从而更全面地了解其在团队中的表现和影响力。

在映客直播的一次内容创新项目中，团队管理的辨识和分类能力得到了充分的体现。项目初期，映客通过内部选拔，组建了一个跨部门的项目团队。团队中既有负责内容策划的创新者,也有负责项目管理的执行者,还有负责协调资源的协调者,以及负责直播技术优化的专家。

在项目执行过程中,映客充分发挥了每位成员的特点和优势。创新者提出了一系列新颖的直播内容和互动形式,执行者确保了内容制作和直播流程的顺畅,协调者有效地沟通了团队内外的需求和反馈,专家则保证了直播技术的稳定性和创新性。通过这种精准的团队管理,映客成功地推出了一系列受欢迎的新的直播栏目,进一步提升了用户活跃度和市场份额。

映客直播通过精准辨识团队成员的特点与类型,实现了人力资源的优化配置和管理。

第一,以人为本的团队管理策略,不仅提升了团队的工作效率和创新能力,也为公司的持续发展和市场竞争力的增强提供了坚实的支持。

第二,只有深入了解并充分发挥每位团队成员的潜力,才能构建一个高效、协同和创新的团队,从而在激烈的市场竞争中取得成功。

第三节 团队选人标准

俗话说:"家有千口,一人当家""不是一家人,不进一家门"。团队组建的第一步,就是挑选团队成员,而且在组建团队前就要考虑团队成员性格与能力的互补性,并据此构建团队选人的标准。

在创建小米的早期,雷军80%以上的时间都用在找人这项工作上,目的就是组建小米的初始团队。很多团队组建者将团队选人的标准都放在心中,实际选人的过程中照此执行,但自己很有可能描述不出来团队选人的标准。

团队选人的标准,实际上应该包含三个问题,即建立标准、执行择人标准以及选择初始成员,在通盘考虑这三个问题时,身为团队管理者的中高层干部,需要综合考虑团队需要完成的任务,以及未来团队应该具有的文化氛围。

一、建立标准

团队选人的第一件事情，就是建立标准。企业在运营中，往往是突然面临一个问题或者关键任务后，需要立即建立团队，因此留给团队管理者挑选团队成员的时间并不多。

基于这样的背景，作为团队管理者的企业中高层干部容易犯一些常见的错误，如威逼利诱寻找团队成员、选择团队成员时急功近利或者靠挖墙脚来寻求团队的兼职成员。

1. 威逼利诱不可取

小米建立之初，雷军在选人方面花费了最多的时间，即按照既定标准——手机终端行业里的顶尖人才，宁缺毋滥。因此，团队组建之初，一定要提前确定选人的标准以及最后团队的文化，明确自己的团队需要什么样的人才。

尤其需要注意的是，在挑选内部人才组建全新团队时，千万不要采取威逼利诱的方式寻找团队成员。雷军在组建小米团队时，是按照更高的收入标准来选人的，毕竟小米挑选的是手机终端行业里的顶尖人才。

2. 急功近利不可取

在新团队组建之初，往往任务紧、资源少，因此部分身为团队管理者的企业中高层干部基于急功近利的思想，不管合适与否，也不管是否符合团队成员的标准，先抓过来把活儿干了再说。

团队在组建之初急功近利地选择团队成员，但当团队进一步壮大或发展时，团队管理者必然面临一个严重的后果，即需要清理在初期挑选进团队的成员，这些团队成员很少能在团队发展过程中同步发展起来，而在清理这群成员时，面临的不仅是经济上的代价，更包括情感上的代价，毕竟这些团队的成员陪伴团队度过了最初的艰难时刻。

3. 挖墙脚不可取

组建之初的团队任务非常繁重，团队成员不足、完成任务的经验不足、团队成员间的配合与协同需要进一步磨合，已有的团队成员和团队的组织能力并不足以解决所有问题，因此有的团队管理者会选择挖墙脚来解决团队组建之初的一系列问题，包括从更大的组织中去找兼职、从同行中找全职等。

挖墙角本身问题不大，但在团队组建之初还是要慎用，一方面，兼职的团队成员能否全身心投入工作不太好说，另一方面，同行挖墙脚获取的团队成员今天可以因为某些原因加盟团队，未来就可能会因为某些原因离开现在的团队。

本质上宁缺毋滥、急功近利和慎用挖墙脚都是一个层面的问题，团队在组建之初挑选团队成员时应充分思考，建立择人的标准。

二、执行择人标准

标准建立起来的过程很重要，严格执行标准同样重要。企业中高层干部组建团队时要严格执行选人标准，身为团队管理者一定要识别出有决心、不找任何借口、全力以赴的团队成员。很多团队管理者能轻松地建立起无数标准，却没有一条标准能够执行到位，最后往往导致花费精力制定的标准缺乏指导意义。

1. 有决心

执行择人标准关键在于要有决心，即在团队选人前期的甄选和洽谈过程中，要下定决心按照既定的标准选择成员，并且要提前准备识别候选人是否达成择人标准的工具。

全新组建的团队存在着较大的不确定性，因此每一个加入团队的成员，都应该具备做这件事情的决心，在前期甄选和洽谈过程中，团队管理者与团队成员候选人均是自由的，做出加入团队的决策也是双向选择，即团队选择了团队成员候选人、团队成员候选人也选择了团队，双方选择后，就需要下定决心将事情做成功，不能选择加入团队后还处在一个摇摆状态。

2. 不找任何借口

面对团队初建时不确定的工作任务、不确定的未来，新加入团队的团队成员要有不找任何借口的品质，否则很多工作将无法开展下去。

一旦团队成员候选人有加盟团队并完成团队任务的决心，那么就不存在找借口的可能性，包括家庭事情、个人事情等。

3. 全力以赴

甄选团队成员时，还需要考量团队成员候选人做任何事情是否都是全力以赴，团队管理者在选择团队成员时，需要综合考虑团队成员的性格、能力以及为人处世等方面的差异，但全力以赴的底层逻辑不会发生太大变化。而且团队成员全力以赴的工作态度，会影响其他团队成员，如此才能形成一个全新的、积极的团队氛围。

三、选择初始成员

团队组建的关键步骤，是选择初始成员。团队标准的建立、择人标准的执行等都是非常关键的影响因素，但单有这些并不全面，还要思考团队初始成员的来源。目前，可供团队选择的初始成员除了更高一层的组织内部外，开放性人力资源市场、高校应届毕业生、组织流失人员等都可以作为团队初建阶段择人的来源，如图 3-12 所示。

初始成员的来源
- 1. 开放性人力资源市场
- 2. 高校应届毕业生
- 3. 组织流失人员
- 更高一层组织内部的其他资源
- ……

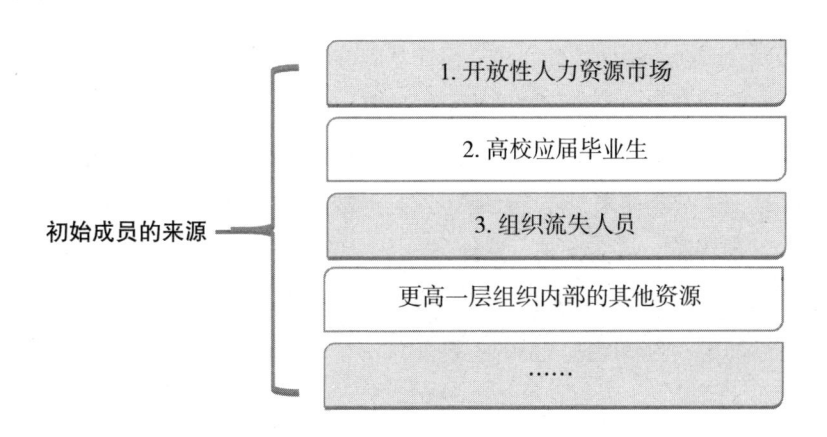

图 3-12　初始成员的来源

1. 开放性人力资源市场

开放性人力资源市场应该作为团队初建阶段择人的最重要来源。到目前为止，我国人力资源市场已经相对成熟，招聘的网络服务平台数不胜数，甚至有很多猎头服务机构专门为企业搜寻专业领域的尖端人才。

因此，身为团队管理者的企业中高层干部，在选择新建团队成员时，可以充分利用这样的开放性人力资源市场。

2. 高校应届毕业生

任何一个团队在新建过程中都需要一些新鲜的血液，这些新鲜的血液一般是指各类高校应届毕业生。获取这类新鲜血液可以直接去学校进行校招，但考虑到应届毕业生的稳定性以及经验欠缺，团队新建阶段在校招配置应届毕业生时，应采取饱和配置的原则。

部分企业将毕业不超过两年的人才都称为应届生，作为新鲜血液资源池来进行选择。当然，在选择的过程中，也要遵循团队组建之初建立的择人标准。

3. 组织流失人员

还有一种团队成员的择人来源是过去有过合作的溢出人才，即用生不如用熟。身为团队管理者的企业中高层干部可以从自己过往的熟人中去做一些选择，如过去的同事、同学或朋友等，在这些人员中选择团队初始成员，可以缩短团队成员间的磨合时间，降低彼此间建立信任基础的风险。

团队在组建过程中，建立团队成员间的互信需要付出非常大的时间成本，因此使用熟人可以大幅度地缩短这个时间，从而提升团队组建阶段的效率。

除了这三个常规的来源外，还有一点容易被团队管理者忽略，即更高一层组织内部的其他资源。很多企业内部都是一个领导带着一个团队，一旦领导离开，团队成员的重要性和工作任务的安排都会发生变化，这些人才都是可以在组织内部进行流通的，成为新团队成员的重要来源。

案例 3-3

Keep：以用户为中心的团队管理选人哲学

Keep 作为一款专注于提供健身课程和健康生活的移动应用程序，自 2015 年上线以来，迅速成为中国健身爱好者的首选平台。Keep 的成功不仅在于其高质量的内容和用户体验，还在于其背后高效的团队管理和精准的人才选拔策略。

Keep 的团队管理理念基于"以用户为中心"的核心价值观。公司认为，只有拥有一个深刻理解用户需求、富有创新精神和高效执行力的团队，才能不断地为用户提供卓越的产品和服务。因此，Keep 在选人过程中非常注重候选人是否能够与公司的核心价值观相契合，以及他们是否具备推动公司发展的潜力和能力。Keep 重点遵循如下选人标准，如图 3-13 所示。

```
1. 用户洞察力
2. 创新能力           • 对用户需求的深刻理解
3. 团队合作精神         和对创新的持续追求
4. 学习能力和成长潜力    • 为公司的长期发展奠定
5. 执行力和责任心        了坚实的基础
```

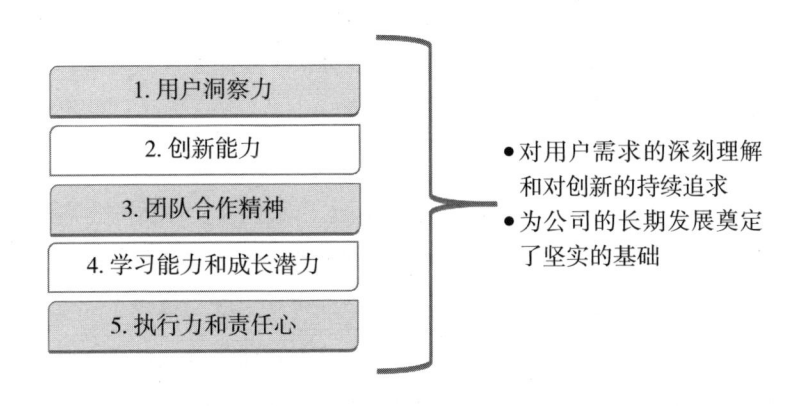

图 3-13 Keep 选人标准

1. 用户洞察力

Keep 寻找那些能够深刻理解并预测用户需求的人才，无论是产品开发、市场营销还是客户服务，Keep 都希望每位团队成员能够站在用户的角度思考问题，提供符合用户期待的解决方案。

2. 创新能力

作为一款创新型的健身应用，Keep 鼓励团队成员提出新想法，并愿意尝试新的方法和技术。公司在选人时会重视候选人的创新思维和解决问题的能力。

3. 团队合作精神

Keep 相信团队的力量，因此在选人时会考察候选人的团队合作精神。公司希望每位成员都能够积极参与团队合作，与同事共同推动项目进展。

4. 学习能力和成长潜力

面对快速变化的市场环境，Keep 需要团队成员能够快速学习新知识，适应新挑战。因此，公司在选人时会重视候选人的学习意愿和成长潜力。

5. 执行力和责任心

Keep 强调结果导向，希望团队成员能够高效执行任务，并对自己的工作负责。公司在选人时会考察候选人的执行力和责任心。

在 Keep 开发一款新产品的过程中，团队管理的选人策略得到了充分的体现。为了满足用户对个性化健身计划的需求，Keep 决定开发一款基于人工智能技术的个性化健身推荐系统。在选人过程中，Keep 首先通过内部和外部招聘渠道寻找具有用户洞察力的产品经理。公司通过面试和评估，最终选择了一位既了解健身行业又具备数据分析背景的候选人，这位产品经理能够准确把握用户需求，并提出了一系列创新的产品功能。同时，Keep 也组建了一个跨部门的项目团队，包括技术开发、用户体验设计和市场营销等方面的专家。这个团队不仅具备创新能力，还展现了出色的团队合作精神，在项目开发过程中，团队成员积极交流想法，共同解决了多个技术难题。为了保证项目的顺利进行，Keep 还特别强调团队成员的执行力和责任心。项目负责人定期跟踪项目进度，并与团队成员一起解决实施过程中遇到的问题。最终，这款新产品成功上线，并受到了用户的广泛好评。

Keep 的团队管理选人策略体现了公司对用户需求的深刻理解和对创新的持续追求。

第一，通过精准的选人标准和有效的团队协作，不仅成功开发多款受用户欢迎的产品，也为公司的长期发展奠定了坚实的基础。

第二，在快速变化的市场环境中，选对人是企业成功的关键。这意味着企业在招聘和选拔人才时，不仅要注重候选人的专业技能和工作经验，更要重视其学习能力、创新精神和团队合作能力。

第四节　团队合作精神

团队成立后，能否高效地完成组织赋予的重大任务或关键目标，团队合作精神是其核心要素之一。团队合作精神是全体团队成员大局意识、协作精神和服务精神的集中体现，其核心是协同合作，反映的是一个团队个体利益和整体利益的统一，进而保证团队的高效率运转。

团队合作精神的表现形式并不要求团队成员牺牲自我，相反，挥洒个性、表现特长以保证全体成员共同完成团队任务目标，才是其主要的表现形式。明确的协作意愿和协作方式是团队成员产生团队合作精神的真正内心动力。团队合作精神是团队组织文化的一部分，良好的管理手段可以通过合适的组织形态将每个人安排至合适的岗位，充分发挥个人的潜能，从而确保最大化地发挥团队组织能力。

在管理学中提到的团队合作精神，主要是指所有团队成员都有大局意识、协作精神和服务精神。这意味着当团队成员的个人利益跟团队集体利益出现冲突时，需要以团队集体利益为主；当团队成员的个体需求与团队集体需求发生冲突时，需要以团队集体需求为主。

所谓有大局意识、协作意识和服务精神，并不意味着要求团队成员独自去应对风险，而是需要身为团队管理者的企业中高层干部鼓励团队成员发挥自身的个性、特长，以保证所有团队成员能把自己最擅长的一面奉献给团队，然后与其他团队成员共同完成团队任务或目标，单纯强调奉献和牺牲，并不足以让团队成员发自内心地产生协作意愿和自发地优化协作方式。

团队合作精神是团队组织文化的组成部分，而且是非常重要的组成部分。比较优秀的团队会通过团队合作精神的影响，确保每一位团队成员都能发挥出自身最擅长的一面。没有团队组织文化的团队，通常情况下效率也不会太高。

一、团队成员面对的不同问题

谈到团队合作精神时，强调的并不是团队成员的奉献与牺牲，不能要求团队成员牺牲个人利益成就团队利益。因此，需要提前了解团队成员面临的不同层次的问题，只有正面解决他们的问题，才能让团队成员在涉及原则性的问题时主动以团队集体利益为出发点考虑问题。

不同层次的团队成员，处在不同的人生阶段时，需要面对的问题各不相同，一般分为团队基层成员、团队中层成员和团队高层成员三个维度，如图3-14所示。

团队基层成员：解决温饱问题

团队中层成员：解决发展问题

团队高层成员：解决远景问题

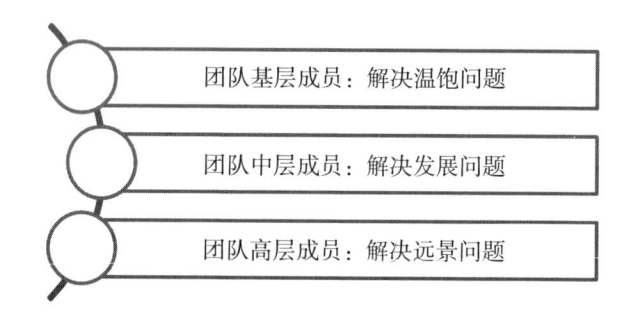

图3-14 不同层次的团队成员面对的不同问题

1.团队基层成员：解决温饱问题

团队中的基层成员一般年纪不大、职场经验不丰富，他们需要解决的核心问题是温饱问题。

这里的"温饱问题"并非字面意义上肚子吃饱的问题，而是在需求层次理论中最根本、最基础的需求满足，即生理上和心理上最基础的安全需求，在没有解决基础的安全问题前，更高层次需求的满足往往很难切实有效地激励到团队基层成员。

2. 团队中层成员：解决发展问题

团队中的中层成员往往在职场中已经积攒了一定的经验，迫切需要一些"政绩"或历练，以确保他们能够晋升到更高的位置，即团队中层成员面临的是发展问题。

团队中层成员基本上已经解决了温饱问题，需要面对的是能不能"吃好"的问题，即他们对职场、事业的下一步追求能否达到一个新的高峰，这种对未来的期盼，需要团队能够为他们解决。而团队完成工作任务或者目标，恰好能够为团队中层成员提供职业发展中的经历需求。

3. 团队高层成员：解决远景问题

团队中的高层团队成员，一般是指身为团队管理者的企业中高层干部，这个群体既然已经负责一个团队，表明在职场上已经获得了较大的阶段性成功，因此他们需要考虑的已经脱离个体的"温饱"或"吃好"问题，而是要解决团队的远景发展问题。

另外，团队高层成员也需要解决团队任务完成后，为更高一层的组织培养优秀的项目管理人才、专业人才等，即在团队存续过程中，为组织创造价值的问题。

在任何一个团队中，都会面临基层成员、中层成员和高层成员的问题，团队合作精神的基础就是满足团队中不同层次团队成员需求的组合，这是构建团队合作精神的基础和前提。

唯有满足团队成员各种各样的诉求后，团队才能对所有团队成员提出协同与贡献的要求，即当个体利益与团队利益发生冲突时以团队利益为主。如果团队未能满足不同层次团队成员的个体诉求，只是单纯地强调团队合作精神，无疑是一种不负责任的方式，也不符合管理学中的价值交换理论。

二、木桶原理

一滴水只有放进大海才不会干涸，一个人只有融入集体才能更有力量。对于团队而言，这句话的道理同样适用。谈及团队合作精神带来的价值，必须要了解木桶原理，即任何一位团队成员的综合能力都可以看作组成团队这个木桶的木板，影响一个木桶盛水多少的不是最长的那根木板，而是最短的那根木板。

1. 木桶与团队的共同之处

木桶与团队的共同之处在于构成系统的各个部分往往是优劣不齐的，劣质部分往往决定了整个系统的水平。因此，比对木桶原理中最短木板对最长木板的制约作用，团队中同样存在能力不足的团队成员对能力较强的团队成员产生制约作用。

因此，身为团队管理者的企业中高层干部在打造团队合作精神时，应充分考虑到这一点，带动和帮助能力不足的团队成员提升自身能力，形成团队的整体合力。团队管理者不能寄希望于团队的每一位成员都优秀，即便都是优秀的团队成员，个体能力上也会存在侧重点，整体能力也不可能全部在一个水平线上，因此对短板能力倾注的关注度应高于对长板能力倾注的关注度。

2. 团队精神

团队精神是一种综合的精神状态，并非某一种具体精神，而团结是指一种具体精神，团结是点，团队则是面，两者是点与面的关系。团队精神的实质是一种英雄集体主义，它的目标结果为共同进步，它的目标实现方式为集合众智、相互协作、共同奋斗。团队合作精神是团队精神的细化与具体表现形式。

身为团队管理者的企业中高层管理人员，应该强调团队的力量，强调个人融入集体，而不是集体迁就个人，当然团队合作精神也不单纯是指奉献精神。

个体的精神面貌会影响整个团队精神，同样团队精神也会潜移默化地影响团队中的每一位成员，这是一种相互依存、互相衍生的关系。

因此，在团队中，仅一个团队成员优秀还不行，而是要所有团队成员都优秀；仅一位团队成员精神面貌好也不行，而是要团队的整体精神面貌好。团队精神有很多种，如个人英雄主义的团队精神、竞争的团队精神等，但最基本的团队精神是团队合作精神。

三、打造团队合作精神

团队合作精神并非与生俱来，而是需要企业的中高层干部带领团队成员一起打造出来。打造团队合作精神主要可以向两个方面努力：一是营造文化氛围，二是融入家人意识。

团队合作精神需要文化底蕴，文化底蕴是在无形中影响团队成员的行为，因而是打造团队合作精神的基础和前提；家人意识是一种潜意识，家人间是最亲密、信任度最高的关系，因此在打造团队合作精神时，要将家人意识植入每一项团队建设活动中。

1. 营造文化氛围

企业本质上是一个大团队，内部由多个小团队（部门）或更小的团队（项目团队、小型任务团队等）组成，因此团队管理贯穿企业管理的日常，营造文化氛围可以看作企业文化打造及团队氛围建设的一部分。

文化氛围多种多样，但在团队管理中，文化氛围应该为团队效率提升服务，因此团队营造的文化氛围中应该包括责任感、敬业感等元素。需要建立团队衰亡我可耻、团队兴旺我光荣的理念。只有具备这种观念，将团队利益与个人荣辱得失联系起来，才能真正激发团队成员自动自发地工作。

在正常情况下，强调企业文化往往需要具备企业文化大纲，以及企业文化行动指南。团队在营造文化氛围时也可以参考这种做法，制定团队成员的行为准则，主动为团队成员建立技术小组、兴趣小组等，从而建立浓郁的"我为团队、团队为我"的文化氛围。

当这些技术小组、兴趣小组的活动日益频繁后，在日常的活动中就会无声无息地向所有团队成员传递一个信息——个体与团队是一体的，团队关注团队成员的所有，无论是工作还是生活、兴趣爱好。久而久之，就能形成团队与团队成员休戚与共的关系和认知。

2. 融入家人意识

只有协同合作，才能形成团队成员间的情感纽带，使团队成员间的关系得到升华。唯有同家长般关心和爱护团队成员，团队成员才会像维护家庭一样发自内心地去为团队着想。

家人意识的融入并非毫无原则地推崇"老好人文化"或"差不多文化"，而是从根源上将团队成员当成家人，在涉外时不惜代价维护，在涉内时不隐瞒、不隐晦，直接提出自己的看法等。

例如，在团队解决问题、完成任务和达成目标的过程中，倡导"有一说一、就事论事"的议事规则，不谈论其他方面的事情；在进行团队建设活动时，倡导"不抛弃、不放弃"的团结精神，让每一位团队成员都能感受到身后有团队在支撑等。

团队合作精神的打造，本身就是要形成团队成员彼此间、团队成员与团队间的情感纽带，当团队成员情感上感到孤独时，能够自发地从内心深处反馈出团队有同甘共苦、精神共享的伙伴的这种感受。身为团队管理者的企业中高层干部，在打造团队合作精神时，需要做好充分的心理准备，因为团队合作精神的打造都不是一蹴而就的，这个过程往往非常漫长和持久。

案例 3-4

极客公园：构建创新驱动的团队文化

极客公园（GeekPark）成立于 2010 年，是中国创新者的大本营。通过对前沿科技的观察报道、高水平的线下活动、众筹孵化等全方位的创业服务，极客公园汇聚了中国广大的创新、创业人群。在内容媒体、会展公关、创业服务三大业务线协同发展下，极客公园帮助中国创业者更有效率地探索未来，连接更多的资源，让优秀的科技创业公司得以更快速地成长。极客公园作为中国知名的科技创业社区和媒体平台，自成立之初便以其独特的团队文化和创新精神在科技界独树一帜。极客公园的团队文化不仅推动了公司内部的高效协作，也为整个科技创业生态注入了活力。

极客公园的团队文化核心可以概括为"创新、开放、协作、共享"。这四个词汇不仅是公司行为的准则，也是每位团队成员的行动指南，如图3-15所示。

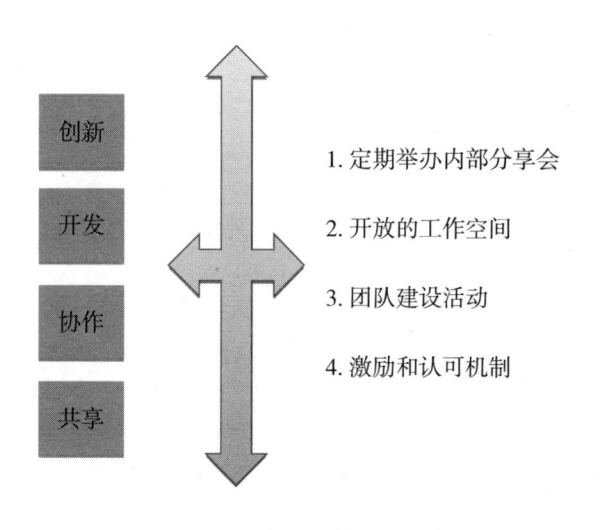

图 3-15 极客公园的团队文化

第一，创新。极客公园鼓励团队成员保持对新技术、新趋势的敏感度，不断探索和尝试，以创新的思维和方法解决问题。

第二，开放。公司倡导开放的沟通环境，鼓励团队成员之间以及与外界的交流与分享，以此促进知识和灵感的碰撞。

第三，协作。极客公园强调团队合作的重要性，无论是跨部门的项目合作还是日常工作中的相互支持，都是公司文化的重要组成部分。

第四，共享。公司相信知识和资源的共享能够带来更大的价值，因此鼓励团队成员分享自己的专业知识和市场洞察。

极客公园还通过一系列实际行动来构建和维护其团队文化。

1. 定期举办内部分享会

极客公园定期组织内部分享会，让团队成员有机会展示自己的项目和研究成果，同时也能了解到其他团队成员的工作内容和创新点子。

2. 开放的工作空间

公司提供开放式的办公环境，促进团队成员之间的交流与合作，打破部门间的壁垒。

3. 团队建设活动

极客公园定期举办团队建设活动，如户外拓展、团队旅行等，增强团队凝聚力和成员间的相互了解。

4. 激励和认可机制

公司设立了多种激励机制，对团队成员的创新成果和协作精神给予认可和奖励，以此鼓励团队成员的积极性和创造力。

极客公园每年都会举办一场盛大的科技峰会，这是公司团队文化的一个重要体现。在筹备峰会的过程中，不同部门的团队成员需要紧密合作，共同完成活动策划、内容制作、嘉宾邀请和现场执行等各项工作。在一次峰会的筹备过程中，原定的线下活动需要转为线上举办，这对技术团队提出了新的要求，他们需要在短时间内开发出一套稳定的线上直播系统。在这个过程中，团队成员充分发挥了创新和协作的精神，技术团队夜以继日地开发和测试，内容团队则积极调整议程和沟通嘉宾，最终成功地将峰会转移到线上，并获得了业界的广泛好评。

极客公园的团队文化是其成功的关键因素之一。通过不断创新、保持开放、强调协作和共享资源，极客公园不仅为团队成员提供了一个充满活力和创造力的工作环境，也为整个科技创业生态做出了积极的贡献。

第一，企业应鼓励员工保持对新技术的敏感度和探索精神，同时建立开放的沟通环境，促进知识与灵感的交流，这不仅能够促进公司内部的高效协作，也为企业注入了持续创新的动力。

第二，企业应重视团队间的协作和知识共享，这不仅能提升团队凝聚力，还能通过集体智慧推动企业快速发展。

第五节 团队文化

团队文化是指团队成员在合作过程中，为实现各自的人生价值，并为完成团队共同目标而形成的一种潜意识文化。团队文化与团队合作精神既有联系又有区别。团队文化是社会文化与团队长期交互而形成的不违背社会文化的文化观念产物，通常需要包含价值观、最高目标、行为准则、管理制度、道德风尚等内容。团队文化以全体团队成员为工作对象，通过宣传、教育、培训、文化娱乐、交心联谊等方式最大限度地统一团队成员意志、影响团队成员行为、凝聚团队成员力量，最终为实现团队总目标而服务。

团队文化的内涵要大于团队精神，比团队精神更具体系性、统一性和可感知性。同时，团队精神又是团队文化的根基，没有团队精神作为支撑，再好的团队文化也会沦为空中楼阁或者是形式主义。团队文化是一种群体潜意识的表现，无论有形与无形，只要团队存在，团队文化就必然存在。因此，身为团队管理者的企业中高层干部，其主要任务就是让团队文化显性化，并且能够切实影响团队成员的行为。

另外需要注意的是，团队文化要建立在社会公允核心价值观的基础上，即团队文化不可违背公允的道德要求。团队文化的显性化主要指核心价值的提炼、行为准则的明确，最终呈现出来的可能是一套管理制度，也有可能是任务书、目标责任状等。

一、什么是好的团队文化

团队文化是团队的组织核心，也是团队凝聚力的表现，更是团队的导向标，因此在讨论团队文化前，必须要明确什么样的团队文化才是好的团队文化。一般来说，好的团队文化通常包含三个层面：一是有明确的团队目标，二是团队文化能够匹配团队成员的特色，三是量身定做团队文化。

1. 有明确的团队目标

团队文化一定要为团队目标的实现服务，否则团队文化的建立意义并不大，因此作为团队内核之一的团队文化，应该对团队的目标和任务进行强化，为团队成员的行为和活动充当指向标。根据团队的目标，通过团队文化明确什么是团队成员可以做的、什么是团队希望团队成员去做的、什么是团队禁止团队成员做的。

团队文化需要明确和强化团队目标在团队成员心目中的影响，如果团队的任务和目标仅有身为团队管理者的企业中高层干部知晓，那么这个团队一般很难产生出较高的绩效。

2. 团队文化能够匹配团队成员的特色

一个有意志的团队，一个有生命力的团队，团队成员的特色往往非常鲜明，并且可以被感知，哪怕是隐藏在内的性格差异，也能够被感知到。好的团队文化，一般都能匹配团队成员的不同特色，而不会仅有一种刚性的表现形式。例如，团队内的成员可能是外向型人格，也有可能是内向型人格，而好的团队文化，往往可以兼顾不同人格特质的团队成员。只有在兼容的文化特性下，团队文化才能够起到润滑剂的作用，弥补团队成员性格的短板，将不同特色的团队成员整合为一个强有力的团队。

3. 量身定做团队文化

好的团队文化一定是量身定做的，在明确的团队目标和兼顾不同特色的团队成员的基础上，量身定做团队文化便成为可能，因此评判团队文化好坏的最后一个标准就是是否量身定做。

华为的企业文化帮助其获得了商业上的成功，而数以万计的企业在学习华为，却始终没有第二个华为站起来，因为照搬别的团队文化是很难获得成功的，好的团队文化需要量身定做。

谈及团队文化，首先需要明确的问题是什么是好的团队文化、什么是不合适的团队文化，只有在明确这个问题后，才有可能讨论如何打造团队文化。

二、打造团队文化

在学习团队管理时，一般都会强调团队成员共同度过的有效时间，这个一起度过的有效时间，一般就是团队文化打造的过程。从程序上而言，打造团队文化无非就是三个步骤：一是持续学习，二是与时俱进，三是落地执行。

1. 持续学习——打造团队文化的重要手段

持续学习、加强培训、营造学习的氛围，是打造团队文化的重要手段。重视培训、持续学习并不一定非要采用传统的课堂式的培训或者学习形式，团队内部的会议、集体攻克技术难题也都是学习的方式。在团队内部营造学习的氛围，主要是解决通过学习掌握知识和技能的问题，也要解决思想观念转变的问题。

身为团队管理者的企业中高层干部，营造学习的氛围、养成团队持续学习的习惯，重点在于真切地鼓励学习，一旦团队成员通过学习获得了思想境界、知识结构或者技能技术的进步，要及时给予肯定和奖励，并且让团队全体成员清楚学习的成果是关乎团队的结果实现，而不是为了满足个人的私欲。

2. 与时俱进——随时随地持续变革和拥抱创新

在知识爆炸的时代，世界无时无刻不在变化，对于团队而言，团队文化的打造必须与时俱进、不断变革，要将追求卓越、自我否定作为团队的座右铭，确保所有团队成员都具有自我革命的思想，并且随时随地持续变革和拥抱创新。

持续变革和拥抱创新也是打造团队文化的一种方式，世界发展速度加快，信息传递速度加快，谁也没有办法明确未来三五年的变化趋势和方向，因此团队上下只能始终保持着高度的关注，随时随地准备接受变化，并据此改造团队文化，久而久之，与时俱进的及时变革便也成为团队文化的组成部分。

3. 落地执行——避免纸面工程

打造团队文化的最后一步就是落地执行，不落地执行，再完美的团队文化也仅仅是纸面工程，而落地执行最关键的一点就是奖罚分明。企业中高层干部往往能够顺利执行正向激励、牵引性的团队文化，但在执行负向激励、惩处性的团队文化时，就有些缩手缩脚，或者是存在"老好人"思想。没有约束的自由不是真正的自由，因此，团队文化在执行的过程中，对于倡导的方面自然需要兑现激励，但更重要的是对严禁的部分要有相应的处罚。

案例 3-5

拉卡拉：用文化管公司

拉卡拉成立于 2005 年，首批于 2011 年获得中国人民银行颁发的支付业务许可证，于 2019 年 4 月 25 日登陆深交所，是国内首家数字支付领域上市企业。作为商户数字化经营服务商，拉卡拉以"成为一家行业数一数二、持续成长、受人尊重的企业"为愿景，以"为经营者创造价值，与创造者分享成果"为使命，从支付、货源、物流、金融、品牌和营销等各维度，助力商户、企业及金融机构数字化经营。在全国各省、自治区、直辖市以及主要的二级城市均设置有分支机构，业务规模位居行业前列。

企业文化能够塑造一个组织的内在精神和行为准则，为员工提供共同的价值观和目标，从而增强团队凝聚力、提升工作效率、优化决策过程，并在激烈的市场竞争中树立独特的品牌形象，推动公司的长期稳定发展。拉卡拉董事长深知用文化管公司的重要性，因而十分注重企业文化的构建与实际应用，构造了"核心价值观、经营三要素、十二条令、管事四步法、管人四步法"的企业文化体系，如图 3-16 所示。

1. 核心价值观

每个企业都会选取一些词来凝练它的价值观，但最重要的是，如何把它贯彻到业务中去。比如，有些企业的价值观就是不择手段赚到钱，而有些企业则会把走正道作为核心价值观，这两种企业就会做出不一样的事情来。拉卡拉的核心价值观有五条：求实、进取、创新、协同、分享，以此塑造企业形象，指导日常业务和人才选拔，确保团队成员理念一致，形成统一的企业文化。

第三章 团队管理

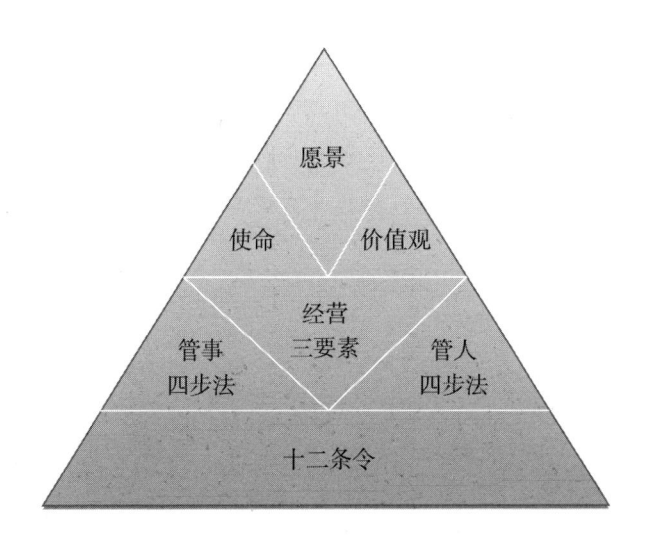

```
            愿景
        使命    价值观
            经营
      管事   三要素   管人
      四步法        四步法
           十二条令
```

核心价值观
求实：刨根问底、结果导向、做十说九
进取：主人心态、竭尽全力、日新月异
创新：抓住需求、打破常规、聪明工作
协同：向上思考、向下执行、防区延伸
分享：同事分享、组织分享、社会分享

经营三要素
建班子、定战略、带队伍

管事四步法
先问目的，再做推演，亲手打样，及时复盘

管人四步法
设目标，控进度，抓考评，理规范

十二条令
指令：确认指令，及时报告，亲撰周报
行动：说到做到，保持准时，解决问题
沟通：日清邮件，会议记录，写备忘录
汇报：三条总结，一页报告，统计分析

图 3-16　拉卡拉的企业文化体系

2. 经营三要素

拉卡拉的经营三要素是建班子、定战略、带队伍。建班子指的是构建一个高效、专业的管理团队，班子成员应具备相应的专业能力和管理水平，能够相互协作，共同推动企业发展；定战略涉及为企业制定清晰的发展方向和长远目标，战略的制定需要基于市场分析、竞争对手研究以及企业自身的资源和能力，确保企业能够在变化的市场环境中把握机遇、规避风险，并持续增长；带队伍强调领导者在团队管理中的作用，领导者需要具备良好的沟通技巧和团队建设能力，通过有效的管理和领导，激发团队成员的潜力，实现企业目标。经营三要素相辅相成，共同构成了企业成功的基础。一个强有力的班子能够制定和执行有效的战略，而正确的战略又能够引导团队朝着共同的目标前进。同时，优秀的团队执行力是战略落地的关键。因此，理解并实践这三要素，对于企业的发展至关重要。

3. 十二条令

拉卡拉提炼了12条纪律，要求所有员工必须遵守。例如"三条总结"，对于任何一件事情，必须能提炼出三条总结，如果不能，就说明你没有说清楚。怎么管公司？讲三条。怎么开年会？讲三条。怎么组织这个课？讲三条。同时，还强调要回复确认指令，当你收到上级指令的时候，要第一时间告诉上级自己收到了，如果你需要很长时间才能完成这个指令，那就要告诉上级：大概需要几天时间，以及怎么完成。

这些事情看似很小，却是队伍能否形成良好的沟通习惯和战斗力的核心。拉卡拉所列的12条纪律，包括怎么思考、怎么行动、怎么写报告，不仅贴在墙上，而且在实际工作中也这样要求，这对于一个组织形成基本的纪律性和协同能力非常关键。

4. 管事四步法

管事四步法即先问目的，再做推演，亲自打样，及时复盘。这是拉卡拉思考问题和解决问题的方法。做任何一件事情，首先要明确目的，这有助于筛选出不必要的工作，确保资源有效利用。其次要进行详尽的计划推演，模拟可能的情景和应对策略，类似于军事中的沙盘演练，以验证计划的可行性。再次要亲自打样，即在小范围内试行计划，由领导者亲自探索最佳执行路径，确保方案的实用性。最后要通过及时复盘，总结经验教训，不断学习和改进，这是提升执行效率和决策质量的关键。管事四步法有助于确保项目的成功实施和团队的持续成长。

5. 管人四步法

管人四步法即设目标，控进度，抓考评，理规范。首先，设定抬起脚就能够着的目标，既不能设那种弯腰从地上捡苹果的目标，也不要设那种从天上摘月亮的目标。其次，设目标之后要控进度。拉卡拉内部有一个周报制度，要求每周一上午12点，必须提交上周简单的工作回顾和这周重要的工作设想，发给直接上级，并抄送给上级的上级。这就是为贯彻控进度所做的。拉卡拉企业文化还讲求及时汇报，在执行过程中发生重大情况，要及时通报给上级。再次，强调要一对一考评，提出的是什么目标，现在做到了什么程度，应该怎么奖和罚。最后，在做的过程中要不断地整理规范和制度，企业的发展过程也是不断理规范的过程。同时，既强调理规范，又强调把规范理简单，只做必要的规范。

拉卡拉的企业文化强调以简单、高效的方法管理公司，通过明确的原则和规范，确保企业目标的实现和团队的协同合作。这种文化不仅有助于提升内部管理效率，也对外展现了企业的专业性和凝聚力。

第一，企业应重视并明确自己的核心价值观，并将这些价值观融入日常的运营和决策中，以此塑造企业形象，引导员工行为，形成统一的企业文化，从而在市场中树立独特的品牌。

第二，企业需要建立清晰的经营战略和纪律规范，通过有效的目标设定、进度控制、考评机制和规范整理，确保团队朝着既定目标前进，同时保持高效和规范的运营。

三、以结果为导向

团队文化的最后一个方面是以结果为导向。随着信息传播手段的丰富，现在的团队管理与过去有了非常大的不同，在过去的团队管理中，信息差是很重要的一部分前提，但现在信息近乎透明和公开，几乎不再存在人为的信息差，因此正面强调结果，对于今天团队管理者的企业中高层干部而言非常重要。

以结果为导向的团队文化一般分为四个层次：结果是领导力的关键；前端的标准落地执行就是结果；团队不抱怨、不解释只看结果；激励分配要固化。

1. 结果是领导力的关键

身为团队管理者的企业中高层干部一直都在强调领导力，但什么是领导力企业一般给不出标准，实际上学术界也没有定论。在团队管理中，领导力的关键就在于帮助团队创造结果，带领团队打胜仗。

2. 前端的标准落地执行就是结果

很多时候企业或团队失控，并非企业或团队没有管控标准，而是管控标准没有办法落地执行。身为团队管理者的企业中高层干部要强调以结果论英雄。什么是结果？在前端制订的标准最终在团队中获得了落地执行，这就是结果。

3. 团队不抱怨、不解释只看结果

很多团队在执行任务不尽如人意时，普遍的说辞便是"这事情不完全由我掌握""我没有完全的权限"等，这些都是抱怨或者解释，真正的团队文化强调的结果导向，是不讲原因和理由的，只看最终的结果。很多事情的结果出现后，抱怨和解释并不起任何作用。

身为团队管理者的企业中高层干部，可以在团队内导入竞争机制、冠军文化，但是千万不能抱怨或者找理由，若指挥官动摇了，怎么可能打赢一场艰难的战争。

4. 激励分配要固化

谈及团队文化，很多身为团队管理者的企业中高层干部首先想到的就是反复进行心理建设，显然这并不是真正以结果为导向的团队文化，以结果为导向的团队文化最终还是需要将激励分配加以固化。对于团队成员而言，做出结果必有回报，违背团队文化倡导的内容必有惩罚。

团队管理是任何一个企业中高层干部都必须要面对的课题，也是最能彰显企业中高层干部领导力的抓手，而团队管理的有效性主要在于选择成员以及构建文化两个层面，精神层面仅仅是构建团队文化的基础和前提。

> **章末案例**

寒武纪：以共同的使命和愿景凝聚团队

1. 企业简介

中科寒武纪科技股份有限公司（以下简称寒武纪）成立于 2016 年，专注于人工智能芯片产品的研发与技术创新，致力于打造人工智能领域的核心处理器芯片，让机器更好地理解和服务人类。寒武纪所处行业属于软件和信息技术服务业中的集成电路设计，主要提供云边端一体、软硬件协同、训练推理融合、具备统一生态的系列化智能芯片产品和平台化基础系统软件。寒武纪产品广泛应用于服务器厂商和产业公司，面向互联网、金融、交通、能源、电力和制造等领域的复杂 AI 应用场景提供充裕算力，推动人工智能赋能产业升级。寒武纪累计已获授权的专利为 1011 项。按照专利地域可分为境内专利 718 项、境外专利 293 项；按照类型可分为发明专利 938 项、实用新型专利 36 项、外观设计专利 37 项。公司拥有软件著作权 64 项、集成电路布图设计 6 项。

2020 年 4 月，公司获得全球知名创投研究机构 CB Insights 颁布的"2020 IC Design China"奖项；2020 年 6 月，公司获得胡润研究院"2020 胡润中国芯片设计 10 强民营企业"荣誉称号；2020 年 6 月，公司上榜 EETimes 评选的"2020 年全球 100 家最值得关注的半导体公司（EETimes Silicon 100）"榜单；2021 年 3 月，公司上榜 EETimes 评选的"AI 芯片公司（AI CHIP）Top10"榜单；2021 年 7 月，公司的思元 290 智能芯片及加速卡、玄思 1000 智能加速器获得了由世界人工智能大会组委会颁发的"SAIL 之星"奖。

2. 对人才高度重视，对科技创新执着追求

寒武纪作为中国人工智能芯片领域的领军企业，自 2016 年成立以来，便以

其独特的团队选人标准和企业文化在科技界引起了广泛关注。寒武纪的成功，不仅在于其技术的先进性和产品的创新性，更在于其对人才的精准选拔和培养，具体标准如图3-17所示。

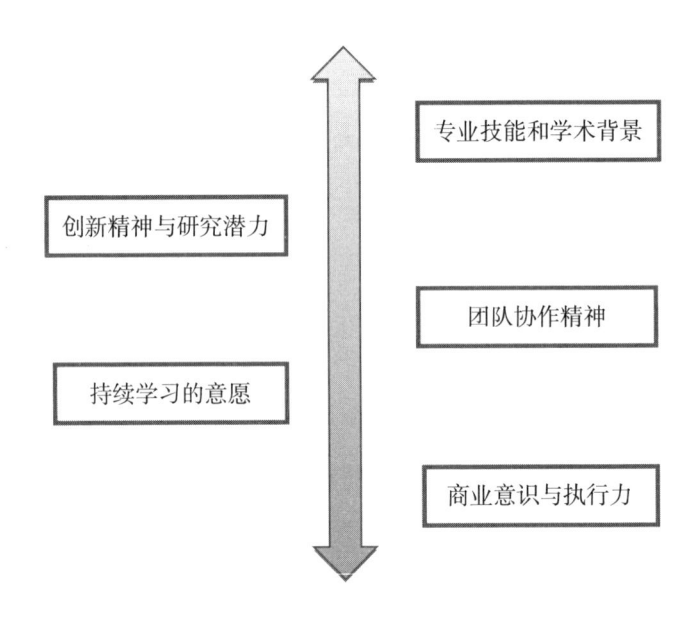

图 3-17 寒武纪选人用人标准

寒武纪高度重视候选人的专业技能和学术背景。公司倾向于招聘在人工智能、计算机科学、微电子学等领域拥有深厚专业知识和实践经验的人才。这些人才不仅需要具备扎实的理论基础，还需要有将理论应用于实际问题解决的能力。

寒武纪鼓励团队成员保持对新技术、新趋势的敏感度，并具备创新思维。公司在选人时会重视候选人是否具有创新精神和研究潜力，是否愿意在科技的前沿领域进行探索和尝试。

在寒武纪，团队合作被视为成功的关键。公司在选人时会考察候选人的团队协作精神，是否能够与团队成员有效沟通、共同解决问题。

科技发展日新月异，寒武纪需要团队成员能够不断学习新知识、掌握新技能，因此，公司在选人时会格外重视候选人的学习能力和成长潜力。

此外，寒武纪也非常看重团队成员的商业意识和执行力，即不仅要有科技创新的能力，还要有将科研成果转化为商业产品的意识和执行力。

在寒武纪的产品研发过程中，团队选人标准的实践尤为明显。以公司的一款重要产品——云端人工智能芯片MLU100的研发为例。这款产品的研发团队由多位在人工智能和处理器芯片领域有着丰富经验的专家组成。他们在专业技能上各有所长，但共同拥有对创新的执着追求和卓越的团队合作精神。

在MLU100的研发过程中，团队成员面临着将先进的人工智能算法高效转化为硬件实现的挑战。这不仅需要深厚的技术积累，还需要团队成员之间的紧密合作和持续学习。团队中的软件工程师、硬件设计师和测试专家等不同角色的人员，都需要不断学习新的技术知识，以适应快速变化的研发需求。

在一次关键的技术攻关中，团队中的一位年轻工程师提出了一个创新的解决方案，这一方案不仅解决了技术难题，还显著提升了产品的性能。这一成就的取得，正是寒武纪选人标准中强调的创新精神和团队合作能力的体现。

3. 以团队合作精神和企业文化，构建高效、创新和协同工作的团队

寒武纪的成功，不仅在于其技术的先进性和产品的创新性，更在于其对团队合作精神的重视和企业文化的塑造，其团队合作精神是推动公司持续创新和成功的关键因素。寒武纪的团队合作精神是其企业文化的核心，它通过共同的使命和愿景、跨学科的协作、开放的沟通环境、共享的成就和责任、持续学习和成长以及创新驱动的文化，构建了一个高效、创新和协同工作的团队。

（1）共同的使命和愿景。

寒武纪的团队合作精神建立在共同的使命和愿景之上。公司明确提出了"让机器更好地理解和服务人类"的使命，这一愿景不仅为团队指明了方向，也激发了成员的责任感和归属感。团队成员无论身处何种职位，都围绕着这一核心目标开展工作，确保了团队行动的一致性和效率。

（2）跨学科的协作。

寒武纪的团队由不同学科背景的专家组成，包括计算机科学、微电子学、数学等多个领域的顶尖人才。这种跨学科的合作模式促进了知识的交流与碰撞，激发了创新思维。团队成员之间的互补性使得在面对复杂问题时能够迅速找到解决方案，提高了研发的成功率。

(3) 开放的沟通环境。

寒武纪鼓励团队成员之间的开放沟通。公司内部建立了多种沟通渠道,如定期的技术分享会、项目讨论会等,让团队成员能够自由地分享想法和反馈。这种开放的沟通环境不仅促进了知识的共享,也加强了团队成员之间的理解和信任。

(4) 共享的成就和责任。

在寒武纪,团队成员共同承担项目的责任,并共享成功带来的成就。这种文化促进了团队成员之间的相互信任和支持。当项目取得成功时,团队成员会共同庆祝,这种正面的激励机制增强了团队的凝聚力和成员的满意度。

(5) 持续学习和成长。

寒武纪的团队合作精神还包括对持续学习和成长的重视。公司为员工提供了丰富的培训资源和发展机会,鼓励团队成员不断提升自己的专业技能和知识水平。通过持续学习,团队成员能够跟上技术发展的步伐,保持团队的竞争力。

(6) 创新驱动的文化。

寒武纪的团队合作精神深受创新驱动文化的熏陶。公司鼓励团队成员提出新想法,并为其提供实现的平台和资源。这种文化不仅激发了团队的创造力,也推动了公司产品的持续迭代和优化。

4. 结论与启示

寒武纪强调以共同的使命和愿景凝聚团队,确保所有成员朝着同一目标努力,并倡导跨学科合作,通过集合不同领域的专家,促进创新思维的碰撞与融合。此外,公司营造了开放的沟通环境,鼓励知识分享和反馈,这不仅提升了团队的协作效率,也加强了成员间的信任。

第一,企业要构建以使命为导向的团队文化,激发员工的内在动力,引导他们朝着共同的方向努力。团队成员在使命的驱动下,更可能展现出高度的责任感和创造力,从而推动企业不断创新和成长。

第二,企业要促进团队多样性和跨界合作,从而有助于汇集不同背景、技能和观点的人才,增强团队的创新能力和解决问题的效率。同时,企业要建立开放的沟通机制。确保信息流通畅通无阻,员工之间可以自由交流意见和想法。开放的沟通能够促进透明度,增强团队的信任感,同时也有助于快速响应市场变化和内部需求，提升决策效率和执行力。

第三，要关注员工发展与社会责任相结合，投资于员工的个人和专业成长，并鼓励他们参与社会公益活动。这种做法不仅能够提升员工的满意度和忠诚度，还能增强企业的社会形象，为企业的可持续发展奠定坚实的基础。

本章小结

本章重点介绍了团队管理。了解团队管理首先要知道团队的形成阶段及其特点，包括形成期、分化期、稳定期、整合期、成熟期五个阶段，针对每个阶段的不同特点，团队管理需要采取不同的举措。其次要知道团队成员的特点和类型，分为六种类型——创建者、协调者、执行者、改革者、专家、观察者，这六种性格迥异、各有所长的成员共同组成一个团队，能够最大限度地提升团队的效率。再次要明确并建立团队选人标准，开放性人力资源市场、高校应届毕业生、组织流失人员等都可以作为团队初建阶段择人的来源。而后是塑造团队合作精神，对于不同层次团队成员可能会面临的不同问题，需要采取具体的措施进行解决，从营造文化氛围和融入家人意识两个方面努力打造团队精神。最后是塑造团队文化，明确什么才是好的团队文化，以结果为导向打造团队文化。

第四章
高效沟通

　　沟通在当代企业管理中扮演着重要的角色。沟通作为管理的一项基本职能，无论是制定企业战略规划、安排工作事项、指挥和协调人员与制度，还是与企业外部打交道，都离不开沟通，有效的内部沟通是一个企业得以成功的必备条件。不过，目前组织内部沟通堵塞，领导对下属缺少信任，下属对领导不认可，团队成员缺少归属感等现象仍较为普遍，很多组织不重视甚至不愿意去开展有效的内部沟通，特别是在上下级之间更是如此。一项研究发现，接近66%的员工认为自己的领导很少或者从未询问过自己的意见和建议，很多时候管理者可能认为，向下属传递工作信息只需要一次即可。根据沟通漏斗模型，一个人起初在心里想要传递的内容是100%，真正能够传递出的信息只有80%，别人能听进去的只有60%，能听懂的仅有40%，而最终能转换成他人行动的只剩下20%。因此，管理者必须要反复地进行双向沟通并且结合多种媒介方式，才能尽可能减少因沟通产生的误会，从而提升企业工作效率。

开篇案例

中微公司：与员工高效沟通和共同成长

1. 企业简介

中微半导体设备（上海）股份有限公司（以下简称中微公司）是一家以中国为基地、面向全球的微观加工高端设备公司，为集成电路和泛半导体行业提供极具竞争力的高端设备和高品质的服务。中微公司开发的等离子体刻蚀设备和化学薄膜设备是制造各种微观器件的关键设备，可加工微米级和纳米级的各种器件。这些微观器件是现代数码产业的基础，它们正在改变着人类的生产方式和生活方式。中微公司总部位于上海，聚焦亚洲，并为全球的客户提供技术和设备的解决方案。作为制造和创新的中心，亚洲地区具有得天独厚的优势和高速成长的市场，而这使得中微公司具有无限广阔的发展前景。

2021年，中微公司获得第四届中国质量奖提名奖，位列"中国半导体企业100强"第56位；2022年，中微公司技术中心获国家企业技术中心资格，入围"2022中国创新力企业50强"榜单，并入选"2022中国品牌500强"榜单，位列第347位。

2. 畅通沟通渠道的民主集中管理机制

中微公司致力于建立民主集中的特色决策管理机制，公司董事会、管理层领导小组、中高领导层、基层员工在内的全阶层员工各司其职参与决策，促使公司决策更加全面化、能量最大化。同时建立了畅通的员工沟通机制，鼓励员工对公司制度、工作环境、工作程序等进行意见反馈，并且设立相关程序，保证沟通进程的保密性，合理保障员工权益，具体如图4-1所示。

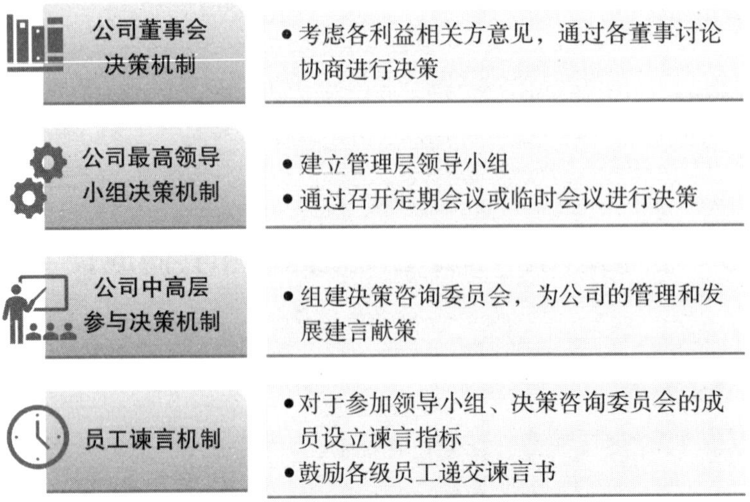

```
┌─────────────────┐  • 考虑各利益相关方意见，通过各董事讨论
│ 公司董事会       │    协商进行决策
│ 决策机制         │
└─────────────────┘

┌─────────────────┐  • 建立管理层领导小组
│ 公司最高领导     │  • 通过召开定期会议或临时会议进行决策
│ 小组决策机制     │
└─────────────────┘

┌─────────────────┐  • 组建决策咨询委员会，为公司的管理和发
│ 公司中高层       │    展建言献策
│ 参与决策机制     │
└─────────────────┘

┌─────────────────┐  • 对于参加领导小组、决策咨询委员会的成
│ 员工谏言机制     │    员设立谏言指标
│                 │  • 鼓励各级员工递交谏言书
└─────────────────┘
```

图 4-1　中微公司的民主集中管理机制

第一，公司董事会的决策机制充分体现了民主原则。在决策过程中，董事会不仅考虑公司内部的意见，还广泛吸纳股东、客户、供应商等利益相关方的建议。通过各董事之间的深入讨论和协商，确保每项决策都能兼顾多方面的利益，从而做出最符合公司长远发展的选择。

第二，公司设立了最高领导小组，即管理层领导小组，由公司的高级管理人员组成。这个小组通过定期会议或根据需要召开临时会议，对公司的重大事项进行决策。这种机制保证了公司能够快速响应市场变化和内部需求，及时做出决策。

第三，为了进一步提升决策的质量和透明度，公司建立了决策咨询委员会。该委员会由公司中高层管理人员和外部专家组成，旨在为公司的管理和发展战略提供专业的建议和咨询。通过这种方式，公司能够借助外部智慧和内部经验，做出更加科学、合理的决策。

第四，中微公司非常重视员工的意见和建议，因此设立了员工谏言机制。公司鼓励员工积极参与到公司的管理和决策中来，对于参加领导小组和决策咨询委员会的成员，设立了谏言指标，要求他们定期提出建设性的意见。同时，公司也鼓励所有级别的员工通过递交谏言书的方式，表达自己对公司运营、管理、文化建设等方面的见解和建议。为了确保这些谏言能够得到有效的处理和反馈，公司设立了专门的谏言处理小组，负责收集、整理和评估员工的谏言，并将其结果反馈给相关决策层。这种机制不仅能够让员工感受到自己对公司发展的贡献和价值，还能够促进公司内部的沟通和信息流通，增强员工的归属感和忠诚度。

3. 双向沟通打造净能量

中微公司注重听取员工心声，积极开展员工的满意度调查，关注员工的意见与反馈。公司启动了员工的满意度专项调查——"员工心声调研"，调研范围覆盖公司全球所有员工。调研内容从公司前景、职业发展、组织效能等6个维度出发，并设置了专项开放式问题收集员工的建设性反馈，以全面了解公司总能量和净能量的状态（见图4-2）。具体而言，中微公司从员工信心、职业机会、培训发展、人岗匹配、认可表彰等等方面，了解公司总能量，从目标澄清、目标跟进、高效决策、团队协作、双向沟通等方面，掌握公司净能量。截至目前，公司已完成问卷收集和数据报告，后期将通过员工座谈等形式，持续跟踪并积极回应员工的反馈意见，进一步完善内部管理，努力提升员工的整体满意度。

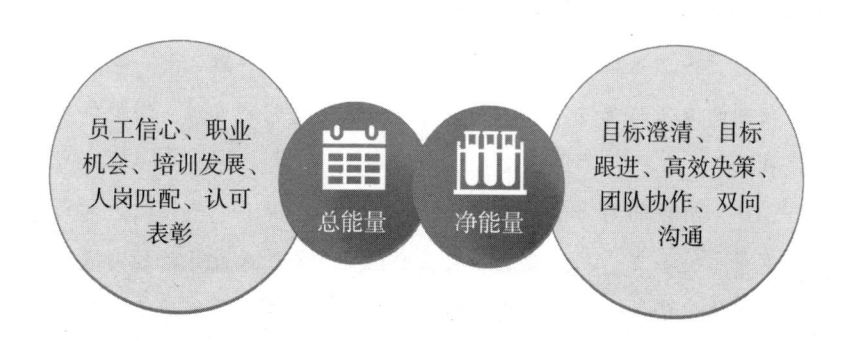

图 4-2 中微公司的总能量和净能量

4. 积极鼓励员工之间的沟通与交流

中微公司积极鼓励员工之间的沟通与交流，为员工打造沟通交流的途径与平台。为了让员工掌握行业发展的最新动态，深入地了解行业技术知识，为企业发展提供源源不断的动力，2023年，中微公司举办了"中微论坛－科技周"活动，邀请公司内部11位技术专家进行为期2周共计12场的专题讲座，讲座涵盖新兴半导体技术、半导体设备的发展和挑战，半导体市场分析与展望，以及工作思维与方法等内容。讲座现场，员工与讲师进行面对面的交流探讨，展开思维的碰撞，给员工提供了探索科技发展前沿、启发创新思维掌握未来趋势的宝贵机会。本次活动共计参会1110人次，员工对其给予了高度评价和热烈反应。

2023年，中微公司还举办了"与CEO共读中微之书"的活动。"四个十大"是中微ESG管理的核心和基石，2023年，中微公司将"四个十大"的核心理念集结成册为《中微公司发展壮大的"四个十大"》，公司CEO亲自为员工分享书中的精华，鼓励员工充分沟通交流，分享自己的看法和体会，以传承"四个十大"的文化精髓，践行"攀登勇者，志在巅峰"的中微精神。

5. 结论和启示

中微公司建立民主集中的管理机制和畅通的沟通渠道，实现了全面参与决策、保障员工权益，提升了决策的质量和透明度，同时通过开展全面的员工满意度调查和双向沟通，积极收集员工反馈，旨在打造正面的工作环境和提升组织效能；通过举办"中微论坛－科技周"和"与CEO共读中微之书"等活动，积极促进员工之间的沟通与交流，分享知识与经验，激发创新思维，增强企业文化的传承和发展。

第一，建立有效的沟通机制是提升组织效能的关键。一个组织内部的有效沟通对于激发员工的参与感、归属感和忠诚度至关重要。通过开放的沟通环境，员工可以自由表达自己的意见和建议，这不仅有助于管理层更好地了解基层员工的需求和期望，也能够促进信息的流通和知识的共享。

第二，关注员工满意度和反馈是提升员工积极性和忠诚度的有效途径。员工是企业最宝贵的资源，他们的满意度直接关系到企业的生产效率和创新能力，还能够激发员工的潜力和创造力，为企业的长期发展注入活力。

第三，持续的知识分享和文化传承是企业持续创新的动力。持续的知识分享和文化传承对于企业的持续创新和竞争力提升具有重要意义，可以营造一个积极向上的学习氛围，鼓励员工不断学习和成长，同时加强员工对企业文化的认同感，增强团队的凝聚力和向心力。这样不仅有助于激发员工的创新潜能，还能够推动企业在激烈的市场竞争中保持领先地位。

何为沟通？"沟者，构筑管道也；通者，顺畅也。"沟通的目的是让双方达成行动或理解彼此所传达的信息和情感，良好的沟通是要说对方想听的、听对方想说的。要达到这个目的，就必须对拟沟通的信息进行有效的编码、解码与反馈。沟通在企业的日常管理中无处不在，对于企业中高层干部而言，本身就承担着企业上传下达的任务，因此沟通对于企业中高层干部更为重要，也是体现干部领导力的关键评价维度。

沟通是一个相互的过程，很多企业中高层干部习惯于将沟通不畅的原因归结于对方不善于倾听或者对方性格问题，实际上沟通是双向的，沟通不畅一定是双方的问题。

第一节　沟通的重要性

沟通贯穿管理的日常，其重要性不言而喻。沟通的作用包括使思想一致、产生共识，减少摩擦争执与意见分歧，疏导情绪、消除心理困扰，使不同层次的人员了解组织环境、减少变革阻力，使管理者洞悉真相、排除误解，增进人员间的彼此了解、改善人际关系，减少互相猜忌、增强团队凝聚力等。在企业日常管理工作中，沟通的作用和价值更加明显。

沟通根本的目的在于传递信息，企业中高层干部在企业日常经营中承担的作用就是组织内外部信息的上传下达，因此沟通肩负着帮助员工了解组织环境、减少团队完成任务的阻力，以及帮助企业中高层干部洞悉真相、排除误解的重要功能。同时，沟通还可以帮助团队成员间消除猜忌，增强团队凝聚力。

沟通并非单指面对面的语言沟通，或者借助信息传递工具进行的一对一交互，实际上，像书面汇报、书面回复、肢体动作等，都是沟通的有效方式。

一、沟通对管理工作的重要性

沟通对于管理工作的重要性，以及企业中高层干部必须掌握沟通这一工具的原因，一般可以从三个层面来理解：后天是管理艺术的重要实现手段、管理者70%的时间需要用来沟通、良好的沟通可以打开管理者和员工的心灵之门，如图4-3 所示。

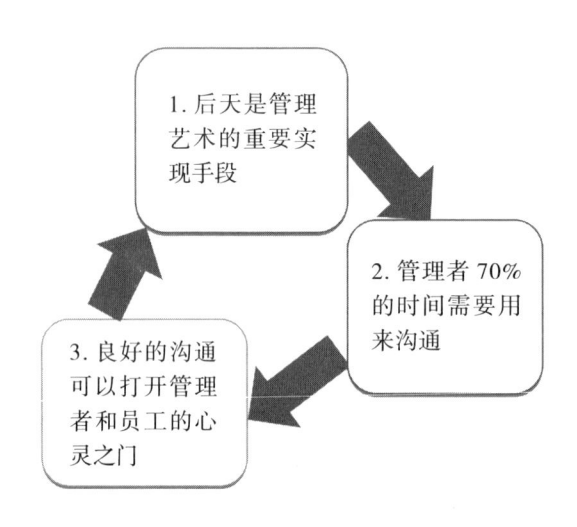

图 4-3　沟通对管理工作的重要性

1. 后天是管理艺术的重要实现手段

管理没有定式，能够达成管理的目的就是有效的。在管理者眼里，同样的管理手段，对于两个不同的员工可能会达到不同的效果，因此管理是一门艺术，沟通是这门艺术的重要实现手段。

2. 管理者 70% 的时间需要用来沟通

管理者应该将 70% 的时间用来沟通，通过业绩的实现来体现沟通的价值。杰克·韦尔奇说过："管理就是沟通、沟通、再沟通。"他在担任通用电气公司总裁时，每周的大部分时间都用在与副总裁的沟通和交流上。也有的管理者每天都与团队成员进行沟通和交流，但是团队不出业绩，那么这种沟通就是无效的沟通，沟通的价值还是需要团队的业绩来体现的。

3. 良好的沟通可以打开管理者和员工的心灵之门

沟通对管理工作的重要性还体现在良好的沟通是打开管理者和员工心灵之门的钥匙。很多企业的管理者往团队成员面前一站，所有团队成员都哑口无言，畏畏缩缩地看着管理者，一方面说明这个管理者在团队成员面前有非常强的权威，但是不好的一面则表明这位管理者缺乏与团队成员的有效沟通。

另外，管理者的沟通风格也不能一成不变，当一个团队处在消极状态或是崩溃的边缘时，就需要一种擅长强势沟通的管理者；而当一个团队表现正常并且处在高效运作的状态，对于团队成员而言，柔和沟通的管理者就更能产生价值和效果。

二、沟通是管理的主要途径

沟通对管理工作的重要性不言而喻，并且沟通也是管理工作实现价值的主要途径，在管理工作的计划、组织、领导和控制环节中，沟通均扮演着重要的角色和作用，如图 4-4 所示。

1. 计划
需要与团队成员反复沟通，不断地求同存异，最终达成共识

2. 组织
不断地沟通、拉通信息、对齐进度，否则与个体单打独斗没有任何区别

3. 领导
配合度更高、彼此更加信任的团队更容易协作以及快速完成任务

4. 控制
实时把握任务完成的进度，也唯有频繁沟通才能做到

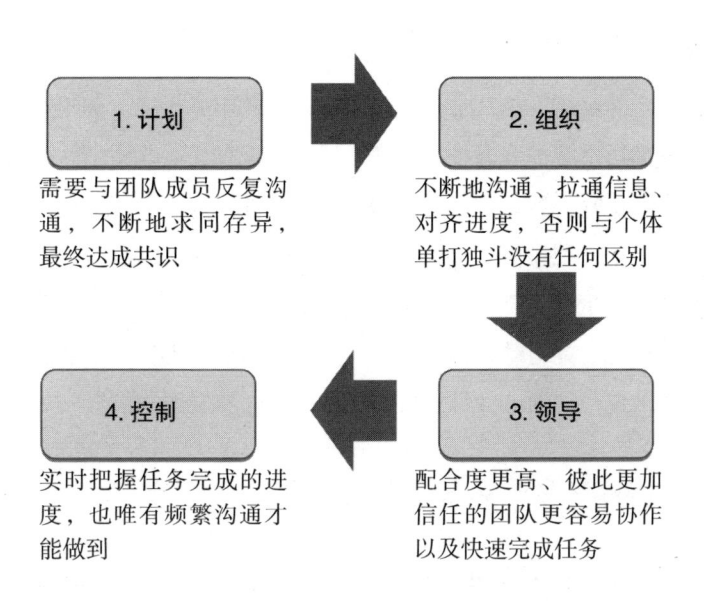

图 4-4 沟通在管理工作各环节中的作用

1. 计划

企业中高层干部单纯坐在办公室中，对着电脑"敲"计划，实际上并没有任何意义，而且这个计划制定出来后，能否为团队成员所认同并执行到位也很难确定。因为同样一件事情，所处的角度不一样，认知很有可能完全不一样。因此，企业中高层干部在制定计划时，需要与团队成员反复沟通，不断地求同存异，最终达成共识。

2. 组织

组织团队成员完成计划是管理者的重要履责环节，包括分派人手、协调资源、安排不同的团队成员去完成不同的分解任务。这些分解任务间存在耦合关系，即便计划已经达成共识，在协同的过程中，依旧需要不断地沟通、拉通信息、对齐进度，否则与个体单打独斗没有任何区别。

3. 领导

如何加速团队成员分解任务的进度，是企业中高层干部的关键职能，也是管理者履行领导环节的重要成果标志。经验表明：配合度更高、彼此更加信任的团队更容易协作以及快速完成任务，而且团队成员间配合度更高、彼此间更加信任的时候，沟通是便捷且有效的手段之一。

4. 控制

管理者履责的最后一个环节——控制，同样离不开沟通，如果企业中高层干部对任务完成的进度不能实时把握，那么谈控制无疑是一句空话。要实时把握任务完成的进度，也唯有频繁沟通才能做到。沟通并不意味着单纯的语言沟通，书面汇报、书面报告、利用信息化系统进行信息传递，都是沟通的必要手段。

很多时候，由于视角不一样，企业中高层干部眼里看到的情况并不一定是真实的情况，因而有可能对整个信息产生误判。要做到精准掌握、防范风险，就必须定期、高效地进行沟通，并且还要沟通不同角度和层面的信息。

三、沟通在管理工作中的应用

沟通在管理工作中的应用，主要是增强管理的效能，提升团队运作的效率，本质上还是要提升企业中高层干部的沟通技巧与技能。沟通在管理工作中的应用，重点在于倾听、语言技巧、阅读能力、书面表达能力和建章立制五个方面（见图 4-5）。一般来说，这五个方面做好了，企业中高层干部在管理工作中对沟通的应用大体都不会太差。

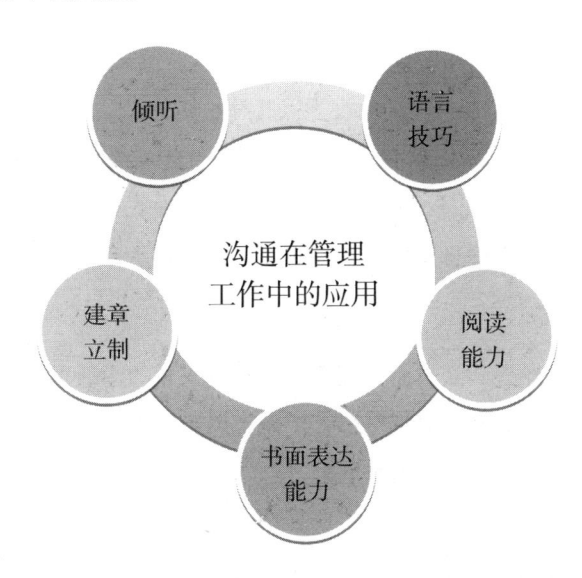

图 4-5 沟通在管理工作中的应用

1. 倾听

沟通首先要学的不是表达，而是倾听。倾听可以帮助企业中高层干部收集信息，进而对事情进行评判，同时善于倾听是对表达对象的一种尊重，可以潜意识地鼓励表达对象传递出更多信息。同时，倾听也是沟通技巧提升的前提基础，更是高效沟通的前提条件。

2. 语言技巧

同样的信息，不同的表达方式，有的会让听众如沐三春暖，有的却会让听众如沐三冬寒。企业中高层干部在善于倾听的基础上，还要学习如何说话，即表达的技巧。

3. 阅读能力

在沟通中主要强调阅读理解能力，即从书面材料中快速有效地找到关键信息，从而进行解码和应对。中国文字博大精深，在不同的语境下，同样的词语结合上下文可能有天壤之别的信息差异。企业中高层干部在沟通中，一定要巧读文字材料，同样的汉字组合在一起，断句不一样、语气不一样，所代表的意思可能会截然相反。

4. 书面表达能力

书面表达在工作场所以及企业的日常管理中是一种非常重要的正式沟通渠道，如工作报告、工作纪要、工作计划等都属于书面表达。企业中高层干部不仅要会读，还要善写，包括一些会议发言稿等。

5. 建章立制

建章立制即运用好沟通机制。很多企业都有正式的沟通渠道，但也存在一些非正式的沟通渠道，企业中高层干部一定要了解组织内部的正式沟通渠道和非正式沟通渠道，并且予以区别化的应用和对待。

沟通在管理工作中的应用，在于提升企业中高层干部或团队管理者的沟通技巧和效率，善于倾听、会讲话、巧读和善写属于个人表达能力范围的不同维度，而运用好沟通机制，则属于组织能力维度。

企业中高层干部可以建立例会等沟通机制，放大沟通在管理中的正面影响，降低沟通不畅所带来的风险。鼓舞人心的动作可以依赖口头表达来提升，但是工作成果认定、任务下达等动作，应尽量使用正式的书面沟通。

案例 4-1

中大力德：用心做好与高管对话

宁波中大力德智能传动股份有限公司（以下简称中大力德）成立于 2006 年 8 月，是一家集电机驱动、微特电机、精密减速器的研发、制造、销售、服务于一体的机电自动化企业，2017 年 8 月 29 日在深交所中小板 A 股上市。中大力德系国家级高新技术企业,主导和参与起草国家及行业标准6项,"浙江制造"标准2项,专利89项,拥有浙江省级企业研发中心,主导产品被认定为"浙江省名牌产品"。

中大力德的管理者长期以来注重改观与员工之间的沟通与交流,期望以他们之间的交流与互动,增进相互之间的了解与体谅,从而更好地开展各项工作,如图4-6所示。

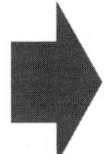

```
中大力德空巴会
                    →    激发了员工的积极性和创造力;
零件事业部二级阿              为公司的和谐发展和团队凝聚力
米巴沟通交流会              的增强奠定了坚实的基础
```

图4-6 中大力德开展的交流互动

1. 中大力德空巴会

中大力德空巴会以"以心为本、用爱交流"为主题,高管代表与员工代表走上讲台做主题分享。高管代表向员工家人们讲述自己的日常工作内容,如何进行部门规划及团队管理,以及在工作过程中经历的困惑与苦恼等。员工代表结合自身实际岗位,讲述在中大的成长与心路历程,从刚开始的什么都不懂到现在的独当一面,家人们都十分感谢中大给予自己的信任与成长,通过学习稻盛和夫的哲学思想,许多家人沉下浮躁的内心,认真做好自己的本职工作。每位家人都用最朴素的语言展示了自己的赤诚之心,在平凡的岗位辛苦工作,为中大的发展贡献着自己的力量。大家长岑总作总结致辞,向家人们分享个人与企业的成长历程,通过这几年的哲学学习,他强调了体制、哲学、领导人的重要性,探索出一套适合中大发展的企业经营方法,并向大家分享了经营好企业必须具备的人生哲学、企业经营哲学和企业经营实学。在空巴讨论环节,大家分组讨论,从自身工作展开,围绕"以心为本,用爱交流"展开讨论,小组代表纷纷发言。

2. 零件事业部二级阿米巴沟通交流会

中大力德为深入践行阿米巴经营，展示和量化事业部二级阿米巴的经营成果，分享交流好想法、好做法，举行了零件事业部二级阿米巴沟通交流会。七位优秀二级阿米巴长分享在班组展示、阿米巴数据核算、计划交期、质量管理、工程改善、降本、TPM与提案改善等工作中的亮点或先进做法，会议采用逐个提问的方式进行交流，现场气氛认真而热烈。

通过这样的交流，员工们感受到了公司对他们的信任和支持，更加理解和认同公司的文化和价值观。不仅激发了员工的积极性和创造力，为公司的持续改进和发展注入了新的活力，而且有助于构建以心为本、共同拥有哲学理念的经营体制，为公司的和谐发展和团队凝聚力的增强奠定了坚实的基础。

第一，沟通不仅是信息交流的工具，更是推动企业文化建设、提升团队协作和促进知识共享的重要手段。有效的沟通能够确保团队成员之间理解一致，减少误解和冲突，增强团队凝聚力。

第二，中大力德通过阿米巴沟通交流会，量化经营成果并分享优秀做法，不仅提升了员工的参与感，还促进了知识和经验的共享。这表明企业可以通过实施类似阿米巴的经营模式，激发员工的主动性和创新性，推动企业持续改进和发展。

第二节　高效沟通

沟通是人与人、人与群体间思想与情感的传递和反馈过程，目的是追求思想达成一致或情感通畅。沟通不是多人对话，也不是为了得到解决方案，更不是为了表明立场，沟通的本质仅仅是信息和情感的交互，搞清楚沟通的本质是高效沟通的基础。沟通在信息和情感交互过程中，存在信息形成、信息编码、信息输送、信息接收、信息解码、信息理解的环节，在整个过程中，也有可能存在信息丢失或解码误差，这种信息丢失和解码误差往往会导致沟通无效甚至是起到反作用。

在企业管理中，往往通过减少沟通层级来保障信息的传递效率，也会通过书面形式代替口头形式以确保沟通的信息不会丢失，当然书面形式更能避免信息解码误差的发生。

一、高效沟通的基础

沟通是否有效存在一定的前提基础，而高效沟通则需要更严苛的前提基础，例如沟通双方的认知基础一致、要有沟通的目标、沟通后达成一致的协议以及沟通过程中存在情感的交互等。

1. 沟通双方的认知基础一致

高效沟通的前提基础之一就是沟通双方有一致的认知基础，如果沟通双方没有一致的认知基础，那么在正式沟通前或者沟通时，就务必要构建一致的认知。很多人说认知受到多方面因素影响，要构建共同的认知基础非常困难，但无论多么困难，高效沟通必须建立在双方认知基础一致的前提下，否则就达不到效果。

2. 要有沟通的目标

无论进行什么样的沟通，务必要提前确立沟通需要达到的目标。有些沟通的目标很具体，有些沟通的目标则很抽象，无论是何种目标，都必须提前确立目标，否则看似聊得火热，但完全达不到沟通效果，纯属浪费时间。当然朋友间私密的闲聊不在讨论范围内，这里强调的高效沟通更多的是指企业日常管理工作中的沟通。

3. 达成共同的协议

沟通的结果要达成共同的协议或共同的情感认知，无论是口头的共同协议还是书面的共同协议，都应该在沟通结束后彼此形成一个共同的认知。企业中高层干部的时间成本很高，只是在沟通时这个成本容易被忽略，因此没有达成共识的沟通是无效的沟通，是浪费时间的举动。

4. 信息、思想和情感的交互

任何沟通都不是单方面的沟通，高效沟通的基础是在沟通的过程中实现信息、思想和情感交互，有来有往才叫沟通，而不是单方面的输入。高效沟通是建立在互动的基础上的，没有互动的沟通基本上很难达到效果。

二、高效沟通的形式

沟通的基础固然重要，而沟通的形式对于沟通的效果也同等重要。正常情况下，沟通的形式按照沟通对象可以分为三类：一是多向沟通，二是一对一沟通，三是书面沟通，如图 4-7 所示。

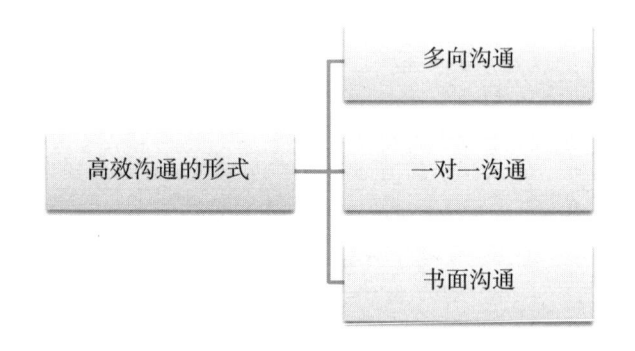

图 4-7 高效沟通的形式

1. 多向沟通

多向沟通一般都是会议的形式或者是公众演讲的形式，因此面对多向沟通时，需要吸引沟通对象的注意力，挑战也恰好在这一点，毕竟多向沟通的对象不止一人，需要设计一些特定的环节来吸引全体沟通对象的注意力。

当然，除了一人发言的会议或培训的多向沟通外，还有无领导小组、头脑风暴会、开放式研讨会等众向沟通的多向沟通形式，往往是确立一个主题，每一位参与者均发表各自的观点，而这类多向沟通不仅需要吸引沟通对象的注意力，还需要引导沟通对象发表的观点不偏离主题。

2. 一对一沟通

在日常管理工作中，一对一沟通是中高层干部使用频率较高的一种沟通形式。很多企业中高层干部认为一对一沟通比较轻松和简单，但实际上并非如此。沟通前应该明确一对一沟通需要达成的目标或效果，继而要有针对性地设计沟通提纲，在沟通过程中还需要根据实际沟通情况进行灵活调整。

尤其是当一对一沟通的对象是表现不佳的成员时，或者是沟通对象存在一定的心理状态时，往往会对进行沟通的企业中高层干部提出新的挑战，这种沟通情形，可能连沟通的环境都需要提前进行考量和设计。

3. 书面沟通

在企业日常管理中，书面沟通是一种非常重要的沟通形式，包括工作报告、工作总结、工作计划等，都属于书面沟通，甚至是一些重要会议的发言稿，撰写一篇介绍企业的文章在媒体上予以刊发等，同样属于书面沟通。书面沟通是一种严谨表达自身观点、思想的沟通形式。

三、高效沟通的原则

在确定基础、把握沟通的形式后，还需要注意高效沟通必须遵守的一些原则，方能确保最终达成沟通的效果。高效沟通需要遵从的基本原则一般包括三个方面，即讨论行为不讨论个性、明确立场和注意聆听。

1. 讨论行为不讨论个性

所谓讨论行为不讨论个性，与"对事不对人"基本一致，因为人的个性一部分是先天性因素，虽然也有一部分是后天性因素，但都属于极为私人的领域，在日常管理工作范畴内，不能去指责别人的个性，这会涉及人身攻击，不符合企业管理中尊重人的基本前提。

2. 明确立场

沟通难度的确定往往涉及沟通者间的立场是否一致，立场一致的沟通往往不会特别复杂，无非是求同存异而已。但是，立场不一致就会复杂很多，因此首先需要立场一致，或者彼此沟通立场。如果沟通过程中放弃了原先的立场，就往往意味着沟通者变成了被沟通者。

3. 注意聆听

有的企业中高层干部认为，沟通就是达成被沟通者与自身的同频或认知一致，因此沟通时往往不注意聆听，而是单方面地表达，缺乏互动过程，导致最终沟通效果不佳。这种操作在本质上就已经失去了沟通实现信息双向交互的功能，连沟通都谈不上，只是单方面的说教，因此更谈不上高效沟通了。

很多企业中一些年纪偏大的干部，由于人生阅历较为丰富，做人非常谨慎，一般不会直接指出沟通对象的不足，也不会轻易表达他们想要达成的结果，而是通过各种形式来暗示自身的观点，这种情形下，学会聆听的意义更加重大。

高效沟通是企业中高层干部在实现沟通本身的功能基础上，更进一步的要求和期盼，因此企业中高层干部必须掌握高效沟通的基础、形式以及具体原则，并在不断的沟通实践中提升沟通技巧，提升随时随地进行高效沟通的能力。

案例 4-2

东方中科：为员工创造高效沟通的途径

北京东方中科集成科技股份有限公司（以下简称东方中科）是东方科仪控股集团有限公司的控股子公司，是在中关村科技园区注册的高新技术企业。东方中科作为国内领先的测试技术科技服务公司和数字安全保密领域综合服务商，为广大客户提供了包括仪器增值销售、科技租赁、系统集成及相关技术服务在内的一站式综合服务，同时致力于在信息安全保密、大数据及人工智能应用、智慧政务与信创工程、生物特征识别、专用操作系统等领域的创新研究与技术应用，为用户提供面向行业和应用场景的解决方案从用户视角服务用户需求，业务网络覆盖国内众多生产制造与研发基地。2023 年 12 月，东方中科成为中国物流与采购联合会常务理事单位，获得北京市 2023 年第三季度专精特新中小企业称号等。

为了适应公司的战略发展要求，东方中科建立与公司核心价值观相匹配的、有针对性的人才培养体系，按照《培训管理制度》规范培训管理工作，完善培训配套资源，实施分阶段、分层次的员工培训形式，建设全方位和多元化的员工培训体系，不断激发员工活力，持续打造适配业务发展需求的人才队伍，如图4-8所示。

新员工培训体系：新员工拓展培训、新员工晚宴、新员工OBS体验营、各业务部门培训宣讲、"新红人"计划

旧员工培训体系：管理和领导力发展培训、成才梯队及新任经理领导力培训、项目管理内部培训

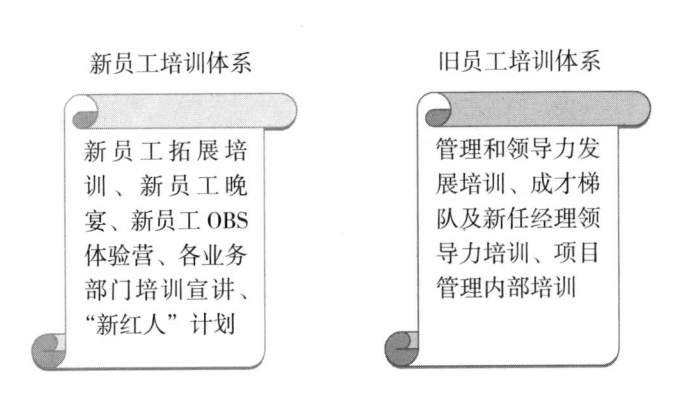

图 4-8　东方中科的员工培训体系

1. 新员工培训体系

新员工培训是公司系统化培训体系的重要环节。东方中科开展新员工拓展培训、新员工晚宴、新员工OBS体验营、各业务部门培训宣讲，保障新员工能够快速熟练岗位；子公司万里红围绕加强文化导入、打造组织活力、关怀员工成长、让新员工培训落在实处四个维度，开展"新红人"计划，以此为新员工在融入期创造一个良好的学习交流平台，为员工加入公司后更快适应环境、提高工作效率提供有效的支撑和帮助。

2023年7月16日，东方中科人事行政部组织开展了为期四天的第37期东方中科新员工培训。万里红在2023年7月23日至25日成功开展了本年度第二期新员工培训，共有来自不同部门和岗位的40位新员工参加了此次培训。董事长和联席总裁为大家准备了精彩的开班课程，让新员工对公司的历史和未来的发展有了深刻的理解和向往。

2. 旧员工培训体系

旧员工培训也是公司系统化培训体系的重要一环。为帮助继任者提升能力以契合其职位要求，公司开展了多种形式的管理和领导力发展培训，帮助不同级别的员工汲取丰富的管理知识以提升领导能力，进而帮助员工实现发展目标，亦同步提升企业的管理水平。公司针对中高层领导开展成才梯队及新任经理领导力培训，助力打造综合素质高、业务能力强、有强烈事业心和责任感、具备较强创新精神和实践能力的复合型中高层管理队伍。

2023年10月25日至26日，东方中科人事行政部携手新能源测试事业部项目管理组，结合公司项目管理工作需求，组织开展了为期两天的项目管理内部培训。为同步提升培训质量和人员培训水平，东方中科打造了一支成熟的内部讲师团队，覆盖企业文化、战略管理、IT信息系统、风险合规、物流管理等多个部门，并拥有线上学习平台，助力内部讲师成长、促进业务知识分享。

东方中科针对新员工和旧员工，通过建立系统化的培训体系和多元化的培训形式，实现了员工之间的有效沟通与交流，同时提升了员工的综合素质和企业的管理水平。

第一，通过精心设计的培训项目和活动，企业不仅能够加强员工的专业能力和团队协作，还能够促进员工间的沟通与交流。这种以培训为媒介的沟通方式，有助于快速融合新旧员工、加强文化认同，同时提升员工对公司战略和价值观的理解，对于构建积极向上的企业文化，激发员工潜力，推动企业持续发展具有重要意义。

第二，企业应采取灵活多样的培训手段来满足不同员工的学习需求。多元化的培训方式能够激发员工的学习兴趣，提高培训效果，同时也有助于构建开放、互动的学习氛围，增强团队的凝聚力和创新能力。

第三节　有效协调

能否进行有效协调，与沟通对象友好相处、互相配合，使团队上下级相互沟通、同级相互信任，整个团队心往一处想、劲往一处使，直接关系到最终的工作效率和成果，因此有效协调是高效沟通技能中最核心的一个维度。

从沟通的目的或效果维度讨论高效沟通的问题，归根结底就是有效协调，或者说这就是高效沟通的终极目的。无论是有什么样的沟通目的或企图，达成有效协调才是企业日常经营管理中希望中高层干部起到的作用。

企业中高层干部在使用沟通这一工具时，扮演的角色就是协调者，能否发挥有效协调的关键一点在于能否换位思考。换位思考的道理很简单，但在实际工作中能做到的并不多。每个人的世界都只有一个中心，这个中心一定是这个人自己，所以，换位思考看起来简单，做起来却很难。要达成有效协调，需要掌握有效协调的原则、技巧以及有效协调需要达到的目的。

一、有效协调的原则

什么样的沟通才是有效协调，在没有定义清楚前很难界定，因此谈有效协调前必须掌握有效协调的原则。一般而言，有效协调要强调及时性、关键性、激励性、整体性和长远性五个原则，如图 4-9 所示。

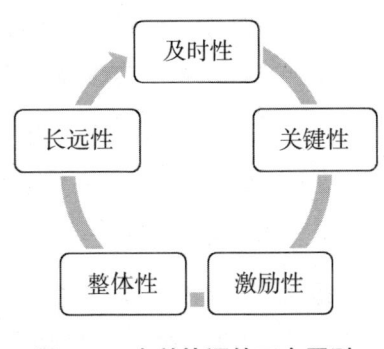

图 4-9　有效协调的五个原则

1. 及时性原则

在企业日常经营管理的范畴内讨论有效协调则必然会涉及团队，在完成具体任务的过程中，必然需要团队成员间的彼此配合、互相支持，只要涉及彼此配合、互相支持，就容易出现一些摩擦或问题。一旦遇到摩擦或问题，时间并不能解决任何问题，身为团队管理者的企业中高层干部一定要及时去沟通和协调，将问题消灭在萌芽状态，否则摩擦或问题经过时间的发酵，会越来越无法消除。

2. 关键性原则

人的精力是有限的，有效协调要解决的问题一定是关键性问题，对一些细枝末节的问题可以不管或者通过其他途径解决，这便是有效协调的关键性原则。最重要的技能永远都是用来解决最重要、最关键的问题，身为团队管理者的企业中高层干部，在团队管理工作中一定要学会抓大放小，不要为一些鸡毛蒜皮的事情浪费宝贵的时间和精力。

3. 激励性原则

有效协调的第三个原则是激励性原则。解决问题本身就是对团队成员的一种激励，当然有效协调的激励性更多地与高效沟通相关，很多企业都在强调以正向激励为主、以惩罚为辅，但在实际的管理中往往批评多过表扬，这便是管理原则与管理手段错位的典型现象。另外，有效协调的激励性原则体现还需要注意一点，即表扬要公开、批评要单独。

4. 整体性原则

解决问题不要带有团队管理者的个人倾向或个人立场，否则必然会传递负面因素，而且在解决问题的过程中不要头疼医头脚疼医脚，所谓有效协调指的是平衡各方面的关系，使之达到一种平衡，因此有效协调需要考虑整体性的问题。当团队成员间爆发出多处矛盾时，身为团队管理者的企业中高层干部需要从整体出发，在保障团队整体利益的前提下逐个击破。

5. 长远性原则

有效协调当然并不单单指高效沟通和解决问题，也指协调资源推进任务完成的进度，因此需要走一步看三步，短期解决问题或保障资源并不困难，困难的是确保团队在完成整个任务的全过程有足够的资源，因此有效协调的最后一个原则是长远性原则。身为团队管理者的企业中高层干部需要从长远的角度来考虑问题，不能图一时之快。

二、有效协调的技巧

在把握有效协调的原则后，就可以进一步讨论有效协调的技巧。大多数企业都是从基层选拔干部，业务上的好手不见得是好的管理者，这里存在一个角色转换过程。而掌握有效协调的技巧，可以帮助企业中高层干部缩短由业务角色向管理角色转变的过程。

1. 相互尊重是前提

有效协调的技巧之一就是相互尊重，这里的相互尊重主要指向有效协调涉及的各方。身为团队管理者的企业中高层干部，在资源配置过程中往往充当协调者的身份，无论协调的对象是资源还是人，都需要发自内心地尊重，否则很难扮演好协调者的角色。

2. 了解对方是关键

很多时候，存在即合理。要进行有效协调，了解对方一些已经存在的事实或性格是另一个重要技巧，如果对需要协调的对方一知半解，或者完全没有了解，那么协调的结果大概率会是失败。在进行协调前，身为团队管理者的企业中高层干部需要提前了解对方的性格特点、喜好，以及习惯的沟通风格。

3. 换位思考是核心

换位思考是有效协调的核心之一，即便很多人难以做到真正的换位思考，但在有效协调中对于换位思考还需要一提再提，因为只有换位思考才能感受到站在对方的立场上会有什么诉求，会如何去应对协调的问题。

4. 达成共识是基础

有效协调比高效沟通更注重达成共识的结果，或者说有效协调就是高效沟通的成果之一，很多人在职场中羞于开诚布公地表达自己想要达到的结果，因此有效协调的关键抓手在于达成共识。身为团队管理者的企业中高层干部，在进行协调前，可以先在笔记本上写清楚这次协调需要达成什么样的共识，最终积小胜为大胜，取得最终有效协调的成果。

5. 适度妥协是保证

适度妥协不是指无底线地退让，也不是指一切顺从协调对象的需求，而是在一定程度上予以让步，或者在非战略性问题上予以妥协，从而获得对方在战略性问题上的退步。适度妥协是有效协调的一个保障，与达成共识是相辅相成的一种技巧。

三、有效协调需要达到的目的

掌握有效协调的原则和技巧后，还需要了解企业日常管理工作中有效协调需要达到什么样的目的，也就是说有效协调这一能力能为企业中高层干部带来什么价值，而企业中高层干部的价值，最终会体现为企业的效率。

1. 减少内耗

有效协调可以使组织活动的各种相关因素相互补充、相互配合、相互促进，从而减少人力、物力、财力、时间的浪费，降低团队内耗，从而达到提高组织整体效率、增加效益的目的。团队想要获得更大的效益，唯有开源节流，而有效协调在节流层面所起作用巨大，有效协调能够将团队资源最大化地应用，这里的资源指人员、人员的精力以及其他资源等。

2. 增强组织凝聚力

要使组织内部人员团结、齐心协力，需要身为管理者的企业中高层干部投入极大的精力和使用高超的技艺进行有效协调。只有团队成员在心理上、权力上和利益上达成平衡，才能团结统一、相互支持、齐心协力地实现共同目标。普遍的认知认为团队成员文化层次越高或者某方面专业技能非常突出时，往往越难协调其与其他成员配合。但管理学常识又表明：文化层次越高或者某方面专业技能非常突出的成员往往有更高的认知层次，在道理清晰或情理清晰的前提下，往往更容易配合。

3.调动团队成员的积极性

协调的好坏直接关系到组织目标的实现过程和整个领导活动的效能，协调工作做得好，不仅可以让组织内部各成员团结合作、充分发挥出每个人的聪明才智，而且能使组织工作氛围充满生机和活力。很多管理者，特别是中小型发展中企业的管理者，走上管理岗位后依旧保持一线员工的心态和工作方式，不注重协调团队成员，因此他们只能发挥出专业价值，不能发挥出管理价值。

有效协调是高效沟通的重要成果之一，因此很多原则与技巧与高效沟通并无二致，但其内容更为具体和实用，企业中高层干部要掌握这一关键能力，并让这一能力在工作中得以有效运用。

案例 4-3

光迅科技：有效协调领导与员工

武汉光迅科技股份有限公司（以下简称光迅科技）是光电子行业先行者，专注于光通信领域40余年，多项"第一"由此诞生，是国家认定企业技术中心、国家技术创新示范企业、光纤通信技术和网络国家重点实验室，具备光电子芯片、器件、模块及子系统产品的战略研发和规模量产能力。光迅科技于2009年登陆深圳证券交易所，成为国内首家上市的通信光电子器件公司，连续17年入选"中国光器件与辅助设备及原材料最具竞争力企业10强（第1名）""全球光器件最具竞争力企业10强（第4名）"。

光迅科技坚持"关怀员工，共创未来"的理念，从职业发展、干部培养以及员工活动三个方面为公司员工提供更好的条件，有效协调领导与员工之间的沟通与交流，促进双方的改进与提升，如图4-10所示。

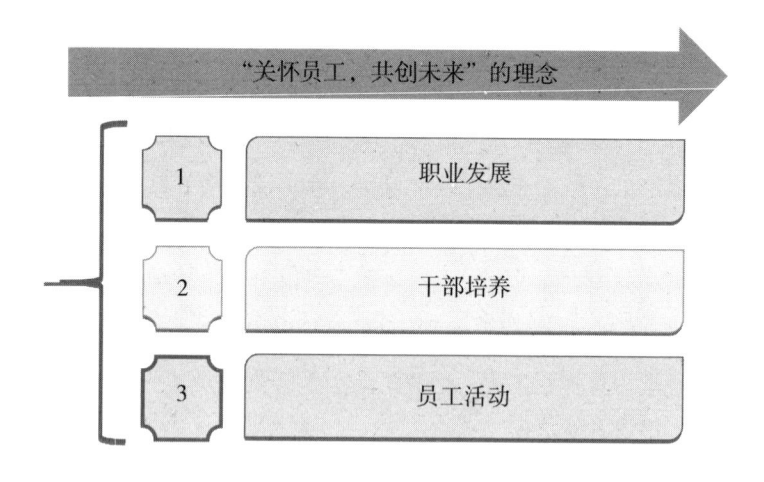

图 4-10　光迅科技有效协调领导与员工的三个方面

1. 职业发展

在职业发展上，光迅科技为员工打造了职业化、多通道的任职资格管理体系，年度例行任职资格认证、干部公开选拔为员工提供公平的晋升通道。另外，光迅科技提供业内极具竞争性和吸引力的薪资标准、丰厚的福利待遇、舒适的办公环境和无忧后勤保障服务，保障员工平等雇佣权益、福利待遇以及员工的发展与沟通。

2. 干部培养

在干部培养上，光迅科技采用了转身计划、启明堂、干部都市这三种方式。

第一，转身计划。优化转身计划培养方案，采取"线上+线下"混学模式，包括移动学习、线下封闭集训（本年优化）、翻转课堂、管理实践，前三个阶段历时 7 周，管理实践活动自 6 月立项到 11 月结项，总计历时 180 天，32 位转身学员完成全部学习内容，帮助新任干部实现管理角色转变和管理技能提升。

第二，启明堂。面向全体干部，持续推送启明堂线上学习，致力于提升干部领导力和通用管理能力。整理制作了《启明堂课程菜单》25 门课程、8000 多分钟，供干部自主学习。全年 6 期，学习总时长 3353 小时，人均学习时长 18.84 小时。

第三，干部读书。沿用得到 App 电子书，畅享 2.4 万本高质量书籍，新增纸质书选项，采取"电子书+听书+纸质书"多元化方式开展，形式更灵活、内容更丰富；持续采用广播栏目"把好书说给你听"、文章合辑《光迅科技干部读书文集·2022版》等多种应用形式分享心得，扩大干部读书影响面，坚持做到好读书、读好书。

3. 员工活动

在员工活动上，光迅科技倡导工作与生活的平衡，持续帮扶困难员工、丰富员工文化生活，不断提高员工幸福指数。从羽毛球馆到乒乓球台、从足球场到篮球场，丰富多彩的文娱活动让光迅人有了多样化的展现舞台，也为公司营造了积极健康、朝气蓬勃的良好氛围。同时，光迅科技关注员工身心健康，2022年定期举办"要工作，更要健康"职业健康知识培训会，组织员工实地体验"武汉职业健康体验馆"，特邀中国民间中医药研究开发协会手法与健康专业委员会开展"大众健身运动损伤防治"的知识讲座，推广正确的运动防治理念，让广大职工提高对运动损伤的认识，掌握运动损伤应急处理办法。

光迅科技通过建立全面的职业发展体系、多元化的干部培养计划和丰富的员工活动，有效地促进了领导与员工之间的沟通交流，提升了员工的职业成长和工作满意度。

第一，企业应关注员工的职业发展和福利待遇，通过公平的晋升机制和全面的福利保障，增强员工的归属感和忠诚度，从而促进企业的稳定发展。

第二，企业应重视干部的领导力培养和员工的文化生活，通过持续的学习和发展机会，提升团队的管理能力和凝聚力，同时通过丰富的员工活动，增强员工的幸福感和企业的吸引力。

第四节　沟通控制

高效沟通的另一层面在于对沟通的控制。普遍的认知是心智不一样，注意力也不一样，因此同一种沟通方式，在不同的沟通对象面前，产生的效果可能完全不一样。由于认知层面的差异导致的沟通失控，带来的后果非常严重，因此企业的中高层干部一定要加以注意。

在企业管理中沟通非常重要，因此了解沟通的本质以及掌握沟通的技巧非常关键，与之相对应，沟通控制同等重要，尤其是在两类情况下需要额外注意：一是心态不好时，二是沟通双方的心智存在较大差异时。沟通控制由易到难分为三个层次，依次是环境、气氛和情绪，如图4-11所示。

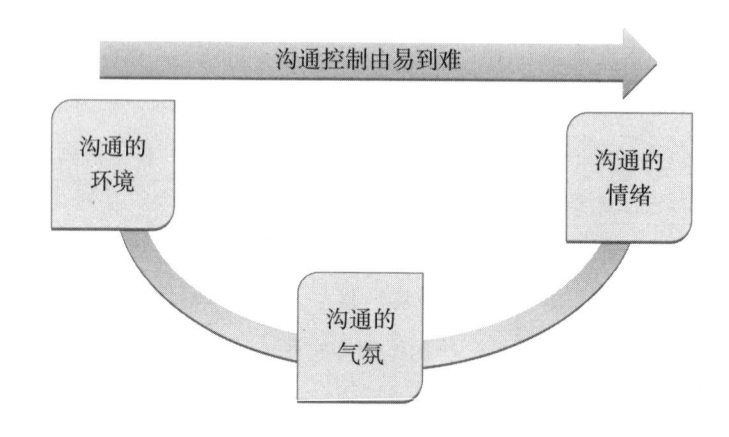

图4-11 沟通控制的三个层次

一、沟通控制的环境

沟通控制的环境是可以布置和提前准备的，因此是企业中高层干部在沟通控制中最容易切入的环节，需要额外给予关注。而进一步划分，沟通控制的环境又分为三个层次，分别为大环境、内部沟通环境和沟通的空间环境。

1. 大环境

沟通控制的大环境一般指内外部的大环境，例如团队的大部分成员都受某种思潮影响时，沟通控制的大环境便是这种思潮，如果沟通的内容与这种思潮相悖，企业的中高层干部就需要想想其他办法，或者用时间来换空间，等大环境发生变化后再进行沟通。

除了社会的大环境，团队所处更高一层组织的内部环境也会影响到企业中高层干部的沟通控制，例如企业内部处在组织变革关键时期，且内部绝大部分人员对组织变革不是特别满意或者明目张胆抵制这种变革时，中高层干部在沟通时就一定要注意方式，不能够选择一对多的宣讲式沟通。

2. 内部沟通环境

内部沟通环境与大环境中的更高一层组织内部环境有所区别，主要强调团队内部关于沟通的机制、政策，以及团队成员间潜移默化的习惯，更多的是微观上的环境因素。沟通政策是企业内部沟通机制、沟通渠道、沟通用语的合集，例如部分企业不允许员工越级沟通、有的企业设置投诉信箱鼓励员工匿名越级沟通等，这些均属于内部沟通环境中的沟通政策。

无论企业设置何种沟通政策，团队成员间的行为习惯都不容忽视，如有的企业一对一的沟通不习惯在办公室中面对面进行，而是习惯在吃工作餐时进行，也有的企业无论问题大小，涉及沟通时均习惯在会议室进行等，都属于沟通环境中的内部沟通环境。

3. 沟通的空间环境

沟通的空间环境比较容易理解，即沟通双方所处的物理空间，但越是容易理解的内容越容易被忽略，身为管理者的企业中高层干部往往容易忽视这一点，在进行沟通控制时，鲜少关注沟通到底是在小会议室进行还是在大会议室进行，抑或是在咖啡厅、管理者的办公室等。

在进行沟通控制时，沟通所处的空间环境因素必须被考虑，在讨论严肃的事情、解决很重要的问题时，一般应选择正规的沟通环境。

二、沟通控制的气氛

沟通控制的环境问题解决后，就需要营造沟通控制的气氛，或紧张或轻松、或严肃或活泼，这也是沟通控制的一个重要因素，而且是非物质的因素，成败的关键在于身为管理者的企业中高层干部的个人能力上。

在企业管理工作中，营造沟通控制的氛围有很多具体的做法可供参考，但从本质上可以分为以尊重为前提的互动、吸引注意力和共情。

1. 以尊重为前提的互动

在沟通控制中，要建立以尊重为前提的互动，从而营造比较友善的沟通氛围。一般在对方表达时点头、微笑、倾听、回应、做笔记等，都能表示对表达方的充分尊重，以实际行动向表达方传递了自己在认真思考其所表达的内容，并与表达方进行了实时互动。

在与对方沟通时，一般都会采用一些微表情或者微动作，因为表情过于夸张或动作过大，都有可能会干扰到表达方的正常表达。例如，对方在表达时，听众频频点头，从形体语言上表示对表达方观点的认可；保持微笑、倾听，不会给表达方太大的压迫感，可以消除表达方的紧张感；做笔记，从形体语言上告诉表达者自己对其观点的重视。

2. 吸引注意力

营造沟通控制的气氛，第二个做法是吸引注意力。口才再好的人也不可能完全依靠语言吸引所有人的注意力，因此文字信息、影音信息和肢体动作在沟通控制过程中必不可少，在很大程度也能活跃沟通现场的气氛。

讨论问题时，彼此的观点各不相同，当一份文字资料摆在对方面前时，双方的注意力就会瞬间从情绪中解放出来，重新聚焦文字资料本身；而影音信息不仅可以给表达者一段休息的时间，同时也能将对方的注意力聚焦到影音信息中去；肢体动作最先吸引的是对方的眼球，继而其思维也能跟随眼睛聚焦到表达者身上，从而提升专注力。

3. 共情

沟通控制的训练一般可以先从家人和朋友开始，如果没有这个条件，那么就先将沟通对象变成家人和朋友再说。如果在职场中营造出这种沟通氛围，那么将是沟通控制的最高境界。与家人和朋友间的沟通同职场上的沟通区别仅有一点，那就是信任基础的问题。家人和朋友拥有非常深厚的信任基础，但职场上的沟通对象往往缺乏这种信任基础。

要构建这种信任基础，尤其是时间很短暂的沟通，那么必须要共情。共情本身是一个心理学概念，在企业管理中，可以简单地理解为换位思考，但强调的是情感角度。在企业管理工作中，中高层干部需要致力于构建这种家人或朋友式的沟通环境。

三、沟通控制的情绪

沟通控制中最难的一点就是控制情绪，也就是沟通控制的情绪，即身为管理者的企业中高层干部在进行沟通时如何控制自己的情绪。情绪看不见、摸不着，却极易被感知，并对沟通效果产生正向或负向影响。对于沟通者本身而言，情绪上来后理智往往就会退居幕后，因此沟通控制离不开情绪控制。

情绪控制有五个方面值得注意，从内到外依次是控制自身情绪、拉近关系、尽量赞美、认同和五心归一。

1. 控制自身情绪

别人的情绪只能去影响，谈不上直接的控制。既然别人的情绪不能控制，那么身为管理者的企业中高层干部只能控制沟通时自身的情绪。情绪管理学指出，情绪来了最好不说话，不得不说话时也不要做决策，不得不做决策时也不要执行，不得不执行时也不要执行到位，这是由于情绪上来后有可能会影响正常的判断。只有控制好自己的情绪，才能去照顾沟通对象的情绪。

2. 拉近关系

无论在何时何地，拉近关系都是沟通控制的"神兵利器"。所谓"同流才能交流，交流才能交心，交心才能交易"，指的就是职场交流中拉近关系的重要性。日常生活中的沟通，可能还会存在其他的情感交互因素，但在职场中的沟通最核心的原则是交换，所有的沟通交流均不应该偏离这个原则，因而拉近关系的作用显得更加重要。

3. 尽量赞美

赞美别人是沟通控制中情绪管理的重要手段，会鼓励沟通对象把对的事情持续做下去。因此，身为管理者的企业中高层干部在沟通控制时，要尽量多地赞美沟通对象。不管是多么有理智的人，也不管是多么严肃的人，都喜欢听别人的赞美。因为人是一种群体性动物，任何人的内心深处都存在表达和表现自己的内在驱动力，听到赞美，则可以放大这种驱动力。身为管理者的企业中高层干部要学会赞美别人，并将赞美别人形成一种行为习惯。

4. 认同

认同别人才能更容易地肯定自己，身为管理者的企业中高层干部唯有认同沟通对象，才能更容易地实现沟通控制，并在沟通控制的过程中肯定自己。因为沟通是相互的，沟通控制也是相互的，企业中高层干部在沟通控制中认同沟通对象，沟通对象也会给予正向的反馈，这种反馈也能强化中高层干部的自我认同。

5. 五心归一

所谓五心归一，是指喜悦心、包容心、同理心、赞美心和爱心最终融会贯通，也是沟通控制的情绪处在最完善的状态。身为管理者的企业中高层干部，只有这五心都具备并且融合，在沟通过程中才能保持良好的情绪，才能保证沟通受控地发展下去，而沟通的内容也不会因为情绪而发生变化，更不会受个人的态度或情绪左右。

沟通控制是高效沟通的保障机制，也是高效沟通的过程质量保障，因此身为管理者的企业中高层干部，需要从环境、气氛以及情绪等方面，综合考量沟通控制的因素，并将这些控制技巧和手段内化为一种行为习惯。

案例 4-4

海得邦：团队协作，沟通先行

海得邦国际物流控股（集团）有限公司（以下简称海得邦）是一家致力于拓展全球供应链体系的创新型企业，业务涵盖国际货运、保税仓储、制造企业供应链集成服务、供应链金融和物流（IT）综合服务平台。集团总部位于西安，在东北、华北、华中、华东、华南、西南、西北均设有分公司及办事处，同时在香港设立海外板块总部，着力展开全球布局。目前在荷兰、英国设有子公司，在芬兰设立了北欧五国办事处长期合作代理。2021 年 12 月获批"十四五"首批国家级"西安空港型国家物流枢纽"建设运营联盟核心单位；2022 年 5 月获批西安市生产服务型国家物流枢纽联盟单位。海得邦积极构建以"开放发展、空陆联动、两业融合、应急保障"为特色的全供应链服务体系，以产业报国、实业强国为己任，发挥民营企业体制机制灵活、创新能力强等优势，为我国建设制造业强国、全球共同价值观战略提供供应链专业领域的可靠补充。

面对复杂多变的全球市场局势，信息交换变得更加迅速，海得邦需要以更快的速度响应客户，提高协作能力及决策能力，快速适应市场的发展。在此背景下，打破时间、空间及接入方式等方面限制的远程会议需求就显得尤为重要。

海得邦早间便部署了一整套远程会议解决方案，总部以"电脑＋投影幕布＋云会议平台＋传统音频设备"为主，分支企业以"云会议平台＋个人电脑"为主。但随着科技的不断进步、人性化需求的增加，这套方案无法解决日益凸显的协作效率问题，并且还存在操作复杂、维护成本高等问题。

针对在业务场景中遇到的难题，海得邦选择了耳目达远程会议解决方案，成功实现了"团队协作，沟通先行"的企业文化和工作模式，如图4-12所示。

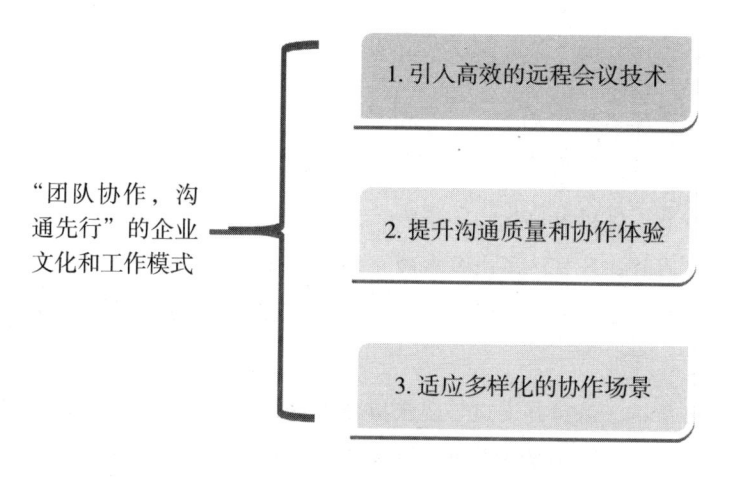

图4-12 海得邦提升沟通效率的历程

1. 引入高效的远程会议技术

海得邦面对全球市场局势的复杂多变，意识到了快速响应客户需求和提高协作能力的重要性，为此引入了耳目达远程会议解决方案，该方案通过简洁的客户端设计，易于使用，无须培训即可上手，极大地提高了会议的便捷性和效率。这种系统的部署，使得不同地点的团队成员能够快速开启会议，实现实时沟通和协作。通过电脑、投影幕布、云会议平台和音频设备的结合，海得邦打破了时间、空间和接入方式的限制，确保了信息的快速流通和决策的及时性。

2. 提升沟通质量和协作体验

海得邦在提升沟通质量方面采取了多项措施。首先，针对传统音频终端老旧、远程会议音频效果差的问题，集团采用了耳目达 A20 内置全向 8 麦阵列和高解析音频技术，提供了清晰的拾音和无间断的全双工通话体验。此外，全新升级的 Pure Voice 算法有效去除了混响和噪声，提高了会议效率。在视频沟通方面，耳目达 V30 的 4K 高清画质和 120 度超大广角镜头，确保了视频会议的清晰度和真实性，让远程沟通更加直观有效。这些技术的应用，不仅提升了沟通的质量，也增强了团队成员之间的协作体验。

3. 适应多样化的协作场景

海得邦的全球战略布局要求其能够适应多样化的协作场景。耳目达 C10 的便携性和强大功能，使得员工无论在公司、项目现场还是出差途中，都能随时参与会议。这种灵活性极大地提高了团队成员的协作效率，确保了项目任务的快速响应和完成。同时，耳目达解决方案的即插即用设计，简化了会议部署流程，降低了使用和维护成本，使得会议筹备时间大幅缩短，人力支持需求减少，从而加速了业务推进速度。

通过上述举措，海得邦实现了团队协作的高效沟通，提升了全球人才的吸纳能力，优化了在线招聘面试流程，同时也获得了客户的广泛好评。正如海得邦总经理所说，"耳目达实现了科技与沟通协作的无缝连接，帮助我们在工作中创造了更多的价值，一键开启企业远程高效协作时代。"这些成果的取得，不仅得益于海得邦集团对沟通技术的重视和投入，也体现了集团领导层对沟通艺术的深刻理解和有效实践。通过不断优化沟通流程和提升沟通质量，海得邦在全球物流领域的影响力得到了进一步的巩固和拓展。

第一，企业应积极采用新技术，优化沟通协作工具，以适应快速变化的市场和提高响应速度。技术的进步可以显著提升团队的工作效率和项目的推进速度。

第二，企业应高度重视沟通质量，通过提供清晰、准确的交流体验，促进团队成员间的有效协作。企业可以通过定期的团队会议、工作坊、一对一会谈等方式，鼓励开放式对话，让团队成员能够自由地表达意见和进行反馈。

第五节　沟通艺术

任何事情涉及艺术，往往就会与创造力与缺乏公允的衡量标准关联起来，高效沟通同样如此。当讨论沟通艺术时，需要关注的一般都是结果，过程只是实现这个结果的手段。沟通的目的是让沟通的双方达成共识或者情感交互，对于企业中高层干部而言，达成共识尤为重要。

在此背景下，沟通过程中对信息的编码以及解码，就有很多种形式和方法，这种形式和方法是将沟通称为艺术的关键。一般情况下，人的感知是，与会说话的人沟通，时间永远不够用，而与不会说话的人沟通，则话不投机半句多。

一、沟通艺术的重要价值

沟通的重要性不言而喻，而沟通艺术的重要性是建立在确保沟通效果的前提下，提升沟通的速度以及沟通双方对沟通内容的共识程度。沟通的作用没有实现，沟通艺术也就不存在任何意义，沟通艺术是在实现沟通的功能后对过程进行的升华和拔高。沟通艺术的重要价值，一般体现在企业管理的方法、信息传输的通道和提升综合效率三个方面，如图4-13所示。

1. 企业管理的方法

任何方法和途径都有基础版本和升级版本，沟通是企业管理的主要方法和途径，而沟通艺术则是这种方法和途径的升级版本。

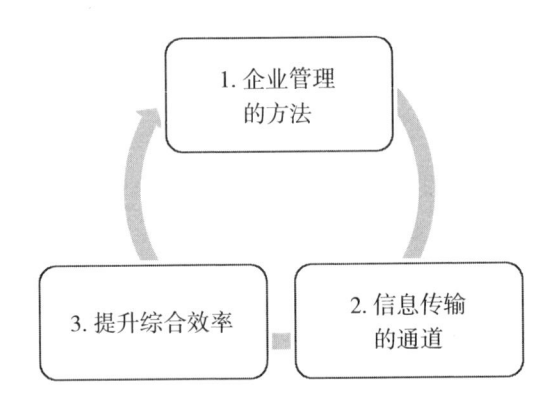

图 4-13 沟通艺术的重要价值

2. 信息传输的通道

沟通是企业内部信息传输的通道，沟通艺术则能保障这种通道更为顺畅。信息在传输过程中必然会存在损耗或丢失，一般企业规避这种风险的方式是缩短信息传输的通道，通过减少层级来规避信息的损耗或丢失，而沟通艺术则是从通道内部的损耗层面着手，让信息接收对象更愿意接收通道中传递过来的信息。

3. 提升综合效率

沟通艺术的重要性，也体现在提升企业的综合效率方面。所谓提升综合效率，指的是双向提升管理和员工双方面的效率。在提升综合效率层面，高效沟通和沟通艺术还是存在一定的区别，如在团队会议中，团队负责人对团队成员迅速进行工作任务安排，可以算是高效沟通，但算不上沟通艺术。如果这个团队是经历长期磨合的高效团队，那么团队负责人安排工作任务简洁明了算是一次有效的高效沟通，但如果失去了这个前提，那么各个团队成员回去后，大概率只能记下一两项工作任务。

案例 4-5

得到：CEO 独特的沟通艺术

得到于 2016 年 5 月上线，由罗辑思维团队出品，旨在为用户提供"省时间的高效知识服务"，提倡碎片化学习方式，让用户短时间内获得有效的知识。2017 年，得到 App 在 App Store 中国大陆图书类畅销榜中位居第一名，12 月，得到 App 入选 App Store 2017 年度精选的年度趋势（知识付费类）；2020 年 6 月，长江商学院中文/金融 MBA、华东师范大学开放教育学院均宣布认可知识服务平台得到 App 上的学习证明——得到学分，分别出台多种面向得到学分的录取及学费学分减免政策，开启了主流成人教育机构与互联网优质内容平台的协同探索；2024 年 3 月，由深圳卫视与得到 App 联合主办、罗振宇主讲的 2023 "时间的朋友"跨年演讲入选优秀网络音频节目。

得到 CEO 脱不花在沟通艺术方面的见解和实践，为我们提供了职场沟通的宝贵启示。她的经历和成就表明，沟通不仅是信息交流的工具，更是推动事业发展、建立良好人际关系的重要手段。在职场中，有效的沟通能够帮助我们更好地表达自己的想法，理解他人的需求，以及在团队中建立共识，如图 4-14 所示。

1. 积极倾听与有效反馈：建立沟通的桥梁

2. 清晰表达与情感智能：确保信息的准确传达

3. 利用技术工具与持续培训：提升沟通效率和能力

图 4-14　得到 CEO 的沟通艺术

1. 积极倾听与有效反馈：建立沟通的桥梁

得到公司领导者非常重视倾听的艺术。他们认识到，倾听不仅仅是等待对方说完，而是要真正理解对方的观点和需求。领导者通过全神贯注的聆听，避免打断对方，展现出对员工意见的尊重。此外，他们还会通过肢体语言，如点头、眼神交流等，来传递积极的反馈，让员工感受到自己的声音被重视。

在反馈环节，得到公司领导者会使用开放式问题引导员工深入思考，并鼓励他们提出创新的想法。领导者的反馈不仅包括对员工工作的认可，也包括对可以改进之处的建设性建议。这种双向沟通模式有助于建立一个开放、坦诚的工作环境，员工更愿意分享自己的想法和意见。

2. 清晰表达与情感智能：确保信息的准确传达

得到公司领导者在表达自己的观点时，总是力求清晰和准确。他们避免使用行业术语或复杂的语言，而是用简单直白的话语来阐述复杂的概念，确保信息能够被所有员工理解。这种清晰的沟通方式有助于减少误解和沟通成本，提高工作效率。

同时，得到公司领导者也展现了高度的情感智能。他们能够识别并适当地响应员工的情绪，同时管理自己的情绪表达。在面对冲突或挑战时，领导者能够保持冷静，用理性和同理心来解决问题。这种能力不仅有助于缓解紧张情绪，还能够促进团队成员之间的和谐关系。

3. 利用技术工具与持续培训：提升沟通效率和能力

得到公司领导者深知技术在现代沟通中的重要性。他们积极利用各种沟通工具，如飞书、企业微信等，来提高沟通的效率。这些工具不仅使得信息传递更加迅速，还能够帮助团队成员跨越地理界限，实现实时协作。

为了确保员工能够有效地使用这些工具，得到公司会定期组织沟通技巧的培训和研讨会。这些培训不仅包括如何使用沟通工具，还包括如何进行有效沟通、如何处理冲突等软技能的培训。通过持续的学习和实践，员工的沟通能力得到了显著提升，从而为公司的整体发展做出了更大的贡献。

总的来说，得到公司领导者的沟通艺术体现在他们对倾听的重视、对信息清晰表达的追求，以及对技术工具的有效利用上。这些沟通策略不仅提升了员工的工作满意度和团队的协作效率，也为公司的长期成功奠定了坚实的基础。通过不断优化沟通流程和提升沟通质量，得到公司领导者展现了他们在沟通艺术方面的卓越才能。

第一，情感智能使领导者能够适当地响应和处理员工的情绪，这有助于建立一个开放、坦诚的工作环境，提升员工的工作满意度和团队的协作效率。

第二，领导者在沟通时需要追求清晰和准确，避免使用复杂的术语，确保信息能够被所有员工理解。领导者应采用包容性沟通方式，考虑到不同背景和经验的员工，确保信息对每个人都是可访问和易于消化的。

二、沟通的准备工作

想要沟通变得艺术性十足，并且达成沟通的目的，需要身为管理者的企业中高层干部在沟通前进行一系列的准备工作。沟通的准备工作，主要分为沟通前和沟通中两个大的环节，准备事项有三点。

1. 事前准备，胸有成竹

在沟通前，身为管理者的企业中高层干部要事先进行准备，做到沟通时胸有成竹，即在进行任何沟通前，都必须对沟通的内容、沟通的目的进行梳理，并对沟通事项的背景情况进行调查，做到心中有数，在沟通实施时即便遇到突发情况，也不至于惊慌失措。

事先准备沟通提纲，算是一个不错的技巧，包括预演沟通中可能出现的冲突以及如何应对等，甚至于沟通对象的时间因素，也得提前进行准备和筹划。

2. 思路清晰，富有逻辑

沟通过程中的准备工作，强调沟通要有目的性和条理性，即沟通时思路清晰、富有逻辑。当沟通无效时，并不能责备沟通对象理解不到位，更大的可能性是表达者没有表达清楚。

至于部分企业中高层干部表达逻辑性不强如何调整和改进的问题，一个很简单的方法就是给表达的内容事先加上"一、二、三"的序号或者"首先、其次、再次"的次序，这样至少在信息接收方听到后，会觉得表达者很有逻辑性。

3. 随机应变，适应受众

在沟通的过程中，要随机应变、适应受众的需求。要做到这一点，事先准备很重要，否则触碰到受众的禁忌范围，整个沟通就会出现灾难性的后果。既然是随机应变，坐而论道往往谈不到重点，只能是在尊重受众、感知受众的前提下，随机做出变化。

事先在脑海中预演沟通场景，并对可能出现的变化提前准备应变方案，是随机应变、适应受众的一项有效训练方式。

三、沟通艺术的细则

沟通既然被定义为艺术，那么便没有太多标准化的原则可供参考，毕竟艺术强调的是天马行空的创造力，不过对企业管理的案例进行深入研究，也可以总结出一部分沟通艺术细则。身为管理者的企业中高层干部须知这些细则并非全部，也非定式，而是对不同案例进行总结归纳所形成，在日常的工作中多注意观察和记录，未来只会领悟到更多的沟通艺术。

1. 观点对错不做判断

沟通的双方都会带有立场以及想要达成的目的，因此需要将沟通看作一个达成目标的过程，在这个过程中或多或少会涉及观点的表达，而沟通艺术的细则之一就是不对观点的对错进行判断，因为这需要牵扯到更多的讨论或碰撞。

2. 充分尊重

不管沟通对象是上级、平级还是下级，又或者是对其他企业的人员，均需要充分尊重沟通对象，这不仅是沟通艺术的细则，更是做人的基本原则。唯有尊重沟通对象，才有继续沟通下去的意义。

3. 尽量不使用否定性词语

真正会说话、会沟通的职场高手，一般在沟通中很少使用否定性词语，即便沟通对象表达的内容与其立场产生了冲突，也不会使用否定性词语达到表明立场的目的。例如，面对不同立场的表达，可以采用"对于您说的，我的理解是这样，您再看看我们是不是有什么偏差"之类的语言，虽然没有使用否定性词语，但依旧表达了自己的立场。

4. 运用好肢体语言

运用好肢体语言也是沟通艺术的细则之一，肢体语言用得好，可能顶上百句话，对于情绪失控的沟通对象，一个拥抱可能胜过千言万语的安慰。

5. 一语概全最伤人

企业中高层管理人员需要牢记一点，在沟通中一语概全最伤人。在沟通时可以去重复对方的观点并进行确认，千万不能听到只言片语便丢弃上下文以及沟通背景来揣测沟通对象的立场，这样做不仅不礼貌，还会给沟通对象形成巨大的打击。

6. 情绪不稳少说话

在沟通时，情绪不稳定时要尽量少说话，一方面是情绪不稳定时，思考的深度一般不够，另一方面情绪也会左右理智。

整体而言，沟通既是一项技能，也是一门艺术，在职场中沟通很重要，身为管理者的企业中高层干部需要追求高效沟通的能力和结果，同时也要对沟通进行有效控制以及艺术化沟通行为，最终实现有效协调企业资源、实现企业交待给自己的任务。

【章末案例】

芒果超媒：业务性沟通与情感性沟通的结合

1. 企业简介

芒果超媒股份有限公司（以下简称芒果超媒）是 A 股市场首家以融合发展为特色，拥有全媒体传媒渠道、内容生产全产业链的国有新媒体公司，也是湖南广播影视集团有限公司（湖南广播电视台）旗下统一的融媒体产业及资本运营平台。公司主营业务包括芒果TV互联网视频业务、新媒体互动娱乐内容制作及内容电商业务等。公司依托芒果特色融媒生态,以互联网视频平台运营为核心,打造涵盖会员、广告、IPTV、OTT、影视剧、综艺节目、艺人经纪、音乐版权运营、IP衍生开发及实景娱乐、内容电商等在内的上下游协同发展的传媒全产业链生态。获第十四届"全国文化企业三十强"称号、"2022年上市公司董事会秘书履职评价"5A评级,以及"2022上市公司董办最佳实践"。

企业中一般存在两种不同的沟通性质:业务性沟通和情感性沟通,如表4-1所示。业务性沟通是指为满足日常工作需要所开展的沟通行为,目前绝大多数企业的内部沟通主要是业务性沟通;情感性沟通是指组织内部员工间为相互了解、增进友谊所开展的沟通,多数场景与工作本身无关,但情感性沟通是企业内部沟通的重要内容,也是业务性沟通顺利、通畅的前提和保证。

表4-1 现代企业管理沟通类型

分类名称	层次	主要内容
业务性沟通	战术层次	日常操作性沟通,如上传下达等
	战略层次	企业精神、文化、理念、使命等的培训、教育、传播
情感性沟通	个人层次	组织成员间的私人交往,如聊天、聚会等
	组织层次	组织与组织之间的情感交流、组织意义上的内部成员间的情感交流,如领导慰问员工等

企业良性沟通模式应包含业务性沟通和情感性沟通,这两者间彼此的界限往往并不明确,任何人为割裂开这两种性质的沟通,必然会导致沟通机制失效的后果。而芒果超媒则结合业务型沟通与情感性沟通两种沟通方式,在与员工的沟通管理上实现了最优效率,如图4-15所示。

2. 业务性沟通——创新与发展的基础

芒果超媒通过高效的信息流通、任务协调以及持续的员工培训与发展沟通,确保了内部沟通能够有效支持公司的战略目标和日常运营,不仅有助于提高工作效率,还能够增强员工的参与感和归属感,为公司的持续创新和发展打下坚实的基础。

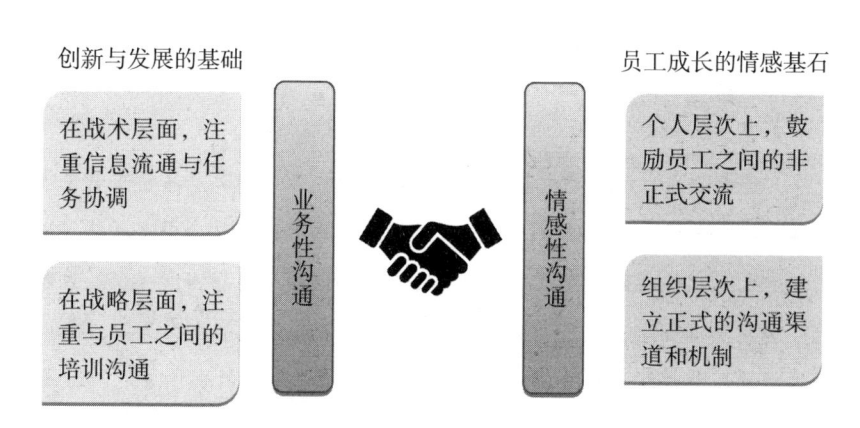

图 4-15　芒果超媒的业务性沟通与情感性沟通

在战术层面,注重信息流通与任务协调。芒果超媒通过建立一套完善的信息上传下达机制,确保管理层的决策和指示能够迅速传达到基层员工,通常涉及使用内部通信系统、电子邮件、即时通信工具等多种沟通渠道,以便及时更新员工对于公司动态、项目进度、业绩目标等方面的认识。此外,芒果超媒还采用项目管理软件和协作平台,如企业微信、钉钉、Slack 等,来促进跨部门、跨团队之间的协作,通过这些工具,员工可以实时分享工作进度、交流意见和解决问题,从而提高工作效率和团队协作能力。

在战略层面,为了提升员工的专业能力和业务水平,芒果超媒注重与员工之间的培训沟通。芒果超媒会定期组织内部培训和工作坊,邀请行业专家或内部资深员工分享经验和最佳实践,帮助员工掌握最新的行业知识和技能。同时,芒果超媒也会鼓励员工参与外部培训和专业认证,以促进个人职业发展。在这一过程中,人力资源部门和直接上级会与员工进行一对一的职业发展沟通,了解员工的职业规划和培训需求,提供个性化的指导和支持。通过这种沟通,不仅能够提升员工的工作满意度和忠诚度,还能够为公司的长期发展储备关键人才。例如,芒果 TV 通过组织行业趋势类培训活动、通用素质类培训及专业能力类培训活动,以全面提升员工技能与通用素养,课程包含《中国移动互联网发展启示录》《视频内容发展现状与趋势培训》《EXCEL·高能函数和公式》《数据思维与分析》《玩转数据工具产品》《产品技术提升系列培训》《广告营销销售力培训》等。为进一步规范公司行政管理工作,提升各单位公文处理水平和规范写作能力,公司邀请专家现场授课,从常用公文写作、公文格式规范和公文处理流程三个方面开展行政公文专题培训。

此外,快乐购在公司内部打造"世界咖啡"座谈会,建立普通员工和管理层之间的对话。座谈会上,管理层与一线员工进行面对面对谈,对公司发展痛点进行头脑风暴。一线员工围绕业务与管理层进行交流,畅谈困惑、想法、建议。管理层直面问题,解答员工困惑,对建设性提议立马牵头督办。全年开展三期,面谈员工53人,共提出改善建议100余项。"世界咖啡"座谈会有效畅通了员工沟通渠道。

3. 情感性沟通——员工成长的情感基石

芒果超媒通过个人层次和组织层次的情感性沟通,成功地构建了一个既注重工作效率又充满人文关怀的企业氛围,对于公司的长期发展和员工的个人成长都具有重要意义。

从个人层次上来说,芒果超媒鼓励员工之间的非正式交流和社交活动,以增强团队凝聚力和归属感。包括组织定期的社交聚会,如员工生日庆祝、团队晚餐或周末户外活动,让员工在轻松的氛围中增进了解和友谊;开展兴趣小组或俱乐部,如阅读俱乐部、运动小组等,让员工在工作之余分享个人兴趣,促进彼此间的交流和互动;通过内部通信平台,如企业社交媒体账号,分享员工的个人成就和生活点滴,增强员工之间的情感联系。这些沟通活动有助于打破部门壁垒,促进跨部门的交流,同时也能够让员工感受到公司对他们个人生活的关心和尊重。

从组织层次上来说,芒果超媒通过建立正式的沟通渠道和机制,来表达对员工的关怀和支持。包括领导层定期进行"走动管理",即领导亲自到各个部门巡视,与员工面对面交流,了解他们的工作状况和需求;在重要节日或特殊时期,如春节、中秋节等传统节日,组织慰问活动,向员工发放节日礼物或祝福,表达公司对员工的关怀;对于员工的个人困难或家庭问题,公司通过设立员工援助计划或心理咨询服务,提供必要的帮助和支持;举办年度员工大会或颁奖典礼,表彰优秀员工和团队，通过公开认可和奖励，增强员工的成就感和荣誉感。

此外，为依法维护并切实保障职工的合法权益，芒果超媒依照《中华人民共和国工会法》和《中国工会章程》有关规定成立工会，依法落实换届工作等组织建设活动。同时持续完善职代会和职工监事制度，定期召开职工代表大会，通过大会选举公司职工代表监事，在涉及员工切身利益的重大公司经营与管理等问题上由职工代表提出意见和建议，确保员工参与民主管理与民主监督，营造民主公平的职场环境，切实关怀员工。芒果超媒不仅强化了员工对公司的忠诚度，提升员工的满意度和工作积极性，还营造了一个相互尊重、相互支持的工作环境，促进了公司文化的传播和内化。

4. 结论与启示

芒果超媒通过业务性沟通和情感性沟通相结合的策略，有效地提升了工作效率、员工的专业能力和团队凝聚力，同时也增强了员工的参与感和归属感，为公司的持续创新和发展奠定了坚实的基础。

第一，企业应重视内部沟通机制的建立和完善，通过高效的信息流通和任务协调，确保员工对公司战略和日常运营有清晰的认识，从而提高工作效率和执行力。同时，通过定期的培训和职业发展沟通，提升员工的专业技能和业务水平，为公司的长期发展储备关键人才。

第二，在企业文化建设中，情感性沟通同样不可或缺。企业应通过组织层次和个人层次的互动，建立一个既注重工作效率又充满人文关怀的环境。通过组织社交活动、兴趣小组和提供心理支持等措施，增强员工的团队凝聚力和归属感，进而提升员工的工作满意度和忠诚度，促进公司的和谐发展。

◉ 本章小结

本章集中于高效沟通这一主题，首先阐明沟通的重要性以及沟通在管理工作的应用，而后对高效沟通、有效协调、沟通控制以及沟通艺术四个子主题进行分别论述。在高效沟通方面，明确高效沟通的基础、形式和原则，通过提高沟通效率、优化沟通方式来保障企业内部信息传递的效率和工作运转的效率。在有效协调方面，依次阐述有效协调的原则和技巧，致力于达成减少内耗、增强组织凝聚力、调动团队成员的积极性等目的。在沟通控制方面，重点从沟通控制的环节、气氛、情绪这三个层次来了解沟通的本质以及掌握沟通的技巧。沟通艺术则指的是实现沟通的功能后对过程进行的升华和拔高，从企业管理的方法、信息传输的通道和提升综合效率三个方面实现其价值，实践中要关注观点对错不做判断、充分尊重、尽量不使用否定性词语、运用好肢体语言等具体细则。

第五章

干部执行力

　　执行力就是在既定战略和愿景的前提下，组织对内外部可利用的资源进行综合协调，制定出可行性的战略，并通过有效的执行措施从而最终实现组织目标、达成组织愿景的一种力量。执行力是一个变量，不同的执行者在执行同一件事情的时候也会得到不同的结果。执行力不但因人而异，而且还会因时而变。如果想要解决执行力的若干问题，就必须先剖析影响执行的根源，然后再找出方法，这样解决问题自然就会变得清楚容易。执行力既反映了组织的整体素质，也反映出管理者的角色定位。管理者的角色不仅仅是制定策略和下达命令，更重要的是必须具备执行力。执行力的关键在于通过制度、体系、企业文化等规范及引导员工的行为。

开篇案例

广州瑞科：高效执行力塑造公司竞争力

1. 企业简介

广州瑞科环境科技有限公司（以下简称广州瑞科）是一家专注于碳减排关键手段可持续发展领域的创新型公司，致力于为政府提供环境政策支撑、为社会提供环境改善服务、为企业提供一站式环境解决方案，通过创新实践推动我国的绿色发展和生态文明建设。主营业务包括企业碳排放监控管理、城市宏观碳监控以及企业碳资产管理等，为客户提供碳监控、碳核查、碳管理系统建设等技术支撑服务，助力推动绿色低碳发展。公司成立后，先后为江西省贵溪市制定了低碳城市建设规划，并且为工业园区申请省级低碳工业园区示范点和国家级低碳工业园区示范点出谋划策；为郑州轻工业大学委托的科研项目中课题《五种产氢技术的生命周期评价》提供技术服务；结合大数据和智能化的需求，与武汉华信数据信息技术有限公司合作，共同开发垃圾处理脱氨平台中控系统，增加碳核查板块，实现碳排放实时监控功能。

2. 眼光精准，积极响应城市建设与碳中和需求

（1）积极响应碳达峰、碳中和政策。

地方是碳达峰、碳中和的重要单元和载体，国家碳达峰、碳中和目标的实现需要各地区共同参与。广州瑞科管理层以独到精准的眼光，锁定碳达峰、碳中和政策，紧抓当前城市建设问题和低碳发展的迫切需求，从地方视角助力全国早日实现碳达峰、碳中和整体目标的同时，也实现了自身竞争力的强势增长。

对此，广州瑞科积极举办城市碳达峰、碳中和实施战略研讨会，发布《国家核证自愿减排量的碳汇项目开发（CCER）、碳资产管理、运营、国内外交易及

政策》报告。会议以城市实现低碳发展为主题，并针对贵溪市的碳达峰实施方案展开深度讨论，致力于未来加强战略合作，响应国家"双碳"政策号召提出了具体方案，为城市乃至全国早日实现碳达峰、碳中和目标贡献力量。

（2）携手多所机构，搭建专业团队。

广州瑞科管理层深知单单把握当前发展趋势和需求是远远不够的，专业团队的搭建也是企业长效发展的必经之路。因而广州瑞科在着力提升自身实力的同时，还携手多所机构、高校，建立紧密的合作关系，组建高水平专业团队。

广州瑞科注重创新发展投入，积极引进技术和人才，并与国内知名"双一流"高校——暨南大学紧密合作，保障企业的研发和持续创新能力的有效提升，做到学校与企业信息、资源共享，形成双赢模式。广州瑞科聘请高校教授及业内知名专家，组建了一支由高层次人才组成的专业团队，为贵溪市企业及城市应对碳达峰与生态文明建设提供专业方案。此外，广州瑞科还与具备专业化能力的机构、企业进行合作，例如武汉华信数据系统有限公司，专注于为水务行业提供专业的智慧化解决方案和优质的技术服务，是国内领先的智慧水务解决方案提供商、智慧运营倡导者；广州绿石碳科技股份有限公司，为中国碳标签产业创新联盟专业碳标评价机构，国家农业农村碳达峰碳中和科技创新联盟理事单位，广东省唯一低碳咨询公共服务平台行业首家"中国AAA级信用企业"。

3. 着力构建城市碳达峰路径——贵溪市低碳发展案例分析

据2018年统计，贵溪市森林覆盖率64.42%，有林地面积达211万亩，森林面积达203万亩，森林管护措施不断加强，林业资源丰富。据了解，林木每生长1立方米蓄积量，会平均吸收1.83吨二氧化碳，放出1.62吨氧气，因此，贵溪市的低碳行动迫在眉睫。广州瑞科为其制定了低碳城市建设规划，如图5-1所示）。

（1）实施政府规划。

低碳城市建设规划，首先是要实施政府规划。

一方面，编制贵溪市温室气体排放清单，核算各年度温室气体排放总量，全面掌握贵溪市重点排放部门、行业与企业，梳理各层级的现状与降碳措施，旨在助力地方应对气候变化能力建设，为政府部门把握城市碳排放趋势变化、增强宏观调控和监管决策提供科学有效的依据。

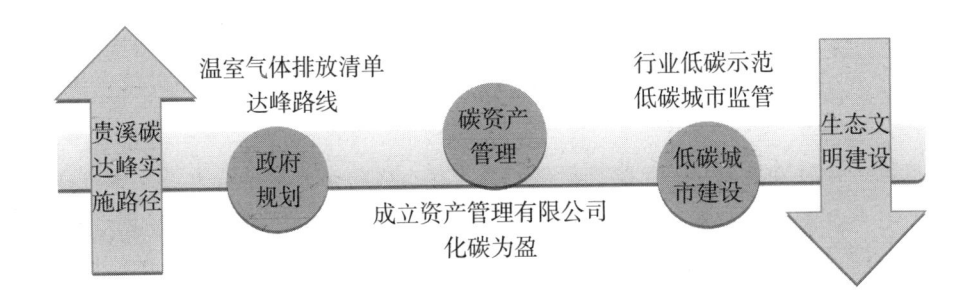

图 5-1　贵溪市低碳城市建设规划

另一方面，制定贵溪市碳排放达峰方案，摸清贵溪地区碳排放历史和现状、分析排放趋势、研判峰值目标并分解落实主要目标和任务，创新体制与机制，通过梳理辖区碳排放数据源情况，结合国内低碳政策及相关要求和先进经验，编制碳排放峰值路径文件，提出本行政辖区达峰年份、达峰路径，达峰保障措施等，帮助各级政府制定切实可行的减排目标。

（2）管理城市碳资产。

为帮助贵溪市更好地管理城市碳资产，广州瑞科联合暨南大学等专业机构，与贵溪市签订战略合作协议，拟帮助建立贵溪市城市碳资产管理公司，对城市碳资产做到合理配置和管理。具体而言，该城市资产管理公司主要是长期管理贵溪市城市碳排放及相关资产，对接贵溪市碳核算、碳资产开发与管理、碳交易、碳金融等后续业务。碳资产管理公司可经营业务包括为辖区内企业提供资产管理服务，贵溪市内光伏、风电、林业碳汇等清洁能源及环保工程的建设，以及CCER（中国核证自愿减排量）项目的投资、开发及后期资产管理。

与此同时，广州瑞科积极帮助城市开发CCER及潜在碳资产，部署碳减排企业，将碳资产转化为企业及城市收入，化碳为盈。

（3）建设低碳城市管理平台。

第一，广州瑞科利用工业互联网的禀赋实现低门槛、无须管理者具备LCA及相关技术，积极部署企业及城市碳排放监管平台，为创建低碳城市试点铺路。

第二，建立从"数据采集+梳理"，到"云平台+LCA"的SAAS服务，再到"分析报告展示+应用"的全流程追踪管理，方便有效地由监管者对当地碳排放数据进行追踪管理，创建低碳示范基地。

第三，搭建实时碳排放监管平台－综合展示平台，应用企业碳排放映像大屏，打造低碳工业示范区。企业碳排放映像大屏功能强大，能够帮助企业按照管控政策，按时填报碳排放数据，提供数据支撑；提供企业碳排放大屏映像门户，企业用户登录展示平台，可进入碳映像大屏展示界面，提供数据报表分析；具备实时数据采集功能，针对企业重点排放设备、工艺提供 VR 实时数据监测。

广州瑞科从电力、工业、农业、交通、建筑等多方面构建具有针对性的碳排放监管平台，通过城市碳排放互联，构建具有系统性、时效性、准确性的城市碳排放监管系统，有效提高城市群节能减排效率，为实现低碳城市化发展提供了理论支撑和政策建议。

4. 结论与启示

广州瑞科通过其在碳减排和可持续发展领域的专业服务，展现了管理层高效的执行力对塑造公司竞争力的重要性。广州瑞科不仅积极响应国家碳达峰、碳中和政策，还通过与政府、高校和专业机构的紧密合作，构建了一支高水平的专业团队。通过为贵溪市制定低碳城市建设规划，广州瑞科不仅帮助地方政府掌握了碳排放现状，还通过建立城市碳资产管理公司，推动了碳资产的合理配置和管理。此外，公司还利用工业互联网技术，建立了全流程的碳排放监管平台，有效提高了城市节能减排效率，为低碳城市化发展提供了有力支撑。这一系列举措不仅促进了城市绿色发展，也显著提升了广州瑞科的市场竞争力。

第一，企业应紧跟国家政策导向，如碳达峰、碳中和目标，将企业战略与国家宏观政策相结合。通过参与政策制定和实施，企业不仅能为社会贡献力量，同时也能抓住政策带来的市场机遇，实现可持续发展。

第二，企业应不断加强技术创新，特别是在环保和碳减排领域。通过研发新技术、新产品，提升服务质量，企业可以构建起独特的核心竞争力。同时，技术创新也是企业适应市场变化、提高效率和降低成本的关键。

第三，企业应积极与高校、研究机构建立合作关系，促进产学研一体化。通过这种合作，企业不仅可以获取最新的科研成果，还能吸引和培养高端人才，加速知识向生产力的转化，提升企业的整体竞争力和市场适应能力。

第五章｜干部执行力

干部领导力训练的最后一个环节，就是干部执行力的提升，企业中高层干部唯有将企业战略规划转化成效益和成果，才能体现其在企业内部的价值。干部执行力包括干部完成任务的意愿、完成任务的能力，以及完成任务的程度。对于团队而言，干部执行力就是战斗力；对于企业而言，干部执行力就是经营能力。

第一节　干部执行力的定义

干部执行力即指干部贯彻企业的战略意图，完成预定目标的实际操作能力。据美国《财富》杂志统计，75%的CEO失败的原因在战略执行层面而不在战略规划层面，也就是说，对企业未来发展方向的策划和企业未来的规划上犯错误的CEO并不多，但是很难将对企业的设想执行到位。美国《财富》杂志的另一项统计数据表明，在受调查的CEO中，有72%的被调查者认为在企业日常经营中，执行战略比制定战略更难。作为上传下达枢纽的中高层干部，在企业战略执行层面肩负着巨大的责任。

一、干部执行力的核心内容

干部执行力包含的核心内容与干部在企业中承担的关键职能和关键的价值创造点密切相连，一般从四个层面来诠释，包括管理组织体系、管理制度体系、文化理念体系和干部领地权威，如图5-2所示。

1. 管理组织体系

企业管理组织体系包括与股权结构对应的治理架构如股东大会、董事会、监事会等，以及顶层经营架构如总经理、副总经理、总经办、各专业委员会等，再往下便是各部门以及各部门的分支机构形成的运营架构。不同机构的关键职责，以及在关键职责下的关键岗位，都属于企业的管理组织体系，也是干部执行力的核心内容。

管理组织体系	包括与股权结构对应的治理架构如股东大会、董事会、监事会等，以及顶层经营架构如总经理、副总经理、总经办、各专业委员会等
管理制度体系	包含一些员工行为规范和企业管理制度汇编，如考勤制度、休假制度、绩效制度和薪酬制度等
文化理念体系	企业的愿景、使命和核心价值观，乃至经营理念、人才理念等
干部领地权威	干部领导权威同样属于干部执行力的核心内容

图 5-2　干部执行力的核心内容

2. 管理制度体系

很多企业在员工入职时都会发一本《员工手册》，一般会包含一些员工行为规范和企业管理制度汇编，如考勤制度、休假制度、绩效制度和薪酬制度等，这些均可以理解为对外公开的企业管理制度体系。实际上，管理制度体系还包括流程说明书、操作指引等规范性文件，这些管理制度体系同样是干部执行力的核心内容。

3. 文化理念体系

很多企业都强调企业文化上墙，即将企业的愿景、使命和核心价值观，乃至经营理念、人才理念等内容印刷成标语，张贴于企业内部的显眼位置。这些操作属于企业文化落地推行策略的一部分，也是干部执行力的核心组成内容，因为员工的行为普遍受企业文化潜移默化的影响。

4. 干部领导权威

无论我们的管理组织体系如何先进、管理制度体系如何完善、文化理念体系如何富有感染力，如果干部领导权威缺失，就依旧不能产生正向的管理效果，说明干部领导权威同样属于干部执行力的核心内容，哪怕这个核心内容很难被理解。

很多企业组织架构完善，制度体系明确，文化理念也深入人心，但企业效率不行，企业经营每况愈下，究其原因就在于缺少干部领导权威，干部絮絮叨叨讲半天，却没有人听从干部的指令、执行干部下达的命令。因此，管理组织体系、管理制度体系、文化理念体系以及干部领导权威均属于干部执行力的核心内容，缺一不可。

二、干部执行力的关键流程

提及执行力，一般用关键流程来描述，干部执行力除有其核心内容外，同样有其关键流程。由于企业干部分属不同的业务模块，因此干部执行力的关键流程主要集中在人员流程、战略流程和运营流程三个层面，如图 5-3 所示。

1. 人员流程 → 2. 战略流程 → 3. 运营流程

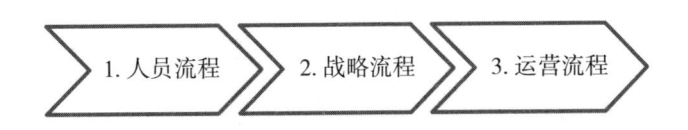

图 5-3 干部执行力的关键流程

1. 人员流程

所谓人员流程，重点在于人员管理，即组织内部员工与员工间的耦合与互动的流程。这里的人员流程是一个宏观上的概念，包括寻找人员、人员互动、人员析出等系列流程。有企业家认为干部执行力的关键在于找到合适的人员，只有找到合适的人员才能发挥干部执行力，完成具体的任务。

2. 战略流程

干部执行力的战略流程也叫策略流程，主要指企业或组织/团队的商业策划，从做什么样的事情开始，到最终输出什么样的结果，称之为一个完整的商业策划。在企业管理中，这一过程通常被称为战略规划，干部执行力需要战略流程来作为支撑，否则它就是无根之水。

3. 运营流程

所谓运营流程就是企业内部各个部门、各个岗位间如何联动，具体任务如何分配以及工作成果如何组合。干部执行力中的运营流程，主要是指在企业内部运作过程中，干部作为关键节点如何衔接其他岗位或部门。

从干部执行力的三个关键流程不难发现，干部执行力的关键在于协调与控制，督促不同的岗位人员去完成具体任务，干部本身的价值主要依托于团队和成员来实现。这也正好匹配了管理的定义，即"管理是指在特定的环境条件下，以人为中心通过计划、组织、指挥、协调、控制及创新等手段，对组织所拥有的人力、物力、财力、信息等资源进行有效的决策、计划、组织、领导、控制，以期高效地达到既定组织目标的过程"。

三、干部执行力对企业的重要性

干部执行力对企业的重要性不言而喻，但往往很难具体描述出来。美国《财富》杂志统计数据显示，企业成功的关键在于战略执行，而不在于战略规划。在企业日常管理中也能真真切切地感受到有执行力的干部与没有执行力的干部之间的差距。具体而言，干部执行力对企业的重要性体现在以下三个方面。

1. 企业的成功要素

结合媒体的调查数据，企业实操领域越来越接受这样一个结论：企业的成功20%靠商业策划，20%由环境和趋势所决定，而60%则是依靠企业不同层级管理者的执行力。将企业比作一个人体，不管这个人的四肢有多么强壮，但是这个人有没有力量，更多的则是看其腰部是否有力量。而在企业这个人体中，组成腰部的恰恰是企业中高层干部。

小米创始人雷军曾经说"风来了，站在风口上猪都会飞上天"，说的是企业成功要素中的环境和区域因素，但这毕竟不是企业所能控制的，至多是可以加以利用的因素，因此，对于绝大多数企业而言，想要获得长久的成功，则需要将更多的精力投放到60%的干部执行力要素上。

2. 现有资源效益最大化

干部执行力是合理利用企业现有资源，协调一致，把企业目标转化为员工责任的一种关键能力。从干部执行力的核心内容与关键流程中都能够很轻松地发现这一点，企业想要将现有资源最大化地利用，将效率提升到极致，唯有在干部执行力上下功夫。

干部价值的发挥不在于亲力亲为地去完成具体的任务，而是以更高效的手段组合所管辖的下属，以及激励和调动下属的主观能动性，积极主动、高效率地完成工作任务。

3. 速度与结果的双重要求

干部执行力是一个系统，不仅关注执行速度，更关注执行效果。执行力良好的企业，不仅有执行速度，更有执行结果。没有结果的执行速度，叫作盲动，有可能会带来企业资源的浪费。只有执行结果没有执行速度，企业就有可能错失市场发展良机，从而被迫进入红海竞争的行业或领域。

干部执行力是一个综合系统，对干部执行力既有速度又有结果的要求，从而实现组织内部资源的配置与高效组合，更好地完成组织的任务。

干部执行力可以简单地理解为企业组织能力的具体化呈现，关乎到企业经营效益，更关乎到组织的战斗力，提升干部执行力，本质上就是打造更具效率的企业组织能力。

📍 案例 5-1

海康威视：两代领导力激活术

杭州海康威视数字技术股份有限公司（以下简称海康威视）成立于 2001 年，是一家专注于技术创新的科技公司。海康威视秉承"专业、厚实、诚信"的经营理念，践行"成就客户、价值为本、诚信务实、追求卓越"的核心价值观，致力于将物联感知、人工智能、大数据技术服务于千行百业，引领智能物联新未来：以全面的感知技术，帮助人、物更好地链接，构筑智能世界的基础；以丰富的智能产品，洞察和满足多样化需求，让智能触手可及；以创新的智能物联应用，建设便捷、高效、安心的智能世界，助力人人享有美好未来。海康威视的治理架构如图 5-4 所示。

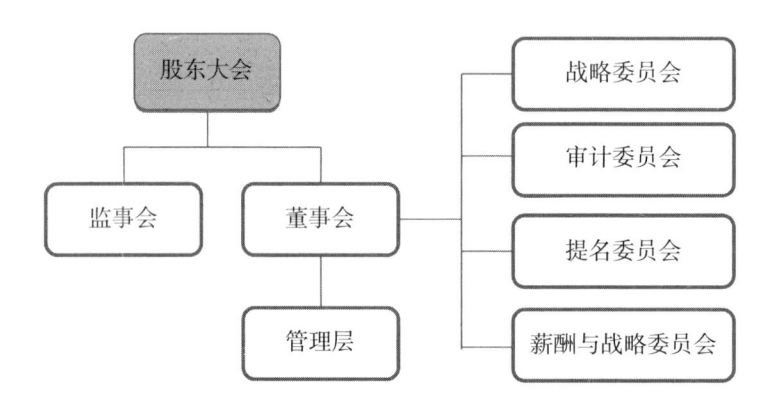

图 5-4　海康威视治理架构

1. 赠送式转股，领导力激活 1.0 模式

在国企改革深入推进的背景下，中国电子科技集团第五十二研究所积极探索混合所有制改革，成立了海康威视有限公司。创始管理团队由副所长陈宗年和副总工程师胡扬忠带领，与投资人龚虹嘉共同组成了公司的领导核心。龚虹嘉不仅提供了资金支持，还引入了企业管理经验，并在公司上市前以极具战略眼光的方式向核心团队转让了股份，极大地激励了团队的创业热情和创新动力。

2007 年，龚虹嘉以极具优惠的条件将自己所持有的海康威视股份转让给核心团队，这一赠送式转股不仅体现了对创业团队的信任和激励，也为公司的长期发展注入了强大动力。在陈宗年、胡扬忠和龚虹嘉的共同领导下，海康威视实现了跨越式发展，成为一家资产规模庞大、营收和净利润均达到业界领先水平的国有大型企业集团。龚虹嘉的初期投资获得了超过两万倍的回报，成为企业与投资者相互成就的典范。

2. 创业式激励，领导力激活 2.0 模式

海康威视在国企改革的浪潮中，通过创业式激励机制，成功激活了领导力 2.0 模式，进一步弘扬了企业家精神。海康威视实施了多次限制性股票激励计划，广泛覆盖中高层管理和技术骨干，通过股权激励，激发了管理层的创新和拼搏精神。2015 年推出的"核心员工跟投创新业务方案"是这一激励机制的升级版（见图 5-5），通过让员工跟投创新项目，实现了风险与利益的绑定，进一步激活了中高级管理者的事业心和领导力。该方案采取持股平台的间接跟投方式，遵守了国资监管规定，同时设立了 A 计划和 B 计划，分别针对不同层级的员工和创新业务。这种机制不仅筛选出愿意投身创新的核心人才，还在管理岗位上锻炼了他们的创业领导能力，为公司培养了高层管理接班人，对整体管理团队的能力升级具有重要意义。

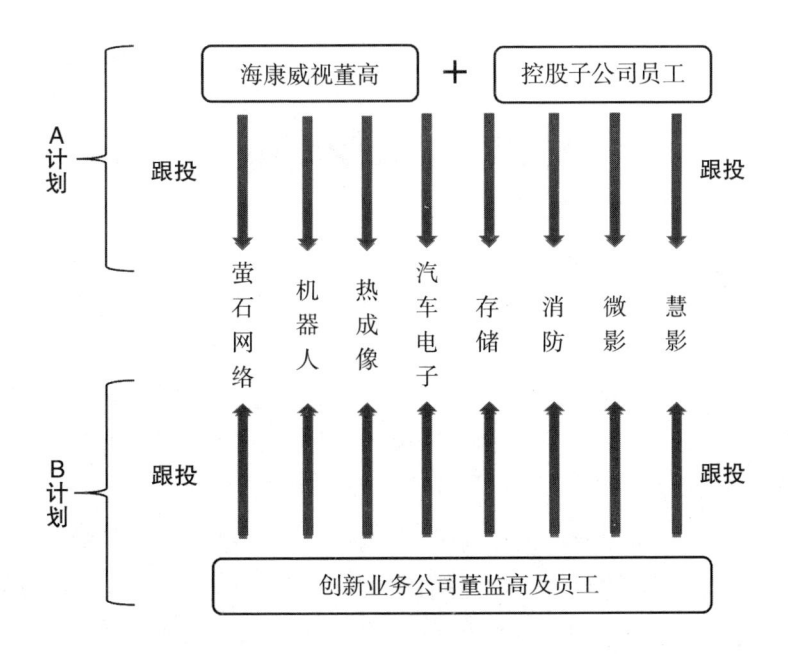

图 5-5 海康威视的"核心员工跟投创新业务方案"

随着龚虹嘉在 2021 年卸任，领导力激活 1.0 模式圆满结束，而 2.0 模式则在 2022 年推动创新业务方面取得了显著成果，如萤石网络成功登陆科创板、机器

人业务准备申报创业板。新的业务管理核心在不同层面的锻炼和筛选中，形成了更多的领导组合，为企业的持续创新和发展提供了强有力的支持。

海康威视通过股权激励和跟投机制，成功激活了领导力，促进了企业创新和增长。其领导力激活术的核心在于将企业家精神深植于各管理层级，通过风险与利益的绑定，激发管理层的事业心和创新动力。海康威视的实践表明，有效的激励机制和领导力培养是推动企业长期成功的关键。

第一，企业可以通过股权激励等方式，增强团队的创业热情和创新动力，同时培养和锻炼管理团队的领导能力，为企业的长期发展注入活力。

第二，"核心员工跟投创新业务方案"通过风险与利益的绑定，激发了员工的事业心和领导力。这种机制不仅筛选出了愿意投身创新的核心人才，还促进了管理团队的能力升级，为企业培养了高层管理接班人，对企业的持续创新和发展具有重要意义。

第二节　干部的执行能力

干部的执行能力是干部执行力的组成部分。干部执行力中干部的执行能力是基础、干部的心态是关键，干部在提升执行力的时候，一方面要通过加强学习和实践增强自身素质，另一方面也要不断端正自己的心态。根据目标制定计划，根据计划落实责任人，明确任务的输出物以及监督验收责任人等，都是干部执行能力的具体体现。

具备执行能力的干部，会明确任务的先后顺序、完成任务的关键点以及匹配最合适的下属来完成任务，一旦任务下达就不会一天三问，而是在关键成果输出前后介入，并在关键成果通过验收时给予任务执行者明确的奖励，在关键节点出现延误或错误时，他也会毫不犹豫地给予任务执行者惩罚。

企业中高层干部要提升自身的执行能力，必须要了解影响干部执行能力的因素，以及提升干部执行能力的具体方法，还要规避提升干部执行能力时可能犯的错误。

一、影响干部执行能力的因素

影响干部执行能力的因素有很多，很多企业中高层干部在讨论绩效指标时，经常习惯说"这个指标我不能够全部负责任"或"这个指标的结果我不能完全掌控"，但凡有这种表达的干部均需要反省自身的心态。因为，严格说起来，企业经营的所有指标能够完全负责任或完全掌控的唯有老板而已，如果所有指标都由老板来承担，那么企业中高层干部身为职业经理人的价值何在？

确切地说，影响干部执行能力的因素主要分为五类，分别是目标、个人因素、团队因素、组织因素和激励因素，如图 5-6 所示。

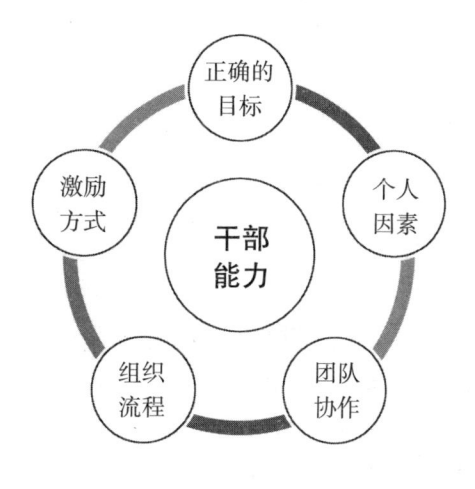

图 5-6　影响干部能力的因素

1. 正确的目标

正确的目标在一定程度上可以让干部的执行能力更强，但错误的目标可能会让干部越努力离实现目标的距离越远，这是讨论干部执行能力的起点，不能被轻易忽略。很多企业的最高层直接面对市场的变化，目标和任务的调整速度非常快，就是对这一影响因素的重视程度不够。

2. 个人因素

个人因素主要是指企业中高层干部的能力水平、工作态度以及干部本身的精力等，积极的心态配合适当的能力水平，一般可以爆发出比较高效的执行能力。另外，干部的精力水平也会影响到执行能力的输出。

3. 团队协作

团队协作是干部发挥自身执行能力重要的"放大器"，我国很多企业尤其是中小型民营企业的中高层干部，普遍是从业务能力突出的员工中提拔起来的，个人能力都非常突出，但是他们带领的团队却往往一团糟，基本上都是干部自身一个人在拼命地干。一方面是因为这些干部缺乏管理能力，不能充分调动团队一起完成任务；另一方面是因为干部的个人精力有其极限。因而团队协作也是影响干部执行能力的一个重要因素。

4. 组织流程

组织流程指企业内部的管理制度、管理流程、授权体系等系列组织管理文件，它对组织效率的影响是直接且明显的，同样对于组织效率的体现——干部执行能力的影响也是直接和明显的。有些企业，一份业务流转文件呈现到高层领导面前时，已经签了十几个名字，反倒是高层领导仅需要签个名，那么这种组织流程就显得非常冗余。对于负责具体事务的企业中高层干部而言，还必须得等高层领导签字，否则不符合流程规范，这就严重影响了干部的执行速度。

5. 激励方式

激励方式与干部执行能力的影响关系一般很容易被忽略，因为激励方式似乎与干部执行能力风马牛不相及，但本质上激励方式对干部执行能力的影响也很直接。不同的干部对于激励的需求并不完全一致，有的干部习惯于经济激励，也有的干部习惯于精神激励，彼得·德鲁克曾说"知识型的员工不需要管理"，说的就是激励方式对员工和干部行为的影响。激励形式的优劣、激励方式是否合适，对干部以及干部所在团队的执行能力影响非常大，所谓"重赏之下必有勇夫"，就是这种影响力的一种体现。

二、如何提升干部执行能力

既然干部执行能力受到诸多因素的影响，那么企业中高层干部如何提升自身的执行能力便成为一个关键的议题。实际上，影响干部执行能力的诸多因素可以看作客观条件，客观条件无法解决就要向内求取解决方案，因此干部执行能力的提升主要在于干部个人的努力，通过个人因素的改观进而影响客观因素，具体分为三个方面，如图 5-7 所示。

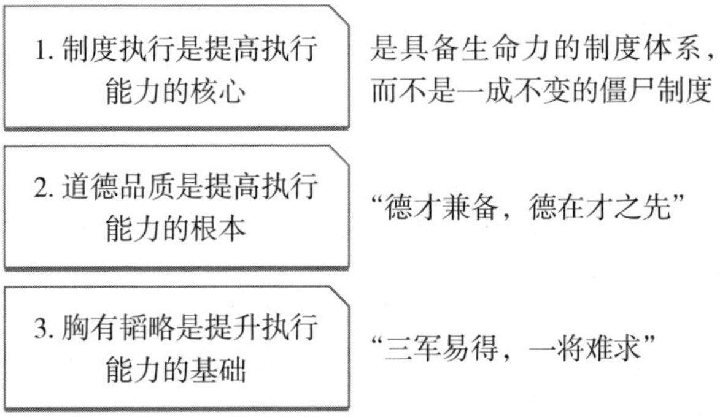

1. 制度执行是提高执行能力的核心	是具备生命力的制度体系，而不是一成不变的僵尸制度
2. 道德品质是提高执行能力的根本	"德才兼备，德在才之先"
3. 胸有韬略是提升执行能力的基础	"三军易得，一将难求"

图 5-7　提升干部执行能力的举措

1. 制度执行是提高执行能力的核心

制度是完成企业各项目标和任务的保证，因此企业需要建立整套完善且科学的制度体系，并且这个制度体系是具备生命力的制度体系，而不是一成不变的僵尸制度。很多企业遇到问题就会匆匆忙忙地出台制度解决问题，而匆忙出台的制度运行一段时间后，发现其中有一些漏洞，于是又立刻出台新的制度或制度的补充条款打补丁，以便堵住漏洞，随着补丁越大越多，甚至出现自相矛盾的补丁，以至于员工无所适从，制度也就沦为摆设。

有生命力的制度体系，会根据企业实际情况而实时调整，新制度的颁布一般伴随着老制度的废除。干部在提升自身执行能力的过程中，要严格执行制度的规定，但这并不意味着干部强制推行制度体系，而是根据实际情况，按照标准的流程让制度更加贴近企业的需要。需要注意的是：这里不是强调干部在执行时寻找制度的漏洞，或者是打折扣执行制度，而是强调干部需要在执行制度的过程中保持与时俱进的思想，及时调整和优化制度本身。

2. 道德品质是提高执行能力的根本

王阳明说："破山中贼易，破心中贼难。"影响干部执行能力的个人因素中也强调，企业中高层干部要定期调整自己的工作状态、端正自己的工作态度，没有良好的道德品质，必然会导致执行能力低下，瞻前顾后、计较个人得失。

近年来，越来越多的企业意识到干部德才兼备的重要性，因此会在企业文化里制定干部行为的红线标准，如干部八条或干部行为高压线、干部行为红线等。企业用人可以唯才是举，也可以是德才兼备，各有优劣，但用干部还是需要强调"德才兼备，德在才之先"。

3. 胸有韬略是提升执行能力的基础

胸有韬略，是指对做事的步骤和策略成竹在胸。在企业经营中，中高层干部是要带领团队完成组织交付的任务，并不是冲锋在前的先锋部队，因此不能只是一味地勇冠三军，还需要韬略在胸。所谓"三军易得，一将难求"，说的就是这个道理。对于企业而言，普通员工好招，但真正有执行能力的干部往往不是那么容易获得，可能更多的是获得半成品或原材料，需要企业自己来慢慢培养。

没有干好工作的本领，就谈不上拥有执行能力，所以企业的中高层干部需要不断学习、不断接受有挑战性的任务，从而掌握业务知识和具体的工作方法，如果只是抱着"做一天和尚撞一天钟"的心态，久而久之，就算企业不淘汰干部，干部也会被自己淘汰掉。

三、提升干部执行能力需要注意的问题

企业中高层干部在了解提升干部执行能力的必要手段后，还需要注意一些可能导致执行能力出纰漏的问题点，或者是在提升干部执行能力的过程中需要额外注意的问题，一般包括目标、指令和沟通三个层面。

1. 目标要明确

不断地执行任务是提升执行能力的具体手段，因此每一次执行任务前，企业中高层干部都需要反复确认目标是否明确，因为目标是执行的方向，方向一旦错了或者模糊不清，即便执行速度再快，也不会有任何结果。

例如，很多企业在实施绩效考核时，即便企业大的发展目标、各干部所在组织承接的分解目标都已经确定，却依旧需要反复沟通和确认目标，甚至有可能在目标的基础上还会进一步细分出保底目标、基本目标、挑战目标和极限目标，原因就在于如果目标不够明确或目标本身错了，干部执行能力越强反而会导致最终距离想要达成的目标越远。例如，某企业的经营目标是降本增效、开源节流，而行政部门在获得分解目标并转化为部门目标时提出了"行政要提升企业的业务招待标准"，则需要进一步研讨和深入分析这个目标是否背离企业的整体目标。

2. 指令要明确

很多企业在布置任务时没有具体的工作安排，没有把目标任务及具体工作安排分解清楚，而是惯用一些不太确定的模糊词汇，如"差不多""做好""准时完成"等，这些都属于不明确的指令，会导致企业中高层干部或员工在执行过程中效率大打折扣。

企业中高层干部提升执行能力时需要注意，安排具体任务时，需要将任务内容、任务的最终输出物、任务的责任人（唯一）和任务时间节点同步强调清楚，予以一一落实和明确，避免接受任务的员工无所适从，指令明确后，即便任务未能按时完成，任务责任人也可以追溯失误并进行原因分析，否则将是混沌一团。

3. 沟通汇报渠道要畅通

企业中高层干部是上传下达的中间环节，因此在提升干部执行能力的同时，要额外注意沟通汇报渠道，以及与之配套的信息反馈机制。充分的沟通是保障沟通渠道畅通的关键。

曾经有领导力方面的培训师在课堂上说："领导干部要在员工面前保持神秘感，因此要少说话、少出现。"这一观点纯属对干部领导力的一种误判，充分沟通是彼此建立信任基础的过程中付出代价和成本最小的一种方式，现在已经不是过去那种单纯靠下属猜测领导深层次意思的时代。

提升干部执行能力过程中需要注意沟通渠道畅通的问题，分为自上而下的信息传递和自下而上的汇报传递两个层面，对于企业中高层干部而言，双向的沟通渠道均需要关注并确保畅通，如果信息都不能顺畅地在组织内部传递，那么谈论干部执行能力只能是空话。

干部执行能力是干部执行力的一个很重要的表现形式，这种能力并非与生俱来，而是可以通过后天的训练而获得并持续提升的，因此企业中高层干部需要关注干部执行能力的影响因素，并持续不断地提升自身的执行能力。

案例 5-2

友达光电：提升管理干部胜任力

友达光电（苏州）有限公司（以下简称友达光电）在 2018—2022 年间面临了外部环境的很多挑战，同时内部也需要应对自动化、智能化和数字化转型。在这一双重挑战下，公司策略不断调整，而管理干部的转型助力成为关键。苏州厂区的 6000 名一线员工中，约 400 名现场管理干部（班组长）是基层管理的核心，负责维持多条产线的正常运作。随着策略调整和新生代员工的加入，对这些干部的能力要求不断提升。为此，公司推出了现场管理干部行动营（AAC），结合策略传达和当责式管理培训，确保员工将组织发展与个人工作紧密结合。自 2012 年起，AAC 持续强化管理能力，特别是在 2018 年后，培训重点从责任承担转向沟通技能。2021 年，公司开发了适用于现场管理干部的胜任力模型，并在 AAC 中加强沟通理论的教学，以提升沟通效率，减少冲突，塑造良好的企业形象，同时留住并吸引人才。

友达光电实施了为期约两个月的 AAC 项目，旨在提升管理干部的领导能力。项目由人力资源部门统筹，面向包括线长领班、带线工程师和在线训练员等在内的管理干部。项目分为三个阶段：前期规划、中期筹备和后期执行，如图 5-8 所示。

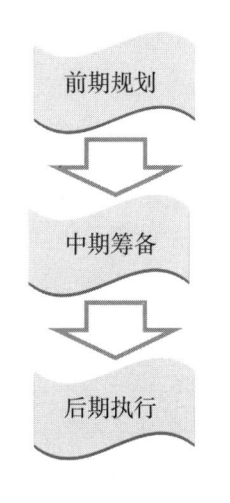

```
前期规划  →  进行活动主题和流程的调研与确定，制作课件；
            共同参与，确立活动框架和理论基础

中期筹备  →  项目组负责设计宣传材料、安排学员、邀请讲师
            并进行话术培训，同时准备所需物资和现场布置

后期执行  →  项目组进行现场彩排并正式启动活动
```

图 5-8　友达光电 AAC 项目的三个阶段

1. 干部行动营项目的三个阶段

在规划阶段，主要进行活动主题和流程的调研与确定，制作课件，并由项目负责人、部门主管和工厂训练组共同参与，确立活动框架和理论基础。在筹备阶段，项目组负责设计宣传材料、安排学员、邀请讲师并进行话术培训，同时准备所需物资和现场布置，确保筹备工作全面完成。在执行阶段，项目组进行现场彩排并正式启动活动，确保每一期活动都顺利进行。整个项目通过各阶段的精心准备和执行，旨在全面提升现场管理干部的综合素质和工作效率，以支持公司的长期发展和战略目标的实现。

2. 提升一线管理干部的沟通技巧

友达光电的 AAC 项目专注于提升一线管理干部的沟通技巧，通过简化沟通模型和实践演练，使干部们能够更好地掌握话术和沟通策略。2018 年，项目着重于基础话术和沟通技巧的练习；2019—2020 年，转向避免语言暴力、情绪管理和人文关怀，以增强员工的尊重和安全感；到 2022 年，项目开始强调高效沟通，教导管理者通过非暴力沟通识别员工需求并激发行动。

项目根据管理干部的层级，如线长、领班和大领班，定制不同的沟通策略，

以适应他们的具体职责和需求。为了提升学习体验，项目结合视频、场景模拟、现场演练和分享等多种教学手段，从多个维度增强学员的参与感和学习效果。

活动采用体验式小组竞争模式，通过答题、演练和分享等互动环节，激发学员的积极性，并根据得分进行奖励。课程开发实施过程中，HR主管深入工厂观察，与高阶主管和第三方进行会议和访谈，以确定教学目标。课程设计注重吸引注意力、激发学习兴趣、发现式学习和实践应用，确保学员能够真正掌握沟通工具。教材的编撰则邀请资深主管担任讲师，并与HR主管和训练组共同开发教学资料，确保教材的实用性和有效性。通过这一系列措施，友达光电的项目不仅提升了管理干部的沟通能力，也为公司培养了一批高效能的一线领导人才。

经过这几年对沟通重要性宣导及实用方法论的教授，一线同仁对管理干部的投诉量逐年减少，在2021年公司两个邮箱收到的总投诉量控制在了10人以内，投诉率得到明显降低，从另一方面增强了员工的文化认同，塑造了良好的雇主形象。

第一，企业在面临外部环境挑战和内部转型需求时，应重视对管理团队的培训和发展。通过提升管理干部的综合素质，可以更有效地促进组织目标与个人工作的紧密结合，从而支持企业长期发展和战略目标的实现。

第二，在企业管理中，良好的沟通技巧至关重要，它有助于减少内部冲突、提升员工满意度、塑造积极的企业形象，并且对于培养高效能的领导人才具有显著作用。

第三节　执行过程管理

提升干部执行力更重要的一个环节是执行过程管理，这一环节与干部目标和计划管理中的过程控制有诸多相似之处。没有执行过程管理，那么企业中高层干部执行的结果就只能是看天吃饭，并不受控制。

无论是干部自身执行任务，还是对下达的任务进行执行过程管理，服从都是根本。虽然每个人的中心都是自己，不可避免地存在个人偏好，但是干部的执行过程管理有利于执行任务过程中的纠偏，保持团队内部的任务进度和目标对齐，避免干部或员工在执行过程中受个人偏好影响，将自己喜欢的事情做过头，而对自己不喜欢的事情避而不做。

一、执行力偏差

执行力分为个体执行力和组织执行力。个体执行力是指一个人的执行力或某一件事的执行力；组织执行力是指一个组织或一个企业的执行力，即组织和企业在达成目标过程中所有影响最终目标达成效果的因素的受控情形。进入21世纪后，执行力对企业发展的作用越来越重要，并且逐渐成为企业竞争力的核心组成部分。

如果没有匹配的执行力，无论企业战略蓝图多么宏伟或组织架构多么科学合理，也很难发挥战略和组织本身的价值。在激烈的市场竞争中，企业的执行力将决定企业的兴衰，因此，对执行力必须要投入足够的关注，对执行力偏差也必须有清晰的认知。所谓执行力偏差，是指在规划过程中对执行的流程和能力评估不存在问题，但在实际执行过程中未知因素导致执行发生偏差，使任务的执行脱离正常轨道的情形。

这就要求企业中高层干部对于执行不要有阶段性完结的思想，不要认为流程图画好、流程规范明确以及目标实现路径规划完毕，事情就一定能有结果。毕竟大多数任务的执行都是由人来执行，人并非机器，总会受自己的情绪、状态以及周边人的情绪和状态影响，从而使其行为发生一些波动，导致执行力出现偏差。在企业管理过程中，一个非常重要的管理任务是要防止出现执行力偏差，并且实时监控执行力偏差的发生，一旦出现苗头，就要将其扼杀在萌芽状态。

二、执行力过程管理的关键

在了解执行力偏差的定义与形成原因后，再来寻找执行过程管理的关键事项就相对比较轻松，无非是针对执行力偏差采取对应的措施即可，具体包括拟定目标、分析影响因素以及提前制定对策，如图5-9所示。

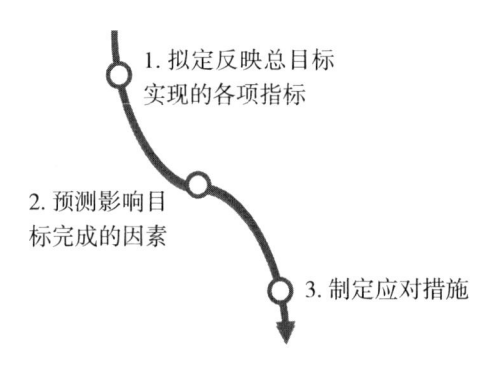

图 5-9　执行力过程管理的关键

1. 拟定反映总目标实现的各项指标

目标有宽泛和具体之分，但不管是宽泛还是具体的目标，要考量执行效果，则必须提前拟定反映总目标实现的各项指标。目前国内从谷歌导入的一套目标管理工具——OKR，在拟定反映总目标实现的各项指标时非常有效。该工具的逻辑是将企业整体目标（O）不断分解为关键成果（KR），并且每一项关键成果都会成为小一级组织的目标（O），下一级目标继续分解为关键成果。最终实现企业的整体目标与每一个岗位间的关联关系，从而达到各岗位的目标完成后企业整体目标也必然完成的效果。

OKR目标管理工具建立在全公开、全透明的基础上，即各个小组织都能够看到不同分解任务的具体完成进度，从而主动调整本组织的具体任务以实现与其他组织协同与同步的效果。

当然，提前拟定反映总目标实现的各项指标并不只有OKR一个工具，目标管理法（MBO）、平衡计分卡（BSC）、剥洋葱法、时间线倒推法都属于拟定反映总目标实现的各项指标的工具。

2. 预测影响目标完成的因素

执行过程管理的第二个关键是预测影响目标完成的因素。任何目标的完成，都会受到外部因素和内部因素的双重影响，而为了确保执行的最终结果，干部在实施执行过程管理时必须预测这些因素。

例如，一个企业的整体营业目标有可能会受到外部市场变动、上下游供应关系、国家的宏观政策和行业法规等的影响，而内部的生产稳定性、团队的稳定性、激励政策等，也有可能会影响企业业绩目标的实现。这些就属于影响目标实现的外部因素和内部因素。干部在执行具体任务前，需要综合考量，预测所有可能影响目标实现的因素。

3. 制定应对措施

预测了影响目标实现的内外部因素后，还需要提前做出一些对策，以便于影响因素真的出现时组织有足够的应对方案，更大程度地保障企业目标的实现。例如，预测实现企业目标过程中组织架构可能会发生的重大变化，这一组织架构的变化有可能会影响整体目标的实现，那么干部应提前制定避免组织架构中关键核心人才流失的措施。

对于一些其他的风险点，尤其是外部影响因素，干部在执行前可能需要更加深入地制定应对措施，可能需要不同的应对方案，毕竟外部影响因素对企业内部的影响作用很小，只能是被动地进行防范。

三、执行过程管理的方法

执行过程管理有无数种方法，根据企业中高层干部的不同风格，各有所长，但是通用的规则和流程会有一些原则上的要求，或者称之为关键行动方案，包括以下 10 种方法或步骤。

1. 执行过程管理必须高瞻远瞩

企业中高层干部在实施执行管理时必须高瞻远瞩，尽可能多地做预测和估计，预演有可能发生的风险和问题，从而在真正遇到这些风险和问题时不至于手足无措，而是有系统性的应对策略。

2. 执行过程管理必须能够反映出行动的性质和基本要求

企业中高层干部在执行过程管理时，必须能够反映出行动的性质和基本要求。这些行动的性质和基本要求应提前予以明确，无论是干部本人还是团队成员，在具体执行任务时必须按照行动的性质和基本要求，否则容易招致风险。

3.执行过程管理要对差异敏感

在执行过程管理中，企业中高层干部要对实际执行与规划或预演的执行过程差异非常敏感，一旦出现差异，要迅速察觉并进行有效干预，避免形成执行力偏差。

4.执行过程管理应把握关键点

任何事情都有关键抓手以及核心点，企业中高层干部在执行具体任务时，尤其是分配团队成员执行具体任务时，往往做不到面面俱全，并且也不能充分调动和发挥团队成员的积极性、发挥团队成员的价值，因此在执行过程管理时，企业中高层干部应该把握关键点。

5.执行过程管理要以适当的标准为前提

什么事项是关键事项、什么输出物是关键里程碑、什么时间是关键节点？企业中高层干部在执行过程控制中需要提前约定这些标准，标准不仅包含以上的关键点，也可以提前确立一些细节问题，只有这样，在介入执行过程时，才不会出现推诿扯皮的现象。

6.执行过程管理要有适当的弹性

俗话说"计划赶不上变化"，但执行过程管理更多的是目标或任务分解计划的执行过程，企业中高层干部在执行过程管理中，应当适应计划的变更和环境的改变，保持具体执行者必要的灵活性和自主性。

7.执行过程管理必须合乎经济原则

企业中高层干部在执行过程管理时，不要为了控制而去做一些额外的事情，凡事都需要考虑经济原则，如果为了控制而使用一些手段付出的代价与收益完全不成比例，则没有必要去浪费这个成本，毕竟企业的资源是有限的。

8.执行过程管理要表现出组织效能

目前，有关组织效能的研究比较多，但是大多数研究者并不能清晰地解释组织效能。所谓组织效能，可以简单地理解为组织的效率和活力，即组织既要有效率，又不能如同冷冰冰的机器一般没有温度，还需要有足够的活力。同样，企业中高层干部在执行过程管理时，不能彻底限制具体任务执行者的主观能动性。

9. 执行过程管理的方法和技术要易于了解

在执行过程管理时，企业中高层干部使用的控制方法和技术要做到易于理解，换言之，控制的方法和技术越简单越好，如目标管理工具 OKR，在 OKR 看板上可以实时关注各分支任务的完成进度，就是一种易于了解的工具。

10. 执行过程管理需要指出改正的行动

执行过程管理仅仅是发现问题、找出偏差并不足够，还必须针对执行过程中出现的执行力偏差、错误和问题，提出相应的改正方案，且改正方案要落实到行动中。

执行力在执行过程中是会存在偏差的，因此干部执行力很重要的一块便是执行过程管理，执行过程管理同样关乎执行是否有效，以及企业的最终目标能否实现。作为企业中高层干部，在训练干部执行力时，需要将执行过程管理当作一个重点来对待。

案例 5-3

赣锋锂业：李良彬高效的执行力

江西赣锋锂业集团股份有限公司（以下简称赣锋锂业）成立于 2000 年 3 月 2 日，集团业务贯穿资源开采、提炼加工、电池制造回收全产业链，产品被广泛应用于电动汽车、储能、3C 产品、化学品及制药等领域。赣锋锂业是全球第三大及中国最大的锂化合物供应商，是全球唯一同时拥有"卤水提锂""矿石提锂"和"回收提锂"产业化技术的公司，拥有 5 个大类逾 40 种锂化合物及金属锂产品的生产能力，稳居世界第一梯队。

赣锋锂业的创始人兼董事长李良彬的创业经历是一段充满挑战与坚持的旅程。

1. 早年经历

李良彬的早年经历促使了他对知识的渴望和对未来的憧憬。1967年，李良彬出生在江西的一个农村家庭，尽管家庭条件有限，但他的父母非常重视教育。在他们的支持和鼓励下，李良彬明白了知识的重要性，并以此为动力，努力学习。他的学习成绩一直非常优秀，最终考入了江西宜春学院的化学专业。在校期间，他对化学的热爱和专注让他成为老师的得意门生，并帮助老师辅导其他同学。这段经历不仅锻炼了他的专业技能，也培养了他的领导能力和团队合作精神。

2. 初次创业

毕业后，李良彬被分配到江西锂厂科研所工作，他凭借自己的勤奋和聪明才智，很快就成为科研所里不可或缺的一员，并晋升为副所长。他继续发挥自己的才华，不断学习和提升，最终成为江西锂厂的厂长。1997年，他看到了行业变革的趋势，一家智利公司研制出了从卤水中提炼锂的技术，这使得国内从矿石中提炼锂的企业面临巨大的竞争压力。李良彬决定自己出来创业，带着4位同事开始了创业之路，利用政府投资的80万元，建立了第一条10吨金属锂生产线。不幸的是，由于经营理念的分歧和内部问题，第一次创业以失败告终。

3. 再次创业

尽管初次创业失败，但李良彬并没有放弃。1998年，他以90万元的价格拍下了赣锋金属锂厂，背负着114万元的债务，独自承担起企业的重任。在接下来的几年里，李良彬身兼数职，既是技术员、工资核算员、采购员，又是销售主力。他的勤奋和坚持逐渐扭转了企业的经营状况，工厂开始扭亏为盈。2000年，李良彬与赣锋金属锂厂签订资产转让协议，将锂厂转变成一家具有现代企业制度的有限公司。他非常注重技术创新和人才引进，从北京有色金属研究总院请来了电解锂专家胡洪波、我国第一批锂电解槽专家巴雅尔等专业领域高级人才。通过吸收各地的人才，赣锋锂业在原有的基础上改良创新，形成了一批重要的核心技术，使得赣锋锂业在市场上占据了领先地位。李良彬不断引进和培养人才，让公司拥有了一个优秀的团队，正是因为这些优秀人才的加入，赣锋锂业才有了今天的辉煌成就。

在李良彬的领导下，赣锋锂业不仅在技术上取得了突破，还在市场营销和品牌建设上取得了显著的成就。2007年，公司销售收入达到2亿元，净利润超过4000万元，多个产品销量全国第一。同年，赣锋锂业吸引了中比基金、南昌创投和中国五矿等资本的关注，并获得3000万元投资。2007年10月，赣锋锂业完成股份制改革，李良彬成为最大的股东。2010年，赣锋锂业在深圳上市，成为中国第一家锂行业的上市公司，市值达到2798.2亿元。

李良彬正是由于具有高效的执行力，才使得赣锋锂业能够在锂电行业中不断壮大，最终成为行业的领军企业。李良彬的故事，是坚持和创新精神的最佳诠释，他的经历激励着无数创业者，即使在逆境中也要保持信念，不断努力，从而最终实现自己的梦想。

第一，专业知识和技能是创业成功的基础，它们为企业提供了进入市场并站稳脚跟的必要能力。而随着企业的成长，领导力和团队协作的重要性日益凸显，成为推动企业持续发展的关键因素。

第二，面对挑战和逆境，企业要坚持信念、持续创新，这是实现转型和长期发展的关键。坚持信念意味着在困难面前不轻言放弃，保持对企业愿景和目标的执着追求。同时，企业需要通过不断的学习和探索，进行产品和服务的创新，以适应市场变化和消费者的需求。

第四节　执行速度与结果管控

执行就是行动，就是下定决心排除一切干扰，想尽一切办法用最快的速度去达到目标。在企业管理中，如果没有执行力，那么一切都是白费气力。打造高效执行力必须要具备速度和结果的双重要素，全心全意地立即行动是优秀执行力的表现，不痛不痒、拖拖拉拉则是执行力低下的表现。

身为企业中高层干部，不管如何困难，只要任务和目标下达，就必须坚定去执行的决心和毅力。因为中高层干部普遍都有一个团队在支撑着他们，如果他们不立即采取行动，整个团队就会处在等待之中。对于任何企业或团队而言，如果没有执行力，所有规划和所有战略基本上都会失灵。

执行分两个层面：一是速度，二是结果。要保证执行速度和结果控制，就需要按照既定规则，关注执行力的三个要素，了解执行速度和结果控制的校验标准，继而去掌控执行速度和结果控制的关键点。

一、执行力的三个要素

关于执行力有很多层面的解读，对中国企业尤其是中国民营企业而言，执行力最重要的有三个因素：一是明晰目标，二是有效衡量，三是循环反馈，如图5-10所示。

图5-10 执行力的三个要素

1. 明晰目标

目标或任务是执行的开端，如果开端模糊或者不够明确，那么执行速度越快，执行结果就会相距越远。因此，任何目标或任务的发出者都必须使目标明晰，用执行者听得明白的语言表达。

明晰目标与正确的目标区别在于，正确的目标是保证企业或组织在大的方向上是正确的，不至于犯低级错误或者明显的路线错误，而明晰目标则是目标提出者要把目标说明白，并且让执行者能够听得懂。

讲不清楚的目标不一定是不好的目标，但肯定不是明晰的目标。身为企业中高层干部，自己讲不清楚的目标尽量不要对下属讲，对于其他任务发起者提出的目标没有清晰前要反复提问，对于反复提问依旧听不明白的目标应予以放弃。

2. 有效衡量

有效衡量是指对目标和任务有定量的考核指标或标准，如数据、时间线或者任务明细等，项目管理中经常使用的任务分解表，就是任务明细的典型代表。企业中高层干部的职业素养一般不会存在太大问题，难点在于很多任务和事项很难有定量的衡量标准，而不能定量的衡量标准普遍难以被接受。

实际上，目标提出者想要通过任务获得什么结果，可以根据这个结果去倒推有效衡量标准，当然，这就要求目标提出者提出的目标本身应该符合 SMART 原则。

在设置有效衡量标准时，应首先考虑量化的数据，但如果量化的数据实在难以获得，也可以考虑以时间节点来衡量，假如时间节点也不能事先设置，就可以考虑其他方式，如任务清单等。

3. 循环反馈

执行速度和结果控制的第三个要素是循环反馈，即不断反馈、不断考核、不断总结、不断修正、不断重新执行，完全按照戴明环（PDCA）的规则循环往复，不断地修正执行与目标的差距，从而在时间节点范围内达成目标。

没有任何事情或者任何任务可以一次做到位，即便是可以一次做到位，但也要追求做出更好的结果，因此循环反馈是持续提升的一大利器。

二、执行速度和结果控制的五个校验标准

在理解了执行力的三个要素后，就可以校验执行速度和结果控制。一般而言，可以通过制度、企业文化、沟通、细节和管理技能五个标准来校验企业中高层干部的执行速度和结果控制。

1. 制度

执行力首先表现在制度层面，即执行速度和结果控制的第一个校验标准是制度，包括制定合理的制度并严格执行，并且自上而下地执行。很多企业制定并发布了很多制度，却很少执行到位，原因就在于这些制度只是针对员工，对中高层

干部并没有要求。中高层干部不带头执行制度，制度自然就会成为摆设。

2. 企业文化

执行力也是企业文化的一种表现形式，企业要倡导执行速度和执行结果并重的文化，将快速行动、踏实做事的精神形成一种组织惯性，使企业的中高层干部和员工养成共同的行为习惯。形成这种氛围后，企业的执行才能更有效率。

3. 沟通

执行力也体现在高效的沟通上，有效协调与过程控制是执行力的重要因素，目标和任务的高效执行不只是上行下效，平级部门间、上下级间的有效沟通更是重中之重。

4. 细节

执行速度和结果控制也体现在对细节的把握上，执行目标和任务与执行出结果是两件事情，而要执行出结果，需要更多地注重细节，注重过程的微观控制，这样才能保证目标和任务的有效执行。

5. 管理技能

执行速度和结果控制的校验标准也包括企业中高层干部的管理技能，有了命令不执行或执行不好，是管理问题而不是团队成员的问题。当出现执行不畅或执行出现偏差时，企业中高层干部首先需要找自身原因，再找制度原因，最后才是在员工能力方面找原因。

三、执行速度和结果控制的关键点

执行速度和结果控制的关键点有很多，但大体包括执行前的心态、执行中的速度和执行后的结果三个层面，这是事物发展的时间规律，需要企业中高层干部额外关注和掌控，如图 5-11 所示。

执行前	决心第一，成败第二
执行中	速度第一，完美第二
执行后	结果第一，理由第二

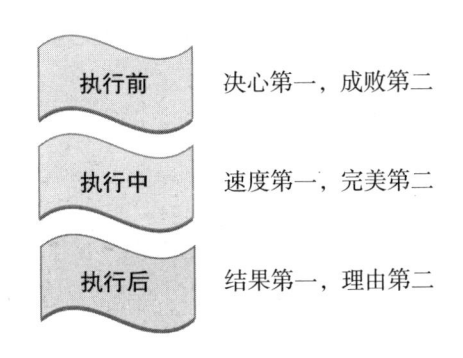

图 5-11　执行速度和结果控制的关键点

1. 执行前：决心第一，成败第二

如果任务已经处在执行阶段，还在想是不是应该做，那么执行必然会出问题。不想担责的人，可以找出无数个理由来支撑他不去执行。因此，执行速度和结果控制在事前的关键控制点，就是不断地调整心态，将决心放在第一位，建立必胜的信心，而把成败放在第二位。

2. 执行中：速度第一，完美第二

身为企业中高层干部，需要明确"时间是企业经营管理中的最大成本"观念，在任务执行过程中要坚定"速度第一，完美第二"的原则，因为对于企业下达的任务而言，完成比完美更重要。

3. 执行后：结果第一，理由第二

很多企业的中高层干部在执行不力、任务没有完成时，总会找出各种理由推卸责任。其实任务没有完成，最终的结果都是由企业来承担，追溯责任只是为了改进，那些一味推卸责任的企业中高层干部是不符合职业要求的。

只要眼中有结果，就不会害怕有困难，如果眼中只有困难，自然也不会有好的结果。因此，企业中高层干部在执行任务后，一定要实事求是，结果第一，理由第二。

复制领导力：从0到1的突破

> 案例 5-4

中芯国际：梁孟松的领导执行力

中芯国际集成电路制造有限公司（以下简称中芯国际）是世界领先的集成电路晶圆代工企业之一，也是我国集成电路制造业领导者，拥有领先的工艺制造能力、产能优势、配套服务，向全球客户提供 8 英寸和 12 英寸晶圆代工与技术服务。2021 年 8 月，《财富》中国 500 强排行榜发布，中芯国际排名第 382 位；2022 年 5 月，福布斯发布 2022 全球企业 2000 强，中芯国际排名第 937 位；2022 年 8 月，中芯国际入选福布斯中国发布的 2022 中国创新力企业 50 强榜单；2023 年 7 月，中芯国际位列《财富》中国 500 强排行榜第 308 位。

中芯国际的联合首席执行官梁孟松的职业生涯充满了传奇色彩。他曾在 AMD、超微半导体、台积电和三星等多家半导体巨头中担任要职，每一次转身都为半导体产业带来了新的变革。然而，梁孟松的传奇并没有止步于此。他选择了中芯国际作为自己新的战场，这是一家中国最大的半导体制造企业。在这里，他再次创造了奇迹。短短半年时间，中芯国际的 7 纳米芯片良率从 5% 飙升到了 95%。这一成就，意味着中芯国际在半导体产业中实现了质的飞跃，与台积电、三星等业界巨头站在了同一起跑线上。

那么，梁孟松是如何做到这一切的呢？这都要归因于他强大的领导执行力，具体如图 5-12 所示。

1. 选择正确的技术路线

梁孟松在面对全球半导体行业追求极紫外（EUV）光刻机技术的潮流时，选择了深紫外（DUV）光刻机作为技术突破口。这一决策不仅体现了他深邃的技术眼光和对行业趋势的准确判断，也展现了他敢于挑战传统、勇于创新的勇气。通过多层曝光技术，他成功地提升了 DUV 光刻机的晶体管密度，实现了技术上的重大突破，不仅为中芯国际节省了巨额的研发成本，也为公司在技术上取得了与业界巨头竞争的能力。

正确的技术路线 →	在面对全球半导体行业追求极紫外（EUV）光刻机技术的潮流时，选择了深紫外（DUV）光刻机作为技术突破口
注重团队建设 →	在中芯国际建立了一支强大的技术团队，并吸引了众多半导体精英的加入
抓住市场机遇 →	面对美国对中国半导体产业施压的外部环境，他不仅没有退缩，反而加快了中芯国际的技术研发和产能扩张步伐
避免单打独斗 →	积极与国内外的合作伙伴建立紧密的合作关系，共同应对市场挑战

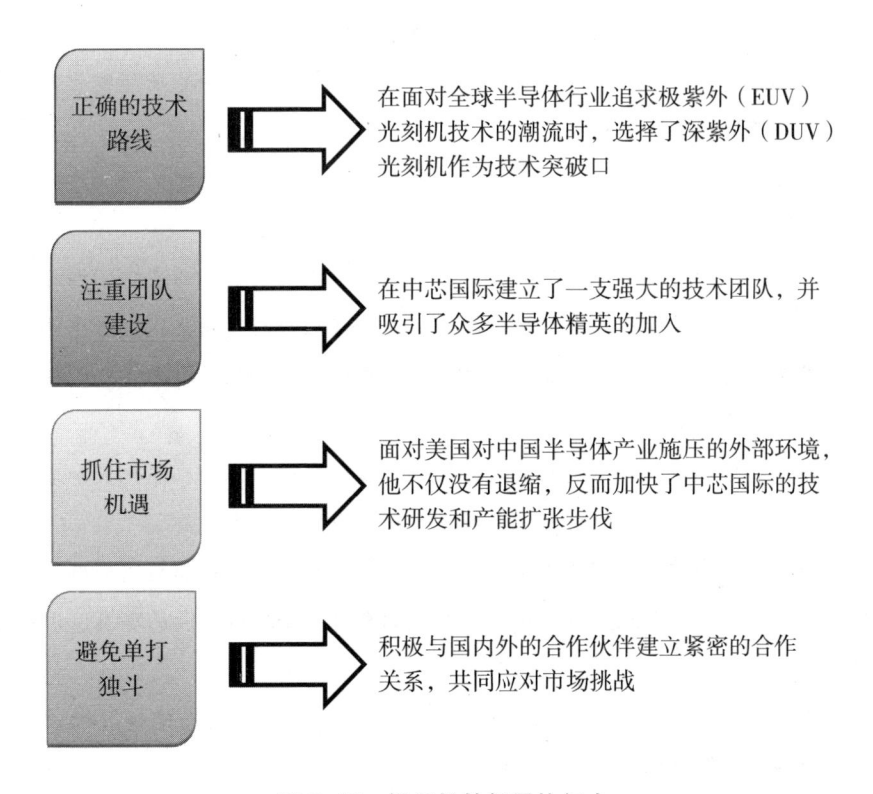

图 5-12　梁孟松的领导执行力

2. 注重团队建设

梁孟松深知团队合作的重要性，他在中芯国际建立了一支强大的技术团队，并吸引了众多半导体精英的加入。他给予团队成员充分的信任和支持，鼓励他们大胆创新，共同攻克技术难题，从而在短短的半年时间内实现了 7 纳米芯片良率的显著提升。这种以人为本的领导风格不仅激发了团队的潜力，也为公司的快速发展奠定了坚实的基础。

3. 抓住市场机遇

面对美国对中国半导体产业施压的外部环境，他不仅没有退缩，反而加快了中芯国际的技术研发和产能扩张步伐，抓住了这一挑战背后的机遇。他对市场动态的敏锐洞察力和快速反应能力，使得中芯国际能够在复杂的市场环境中保持竞争力，并在市场中占据了有利地位。

4. 避免单打独斗

梁孟松认识到，在全球化的今天，单打独斗难以取得长远的成功。因此，他积极与国内外的合作伙伴建立紧密的合作关系，共同应对市场挑战。这种开放合作的态度不仅为中芯国际带来了更多的资源和机遇，也加强了公司在全球半导体产业中的影响力和竞争力。

梁孟松的领导执行力体现在其战略洞察、团队激励、市场机遇把握和合作网络构建上，他的成功对其他企业的发展具有一定的启示意义。

第一，领导者需具备前瞻性思维，勇于创新，重视人才培养与团队协作，敏锐地捕捉并利用市场变化，并通过建立广泛的合作关系，以开放的姿态促进行业的整体进步。

第二，企业应重视团队合作和人才培养，同时对市场动态保持敏锐的洞察力，快速应对市场变化，抓住机遇以实现快速发展。

第五节　目标的达成

目标的达成是企业中高层干部执行力的终极体现，也是企业中高层干部对于企业的终极价值体现。所谓目标达成，就是指企业中高层干部完成企业或组织赋予他的目标。很多企业在目标管理的基础上，增加了激励兑现的模块，从而演进为成果管理，也就是俗称的责任制，即企业个体员工积极参与、自上而下与自下而上结合地确定工作目标，并在工作过程中实行自我控制，自下而上地保证目标实现的方式。

从 1953 年彼得·德鲁克提出目标管理法后，经历 70 多年的发展，越来越多的管理学家对目标管理的方法论和工具进行了变革和更新，目标管理工具层出不穷，目标管理也进一步演进为成果管理，使目标的达成成为衡量干部执行力的终极标准。

一、目标的设定

目标的达成始于目标的设定。结合干部执行力的结果体现，目标的设定主要分为四个步骤，包括预定目标、匹配组织和职责、分解目标和达成共识，如图 5-13 所示。

1. 预定目标 ➡ 2. 匹配组织和职责 ➡ 3. 分解目标 ➡ 4. 达成共识

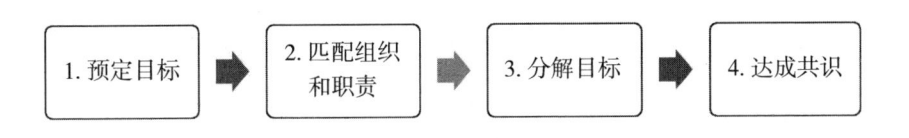

图 5-13　目标设定的四个步骤

1. 预定目标

企业在制定中长期目标或者短期目标时，一般由企业的高层管理者（如董事长、总经理）提出一个暂时的、可以改变的目标预案，这个目标预案被称为预定目标。预定目标之所以是暂时的、可以改变的，主要是由高层管理者提出后，可以就这个预设目标同下级讨论，或者是由下级提出，由高层批准。

无论是哪种方式提出的预设目标，都需要由高层主导，与下级共同商量决定，并且这个预设目标是符合企业的使命和长远战略规划，同时考虑了客观环境有可能带来的机会和挑战的。

2. 匹配组织和职责

目标管理要求每一个分目标都有确定的责任主体，从干部领导力的维度讨论目标要如何达成。因此，在目标提出后，就要重新审视企业的组织架构和职责分工，任何一次目标调整或目标确立，必然会带来组织架构和职责的重新划分，或至少会出现一些细微差异。

这些差异虽然细微，却必须引起重视，否则分目标的责任主体出现混乱，则执行时必然会出现问题。

3. 分解目标

目标设定的第三步是分解目标，或者说是确定下级的目标。明确组织规划和具体目标后，企业高层管理者要与企业中高层干部讨论并确定他们的目标，企业中高层干部也需要同他们的下级商定进一步的分解目标。

这时，可能会出现讨价还价、推三阻四的现象，在讨论过程中上级要尊重下级，耐心倾听下级的意见，帮助下级分解一致性和支持性的目标。

分解目标要具体量化，便于考核，也要分清轻重缓急。只有目标既有挑战性又具备实现的可能性，才有可能对下级的工作形成牵引和指导的作用。

4. 达成共识

分解目标后，上级要授予下级相应的资源配置权力，实现权责利统一，这样才能让下级解放手脚、集中精力去达成目标。因此，就目标的共识，上级与下级应该形成书面协议，编制目标记录卡片予以记录。

书面协议中最重要的内容，应该是上级和下级就实现各项目标所需的条件和资源，以及实现目标后的奖励事项、未达成目标的惩戒条款等。将编制的目标记录卡片汇总到一起后，就可以据此绘制整个组织的目标地图，以便于企业高层管理者实施目视化管理或者及时跟进目标进度。

二、目标过程管理

目标过程管理对于目标的达成同样重要。区别于目标与计划管理中对目标过程的控制，在衡量干部执行力维度的目标的达成中，目标过程管理可以分为四个部分，即自发自觉、定期检查、及时沟通、解决问题。

1. 自发自觉

目标管理过程中，分子目标一经分解确立，那么身为管理者的企业中高层干部就需要重视结果，强调下级自主、自治和自觉地达成目标，当然这并不等于放手不管，相反，由于形成了目标体系，某一环的失误会牵动全局目标的达成，因此在目标实施过程中的管理是不可或缺的。

自发自觉强调的是分目标责任人需要发挥主观能动性，自主地去协调资源，自己管理自己，自觉地去承担工作任务。

2. 定期检查

目标一旦形成体系，逐层分解的目标将成为一个整体，某一环出现问题必然会影响整体目标的实现。因此，在目标实施过程中，身为管理者的企业中高层的管理不可或缺，过程管理包括监督、监控、评估阶段性成功、提出下一阶段的修正方向等。

可以借助双方经常接触的机会和信息反馈渠道进行定期检查，不能太过刻意，否则会干涉执行者自发自觉地实现目标。例如，可以建立周例会、双周例会或月例会的机制，对目标实现的过程进行定期检查，以防止发生执行力偏差。

3. 及时沟通

上级要定期检查目标实现的情况，向下级通报整体的目标达成进度，以便于互相协调资源，同步分目标的实现进度。毕竟整个组织的所有成员都在围绕整体的目标而努力，虽然每个岗位都有分目标，但设立分目标的目的就是支撑整体目标的实现。

由于目标的具体执行者掌握的资源和信息较少，因此也需要及时向上级沟通遇到的困难，以及希望获得的支持与帮助。

4. 解决问题

身为管理者的企业中高层干部需要帮助下级解决工作中出现的困难和问题，当出现意外的不可预测事件将严重影响目标实现时，企业中高层干部可以通过合规的手续为下级调整原定目标，也可以帮助下级协调预算范围外的资源以消弭不可预测事件的负面影响。

当然，下级在完成目标时，并不见得只有一种困难和问题，有时甚至会缺乏完成任务必需的知识和技能，这也属于身为管理者的企业中高层干部解决的问题范畴。

案例 5-5

中控技术：推出人才激励措施，助力长期发展

中控技术股份有限公司（以下简称中控技术）成立于1999年，总部位于浙江杭州。作为国内领先的流程工业智能制造整体解决方案供应商，公司秉承"让工业更智能，让生活更轻松"的愿景和使命，聚焦流程工业自动化、数字化、智能化需求，形成了从集散控制系统（DCS）、安全仪表系统（SIS）、网络化混合控制系统等自动化控制系统到仪器仪表、工业软件、行业解决方案、专业服务等覆盖流程工业全生命周期的产品服务体系，连续多年入选工业和信息化部智能制造系统解决方案供应商和示范企业。

1. 评优表彰

中控技术作为一家坚持自主创新的知识型企业，鼓励一切形式的创新。中控技术在日常工作中十分注重员工的创新想法，设置了多样的收集渠道和完整的线上反馈流程。对于创造价值、贡献突出的个人与团队，中控技术每年开展评优表彰，设立先进团队奖、战略突破奖等奖项，用来激励和鼓励团队合作和知识创造。

2. 举办公司级热点活动

中控技术每年还积极举办各种公司级热点活动，宣传创新文化。比如，和社会各界力量合作每年举行创新创业大赛，孵化和投资支持脱颖而出的项目；定期举办不同主题的辩论赛，让员工们积极参加，常常能获得一些建设性的观点；定期举办不同专题的总裁见面会，员工们和总裁面对面交流，明晰公司战略以及相应的期望和要求，激励员工与公司一起变化与成长。

3. 股权激励

中控技术的业务持续发展需要一批稳定的研发技术人才及管理人才等，并需要不断吸引高素质的研发、产品、销售及管理人才。尽管公司通过内部培养及外部引进等方式逐步打造了一批精干及稳定的核心人才团队，但有可能出现核心人才流失的风险，从而给公司技术研发及业务持续发展带来不利影响，因此中控技术采取了一系列留住核心人才的措施，包括提供富有竞争力的薪酬待遇、不断优化绩效考核体系、塑造企业文化、提供良好的工作环境等，不断健全完善人才管理体系。此外，中控技术还推出股票激励计划，深度绑定骨干员工共同发展。2021年，中控技术发布上市以来首次股权激励计划，激励对象覆盖高管、外籍员工及核心骨干等1003人，占公司整体员工的20.55%。此次股票激励计划有力地激发了被激励员工的积极性，实现公司与核心员工利益的深度绑定。

中控技术通过评优表彰、热点活动以及股权激励等措施，提升了内部管理效率和创新能力，也为公司的长期稳定发展奠定了坚实的人才基础。

第一，企业应建立正向激励机制和创新文化，以激发员工的创造力和团队协作精神，这样不仅能收集到有价值的创意和观点，还能增强员工的参与感和归属感，从而促进企业的知识创造和技术创新。

第二，企业可通过股权激励等方式，深度绑定核心人才，提高人才留存率，这样不仅能够吸引和留住关键人才，还能确保员工与公司目标一致，共同推动企业的持续发展和市场竞争力的提升。

三、目标达成后的激励

当目标达成后，企业中高层干部必须注意要及时激励，这里的激励既有正面激励，也有负面激励，即目标达成给予正面激励，目标未达成给予负面激励。在目标设定环节，上下级间就目标达成的书面协议中，就已经标明了激励兑现的条款，因此在目标达成后按照既定协议实施激励至关重要。

目标达成后的激励，按照时间顺序，也分为总结、兑现和举行仪式三步。

1. 总结

任何目标执行后，无非两种结果，要么达成，要么未达成，即便是中途取消或调整了，那也是未达成。因此，执行者完成具体工作任务后，必须及时总结经验、吸取教训，并以书面报告的形式向任务发布者提交总结。

在总结中，目标责任人需要自我评估目标达成的具体程度，分析目标达成过程中的经验、教训以及原因，为下一次设定目标时提供依据。

2. 兑现

兑现奖惩是目标任务完成后的必要环节，也是下一阶段目标和任务发布的起点。根据事先书面约定的标准，当目标任务结束后，该奖则奖、该罚则罚，并在兑现过程中强调目标实现的奖惩机制，为新的循环提前做好准备。

唯有及时兑现奖惩，在设定下一步的目标时，目标设定者和目标责任人之间才能形成一种相互信任的氛围，也能减少下一阶段讨价还价、推三阻四的现象。

3. 举行仪式

近年来，"仪式感"一词出现的频率颇高，在目标达成后，也应该举行相应的仪式，通过一种仪式感来固化组织内部上下对目标达成兑现奖惩的认知。华为一直倡导"胜则举杯相庆，败则拼死相救"的文化，这便是将仪式上升到了文化的层面。

谷歌在推行OKR管理工具时，也建立了"胜利的星期五"的仪式，即对于每周OKR关键成果及计划进度处在绿色区域的同事准备小啤酒、小蛋糕，举办一个类似于下午茶的小型庆祝活动，这种仪式感对新员工是一种吸引，对老员工是一种精神激励。

干部执行力是干部领导力的结果体现，也是干部在组织内部实现价值的最关键的抓手，不仅关注执行前的目标设定，也关注执行过程中的控制，更关注最终目标的达成。

章末案例

宁德时代：贯彻精神领袖与执行者的角色

1. 企业简介

宁德时代新能源科技股份有限公司（以下简称宁德时代）是全球领先的新能源创新科技公司，致力于为全球新能源应用提供一流的解决方案和服务。宁德时代的主营业务是大中型锂电池的研发、生产、销售，另外还有电池回收和材料销售业务。2022 年，宁德时代动力电池系统使用量连续六年位居全球第一、储能电池出货量连续两年位居全球第一，发布了第三代 CTP 技术——麒麟电池，宜宾工厂获得全球首家电池零碳工厂认证，并被世界经济论坛评选为灯塔工厂，还发布了换电服务品牌 EVOGO 及组合换电整体解决方案；2023 年，宁德时代发布零碳战略——2025 年达成核心运营碳中和，2035 年达成价值链碳中和。

2. 精神领袖与执行者的作用

宁德时代能够取得如此成就，与其创始人曾毓群的领导能力密不可分，以下将从三个重点描述曾毓群在宁德时代发展历程中所展现出来的精神领袖与执行者作用，如图 5-14 所示。

（1）战略决策与前瞻性：精神领袖的带领作用。

曾毓群多次在宁德时代的关键发展阶段做出了重要决策，表现出强烈的战略眼光和强大的执行力。2008 年，他预见到电动汽车市场的潜力，在 ATL 内部成立了动力电池事业部，这是宁德时代的前身。三年后，他主导该部门的独立，正式宣告宁德时代的诞生。在技术路线的选择上，曾毓群选择了当时制造难度更高但续航里程更长的三元锂电池，这一决策最终使宁德时代在 2017 年成为中国装机量第一的动力电池厂商。

复制领导力：从0到1的突破

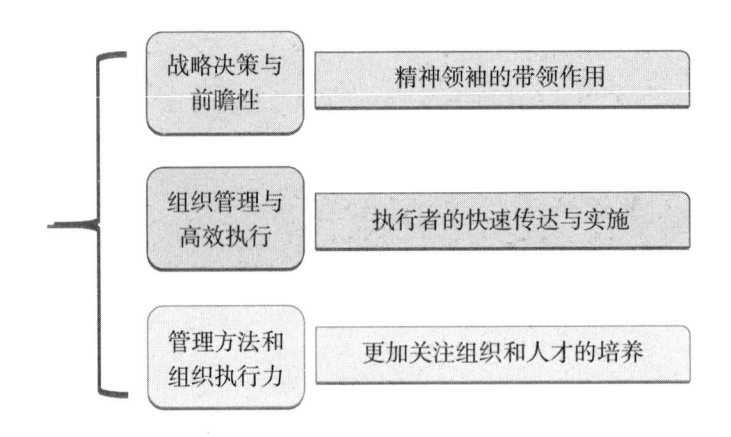

图 5-14 曾毓群的精神领袖与执行者作用

曾毓群被描述为宁德时代的绝对精神领袖和战略制定者，而其他高管则主要承担执行的角色。接近宁德时代的人士指出，曾毓群就是公司的最高决策机构。这种管理方式确保了公司决策的迅速和一致性。

曾毓群在管理上的独特之处还体现在他对公司文化的塑造上。宁德时代的员工入职培训都需要阅读一本名为《修己达人》的书，这本书是根据曾毓群在ATL期间的创业故事和发言整理而成的。曾毓群强调，"修己"是把核心技术做好，"达人"则是公司产品能够帮助客户在市场上取得成功。这种文化强调了技术创新和客户价值的重要性，体现了曾毓群对公司发展方向的清晰定位。

在实际工作中，曾毓群会频繁地与联席总裁之下的总监沟通工作，确保80多位总监及以上的管理层都在他的管辖半径之内。这种直接的沟通方式使他能够快速了解业务进展和存在的问题，从而做出及时的决策。曾毓群还列席每周一次的项目分析会，这是他日常工作中最重要的一项内容。在这些会议上，项目负责人需要向他汇报进展，这进一步强化了他对公司运营的直接控制。

（2）组织管理与高效执行：执行者的快速传达与实施。

宁德时代的组织结构和管理体制是其成功的关键因素之一，其中"三大体系"和联席总裁制是公司内部管理的重要特色，体现了曾毓群对于企业运营和管理的深刻理解，以及他对于提升组织效率和响应市场变化的不懈追求。宁德时代的组织架构，具体如图5-15所示。

宁德时代组织架构

董事会下属机构
- 董事会办公室
- 审计部

业务体系（向曾毓群汇报）
- 市场体系
- 研发与工程制造体系
- 供应链与运营体系

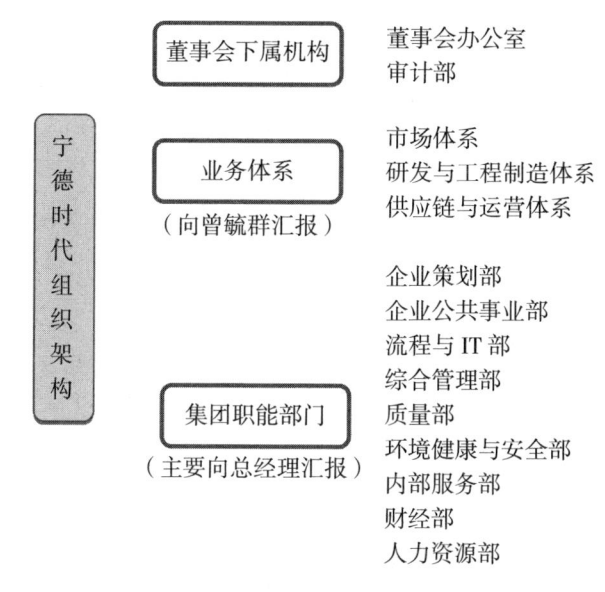

集团职能部门（主要向总经理汇报）
- 企业策划部
- 企业公共事业部
- 流程与IT部
- 综合管理部
- 质量部
- 环境健康与安全部
- 内部服务部
- 财经部
- 人力资源部

图5-15 宁德时代的组织架构

所谓"三大体系"指的是，宁德时代将其业务部门划分为市场、研发与工程制造、供应链与运营三大核心板块，每个体系都设有两位及以上的联席总裁共同负责，这种结构旨在通过分散管理职责，提高决策的效率和执行力。市场体系负责理解客户需求、制定销售策略和推广产品；研发与工程制造体系则聚焦于技术创新、产品设计和生产流程优化；供应链与运营体系则确保原材料的采购、物流配送和生产效率。这三大体系的划分有助于宁德时代在快速发展的同时，保持对核心业务的专注和精细管理。

联席总裁制是宁德时代管理体制的另一个创新。在这一制度下，每个业务体系都有两位或更多的联席总裁，他们共同承担领导责任，相互之间既有合作也有制衡。这种管理模式有助于避免权力过于集中，同时通过集体智慧和协作来提高决策的质量。联席总裁们需要共同商议重大事项，确保决策过程中能够充分考虑不同的角度和意见，从而减少单一领导决策可能带来的风险。

此外，联席总裁制还有助于培养和储备公司的领导人才。通过在实际工作中分担责任和面对挑战，联席总裁们能够积累宝贵的管理经验，为公司培养未来的领导者。这种模式也为公司提供了更大的灵活性，当某一领导因故无法履职时，其他联席总裁可以迅速补位，确保业务的连续性和稳定性。

曾毓群通过这一制度，不仅优化了公司的管理结构，还强化了公司的执行力。联席总裁们直接向曾毓群汇报工作，这种直接的汇报线确保了曾毓群能够及时了解各业务体系的运行情况，并在必要时做出调整。同时，这也意味着曾毓群对公司的各个方面都有着深入的了解和掌控，他的领导力和决策能力仍然是宁德时代成功的核心。

而这种管理模式也对联席总裁们提出了更高的要求。他们不仅要具备出色的专业能力和管理技能，还需要有良好的团队合作精神和沟通协调能力。在实践中，这要求联席总裁们能够高效协作，共同推动公司的战略目标和业务发展。

宁德时代的"三大体系"和联席总裁制是曾毓群对于企业管理模式的一次大胆创新。这一制度不仅提升了公司的管理效率和执行力，也为公司的长期发展和人才培养奠定了坚实的基础。

（3）优化管理方法和组织执行力：更加关注组织和人才的培养。

在宁德时代的发展过程中，曾毓群的管理重心逐渐从单纯的业务扩张转向了对组织结构和人才培养的深入关注。这种转变反映了他对企业长期发展和核心竞争力的深刻理解，以及对市场变化和企业内部挑战的积极应对。

曾毓群认识到，优秀的人才是公司最宝贵的资源。他开始更加重视员工的职业发展和技能提升，通过提供培训和晋升机会，激励员工的积极性和创造力。曾毓群还强调了企业文化的重要性，通过塑造一种以技术创新和客户价值为核心的企业价值观，来吸引和留住人才，同时促进员工的个人成长和团队合作。此外，曾毓群还意识到，随着公司国际化步伐的加快，需要培养具有全球视野和跨文化沟通能力的管理人才。他开始推动国际化人才战略，鼓励员工参与国际项目，了解不同的市场和文化，以提升公司的全球竞争力。

曾毓群的这些管理举措不仅体现了他对组织和人才重要性的认识，也显示了他作为一位领导者的成熟和远见。他明白，企业的长期成功不仅仅依赖于产品和技术，更在于是否能够建立一个高效、灵活且富有创新精神的组织，以及是否能够培养出一支快速适应市场变化和业务挑战的人才队伍。

3. 结论与启示

宁德时代在曾毓群的领导下，通过其独特的管理风格、组织结构和用人方式，实现了快速成长，确立了行业的领导地位，并为其持续发展奠定了坚实的基础。

第一，曾毓群的战略决断与前瞻性管理风格确保了决策的迅速性和执行的力度，使得宁德时代能够在关键时刻快速响应市场变化和技术挑战。

第二，通过实施"三大体系"和联席总裁制，宁德时代优化了内部管理，提高了跨部门协作的效率，并通过集体领导制衡机制，增强了决策的全面性和稳健性。

第三，曾毓群对组织和人才的深度关注，体现了其对企业长期发展的远见，通过培养具有全球视野的人才，为企业的国际化战略和持续创新奠定了基础。

这些管理实践也为其他企业提供了宝贵的经验：企业在追求快速发展的同时，应注重构建高效的组织结构，提高领导者的执行力，培养和激励人才，以确保在激烈的市场竞争中保持领先地位，并实现可持续发展。

📍本章小结

本章从干部执行力的定义、执行能力、过程管理、速度与结果管控、目标达成五个方面展开论述。干部执行力包含的核心内容与干部在企业中承担的关键职能和关键的价值创造点密切相连，一般可以从四个层面来诠释，包括管理组织体系、管理制度体系、文化理念体系和干部领地权威。而干部执行力更重要的一个环节是执行过程管理，它有利于执行任务过程中的纠偏，保持团队内部的任务进度和目标对齐，避免干部或员工在执行过程中受个人偏好影响，将自己喜欢的事情做过头，对自己不喜欢的事情避而不做。打造高效执行力必须考虑速度和结果双重要素，要按照既定规则，关注执行的三个要素，了解执行速度和结果控制的校验标准，继而去掌控执行速度和结果控制的关键点。目标的达成是企业中高层干部执行力的终极表现，不仅需要对目标进行设定，实施目标过程管理，还要设置目标达成后的激励措施。

参考文献

[1] 施密特，等.重新定义公司：谷歌是如何运营的[M].靳婷婷，陈序，何晔，译.北京：中信出版社，2015.

[2] 陈春花.激活个体：互联时代的组织管理新范式[M].北京：机械工业出版社，2015.

[3] 胡晓琼，等.共享员工：组织、领导与变革[M].北京：企业管理出版社，2021.

[4] 黄攸立，等.战略人力资源管理与组织战略、企业文化的内外部契合——以腾讯COE为例[J].中国人力资源开发，2018，35（2）：72-80.

[5] 焦晓彬.新常态下人力资源管理战略思考[J].现代营销（创富信息版），2019（10）：224.

[6] 金志刚.生命周期视角下的企业战略人力资源管理探讨[J].管理科学，2019（11）：104-105.

[7] 李海燕.将人才转化为战略影响力：企业高管的八大HR思考[M].北京：电子工业出版社，2017.

[8] 李洪英.战略人力资源管理与员工绩效[M].北京：社会科学文献出版社，2018.

[9] 李晓谦.企业人力资源管理战略的思考与实践[J].劳动保障世界，2019（3）：21.

[10] 刘宁.战略管理人力资源在企业的应用[J].现代经济信息，2019（4）：80.

[11] 彭剑锋.战略人力资源管理：理论、实践与前沿[M].北京：中国人民大学出版社，2014.

[12] 宋林章.基于战略管理视角的企业人力资源规划研究[J].中国管理信息化，2019，22（20）：110-111.

[13] 唐海悦.刍议战略人力资源管理对企业绩效的影响[J].知识经济，2019（19）：9-10.

[14] 汪群.战略人力资源管理[M].北京：高等教育出版社，2019.

[15] 王彦君.基于企业战略的人力资源规划流程及方案探析[J].人力资源，2019（10）：50-51.

[16] 韦诗怡.基于企业战略转型的人力资源管理分析[J].企业科技与发展，2019（3）：181-182.

[17] 库泽斯，等.领导力：如何在组织中成就卓越（亚洲版）[M].陈文芳，李云燕，崔音，译.北京：电子工业出版社，2014.

[18] 吴风琴.现代企业战略人力资源管理探讨[J].经济纵横，2019（1）：129.

[19] 薛珠.浅析战略人力资源管理与企业文化的内外部契合[J].现代营销（下旬刊），2019（11）：186-187.

[20] 赵曙明.人力资源战略与规划[M].4版.北京：中国人民大学出版社，2017.

[21] 杨国安.组织能力的杨三角[M].北京：机械工业出版社，2010.

[22] 张泽厚.人力资源战略与规划[M].北京：科学出版社，2018.

[23] 余晓云.论人力资源的战略规划与管理[J].现代经济信息，2019（11）：100.

[24] 袁婕.战略管理视角下的企业人力资源规划研究[J].科技经济导刊，2019，27（24）：223.

[25] 王学欢，傅小龙.大模型时代人工智能技术的应用趋势——以云从科技从容大模型为例[J].中国安防，2023，（12）：53-58.

[26] 张玉榕，靳泽.云从科技集团股份有限公司副总裁张立：可用数字技术展现厦马路线魅力[N].厦门日报，2023-08-06（A2）.

[27] 潘慧.云从科技：人机协同赋能行业应用[J].广东科技，2023，32（2）：

28-33.

[28] 李静. 加速开拓下沉市场九毛九开放旗下部分品牌加盟业务 [N]. 证券日报, 2024-02-05（B2）.

[29] 郭缤璐, 张天元. 专访九毛九：餐企出海并非简单复制 [N]. 北京商报, 2023-08-03（5）.

[30] 董静怡. 抖音小红书进化论：流量分层进击与变现 [N].21 世纪经济报道, 2024-04-17（10）.

[31] 李媛媛. 新能源车企开启新一轮促销 [N]. 中国证券报, 2024-04-02（A4）.

[32] 张赛男, 黄宏韬. 中微公司人均产值超 350 万元, 国产半导体设备企业迎来发展黄金期 [N].21 世纪经济报道, 2024-03-20（10）.

[33] 黄博文. 微信上也能用钉钉开会了 合作谋取品牌发展增量 [N]. 每日经济新闻, 2024-03-11（7）.

[34] 陈杨园. 饿了么迎年轻化管理团队 [N]. 第一财经日报, 2024-03-04（A9）.

[35] 王迪. 新年新搏杀, 小鹏 X9 以性价比入局 [J]. 世界汽车, 2024（1）: 20-23.

[36] 吴义爽, 张松松. 边缘企业网络位置跃迁的机理研究——以商汤科技为例 [J]. 西南石油大学学报（社会科学版）, 2024, 26（1）: 25-36.

[37] 印长副, 沈慧玥. 小鹏汽车营销策略及优化研究 [J]. 现代商业, 2024（1）: 39-42.

[38] 杨坪. 鹏鼎控股副总经理周红：以人工智能为代表的新科技带来新机会 [N].21 世纪经济报道, 2023-12-14（11）.

[39] 李昆昆, 李正豪. 字节跳动加速 AI 布局 [N]. 中国经营报, 2023-12-11（C2）.

[40] 瞿芳. 小红书创始人共建共享是数字经济最大的魅力 [J]. 中国商人, 2023（12）: 239.

[41] 许雪莲. 围观与凝视：哔哩哔哩小黑屋的在场与退场 [J]. 声屏世界, 2023（22）: 95-97.

[42] 孙奇茹. 滴滴三季度总收入 514 亿元创新高 [N]. 北京日报，2023-11-15（11）.

[43] 赵珺，成乔明. 哔哩哔哩网站互动视频存在的问题及应对策略 [J]. 新闻世界，2023（11）：54-57.

[44] 段芳媛. 芒果超媒前三季净利达 17.66 亿元 [N]. 中国证券报，2023-10-25（A6）.

[45] 宋婧. 光迅科技：突破光电子核心技术迈向价值链高端 [N]. 中国电子报，2023-10-10（6）.

[46] 林振强. 旷视：推动软硬一体化，打造智能托盘四向车系统——访旷视科技物流事业部产品业务负责人李帅 [J]. 物流技术与应用，2023，28（10）：140-143.

[47] 韦敏. 做"三高三智一安全"守门人——访北京东方中科集成科技股份有限公司副总裁常虹 [J]. 企业家，2023（8）：45-47.

[48] 蔡佳彤. 企业持续创新发展的路径构建与探究——以字节跳动为例 [J]. 现代营销（下旬刊），2023（7）：113-115.

[49] 雷晨，魏乾坤. 旷视科技重启 IPOAI 追风"痛并快乐着"[N].21 世纪经济报道，2023-07-26（9）.

[50] 陈应棋，沈庭芝. 基于 VRIO 模型的饿了么企业竞争优势分析 [J]. 商业经济，2023（8）：56-58.

[51] 杨煜. 东方中科上半年预亏超 5500 万 数字安全与保密业务持续承压 [N]. 每日经济新闻，2023-07-13（6）.

[52] 周丹雅. 大模型百花齐放 AI 竞争激烈升级——专访商汤科技智慧城市与商业事业群智能计算总经理金古 [J]. 中国安防，2023（7）：33-36.

[53] 范宇. 依图科技科创板 IPO 失败的信息披露问题研究 [J]. 现代营销（下旬刊），2023（5）：36-38.

[54] 钟国斌. 寒武纪市值破 1100 亿元 [N]. 深圳商报，2023-04-21（A5）.

[55] 李静. 寒武纪 16.72 亿元定增落地 参与机构浮盈逾 80%[N]. 经济参考报，2023-04-20（3）.

[56] 钱童心. 寒武纪市值冲破百亿美元 AIGC 概念股还能火多久 [N]. 第一财

经日报，2023-03-31（A8）.

[57] 宋丽娜，邢绍邦，陈娴. 人工智能行业人才地域需求特征与培育策略——基于"前程无忧"招聘数据分析[J]. 产业创新研究，2022（23）：45-47.

[58] 王家宝，蔡业旺，云思嘉. AI盈利困局之下旷视科技的"硬核之路"[J]. 清华管理评论，2022（12）：102-109.

[59] 张莫. 构建更完备产品体系 拉卡拉数字化战略再升级[N]. 经济参考报，2022-12-09（8）.

[60] 王玉. 从核心零部件到智能执行单元产品国产传动与控制产品加速进步——访宁波中大力德智能传动股份有限公司副总经理冯文海[J]. 物流技术与应用，2022，27（11）：89-92.

[61] 樊怡君. 鹏鼎控股（深圳）股份有限公司董事长沈庆芳：努力在推动高质量发展中展现民企作为[N]. 深圳特区报，2022-11-03（A3）.

[62] 李冰. 拉卡拉披露2022年半年报：支付业务实现收入25.55亿元[N]. 证券日报，2022-08-30（B1）.

[63] 黄婷婷. 移动端视频直播App的社交媒体属性探析——以映客直播为例[J]. 新闻研究导刊，2022，13（16）：72-74.

[64] 许立志，赵芸雁. 依图科技融资的财务风险问题研究[J]. 特区经济，2022（7）：75-78.

[65] 薛士然. 中微半导体：国产MCU也能进入汽车领域[J]. 单片机与嵌入式系统应用，2020，20（2）：92.

[66] 李兴然. 中微公司：半导体设备的新星品牌有待继续提升[J]. 股市动态分析，2019（22）：38-39.

[67] 王柄根. 中大力德：一体机战略打开成长空间[J]. 股市动态分析，2019（2）：28.

[68] 王柄根. 光迅科技：发力高速光模块[J]. 股市动态分析，2018（50）：29.

[69] 马亚平. 当安防遇到AI，当科技遇到匠心——访依图科技人工智能+安全事业部副总裁罗忆[J]. 中国安防，2017（7）：14-19.

[70] 李嘉卓. 颠覆纸媒思维方式的"技术信仰"——专访《商业价值》杂志与"极客公园"创始人张鹏[J]. 新闻与写作，2014（7）：5-8.